敗戦後の日本を 慈《じ》悲《ひ》と勇気で 支えた人

スリランカのジャヤワルダナ大統領《だいとうりょう》

東京都八王子市《とうきょうとはちおうじし》・雲龍寺境内《うんりゅうじけいだい》に建立《こんりゅう》された銅像《どうぞう》
(1987.10)

コスモス奨学金 副代表 野《の》口《ぐち》 芳《よし》宣《のり》

イエロートランペットの花
（ペラデニア植物園）

ジャヤワルダナ夫妻《ふさい》の広島訪問《ひろしまほうもん》
／背景《はいけい》：広島原爆《ひろしまげんばく》ドーム
（1991.4 ／ J・R・J・C 日本会館蔵）

愛知県愛西市《あいちけんあいさいし》・明通寺境内《みょうつうじけいだい》に建立《こんりゅう》された顕彰記念碑《けんしょうきねんひ》（2016.10.9）

憎しみを憎しみによって返してはならない。慈悲によって返すものだ。

【下線】ブッダの教え（サンフランシスコ条約での演説原稿《えんぜつげんこう》／シンハラ語）

අපව ආක්‍රමණය නොකරන්නට තරම් අපි වාසනාවන්ත වීමු. නමුත් අග්නිදිග ආසියාවේ මෙහෙයුම් යටතේ අතිමහත් හමුදා ඛණ්ඩ ස්ථාන ගත කිරීම මගින් එල්ල කළ ගුවන් ප්‍රහාර හේතු කොට ගෙන අපට හානි සිදු විය. එසේම යුද්ධය සඳහා විශාල ලෙස භාවිතා කිරීම සඳහා අපගේ ප්‍රධාන වෙළඳ භාණ්ඩ අතුරින් එක් වර්ගයක් වූ උපරිම අස්වැන්න නෙළූ ස්භාවික රබර් මිත්‍රරටවලට සැපයීමෙන් රටට ලබා දුන් ශක්තිය නම් යුද්ධයෙන් අපට සිදු වූ හානියට වන්දි ගෙවීමට බල කිරීමේ හැකියාව යි. නමුත් අපි එසේ කිරීමට අදහස් නොකරමු. ඒ අපගේ ශ්‍රේෂ්ඨ ගුරුවරයාගේ වදන් අප විශ්වාස කරන හෙයින් උන් වහන්සේගේ පණිවුඩය ගිණිය නොහැකි තරම් දශ ලක්ෂ ගණන් ආසියාතික මිනිසුන්ගේ ජීවිත උතුම් බවට පත්කර ඇත. එම පණිවුඩය නම් ''වෛරයෙන් වෛරය නොසංසිඳේ, එය ස්නේහයෙන් සංසිඳේ'' එය බුදුන්වහන්සේගේ පණිවුඩයයි. ශ්‍රේෂ්ඨ ගුරුවරයාගේ බුදු දහම නම් විශිෂ්ට සොයා ගැනීම සිදු කළ ප්‍රාරම්භකයාගේ පණිවුඩය යි. ඒ පණිවුඩය මනුෂ්‍යත්වයේ තරංග නංවමින් දකුණු ආසියාව ඔස්සේ බුරුමය, ලාඕසය, කාම්බෝජය, සියම, ඉන්දුනීසියාව හා ලංකාවටද උතුරු දෙසට ද හිමාලය පසු කරමින් ටිබෙටයට හා අවසානයේ ජපානයට ද ගලා ගියේ ය. ජපානය අවුරුදු සිය ගණනක් තිස්සේ පොදු සංස්කෘතිය හා උරුමය විසින් අප එකිනෙකාට බැඳ තබා ගෙන ඇත. මේ පොදු සංස්කෘතිය

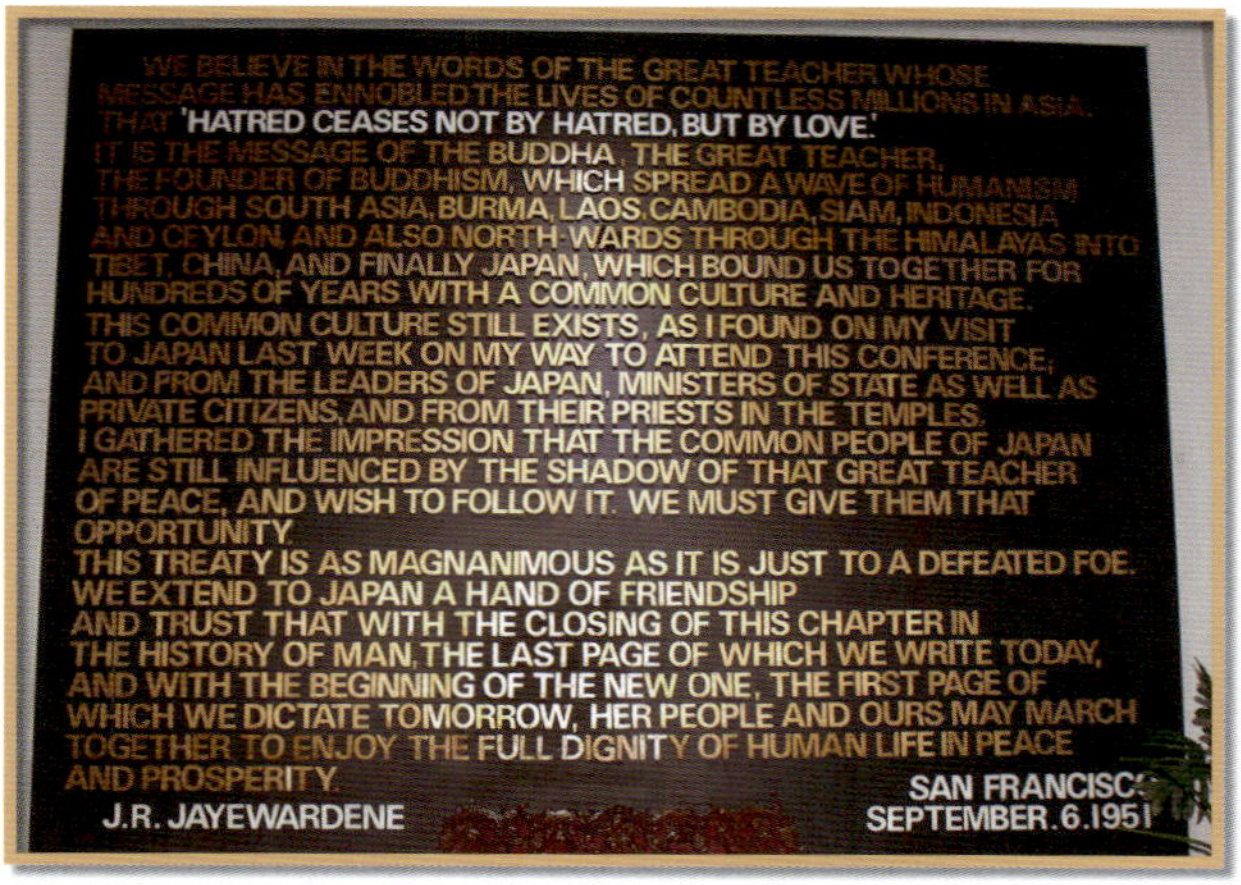

ジャヤワルダナ氏の「演説《えんぜつ》」主要部

3行目の白い文が「ダンマパダ5」の一説。終わりの8行が、世界への呼びかけ。

（J・R・J・C日本会館に掲示《けいじ》／銅板製）

敗戦《はいせん》後の日本を慈悲《じひ》と勇気で支えた人

―スリランカのジャヤワルダナ大統領《だいとうりょう》―

野口芳宣《のぐちよしのり》

スリランカ（セイロン島）　地図と基礎知識《きそちしき》

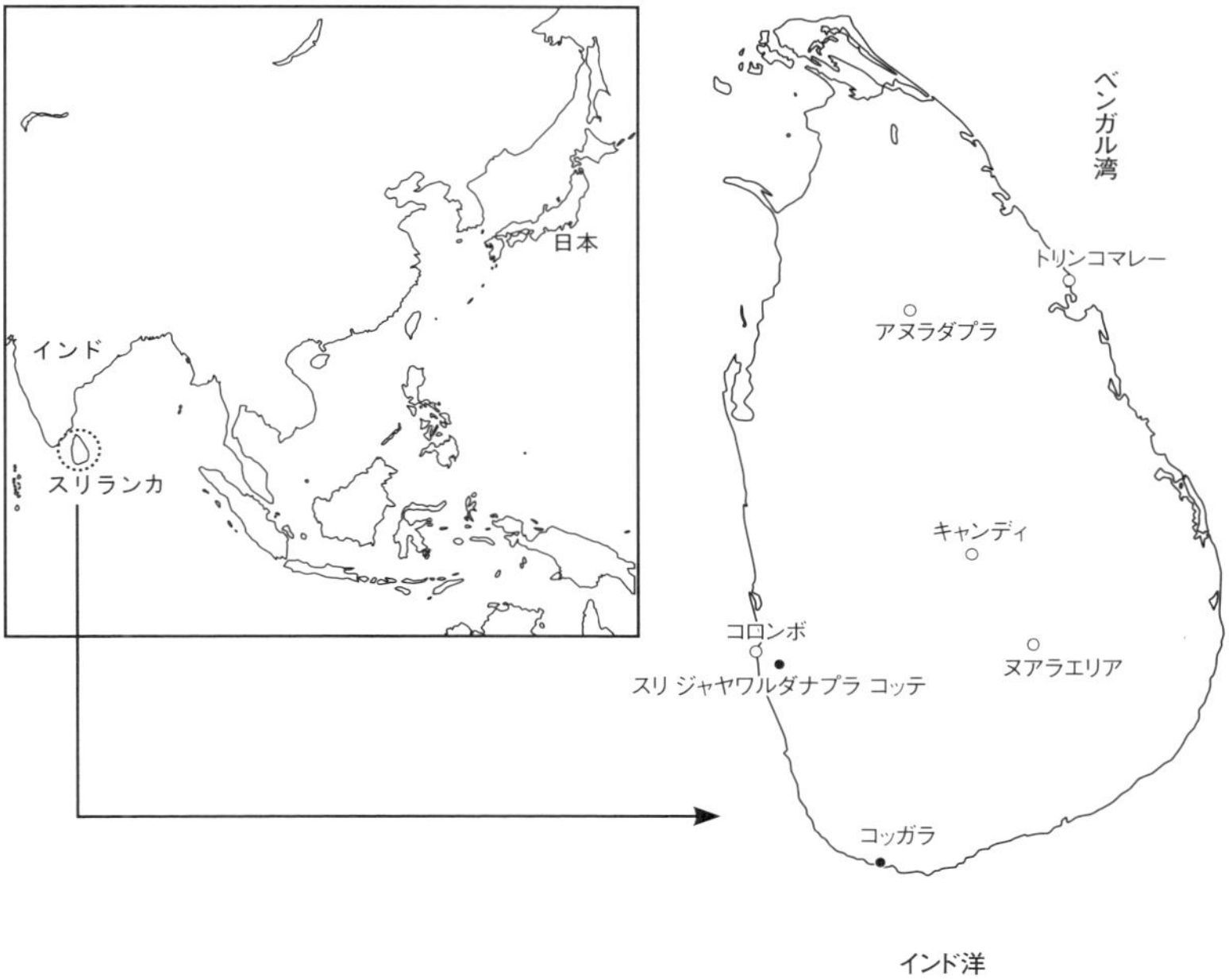

国　名	スリランカ民主《みんしゅ》社会《しゃかい》主義《しゅぎ》共和国《きょうわこく》
首　都	スリ ジャヤワルダナプラ コッテ
面　積	65610平方km（北海道の 約８割《わり》）
気　候	熱帯性モンスーン気候　年間平均《へいきん》気温 27 ℃
人　口	約2048万人
民　族	シンハラ族約７割 タミル族２割 ムーア族 他 １割
言　語	公用語はシンハラ語とタミル語　英語
宗《しゅう》　教《きょう》	仏教７割　ヒンドゥー教　イスラム教　キリスト教
産　物	紅茶 ココナツ ゴム 宝石 黒鉛《こくえん》　他 漁業 観光

まえがき

「ジャヤワルダナ？　知っていますよ。」、そう言う日本人は、じつはほとんどいません。

J・R・ジャヤワルダナ氏は、一九五一年九月、サンフランシスコ講和会議《こうわかいぎ》の席上、日本が一つの国として独立《どくりつ》することを支持《しじ》し、セイロンの日本に対する戦後賠償請求権放棄《ばいしょうせいきゅうけんほうき》を宣言《せんげん》した人です。ですから、このことをくわしく書きさえすれば、ジャヤワルダナ氏を知らないという日本の少年・少女のみなさん、若《わか》い読者にも解《わか》ってもらえると考えたのですが、調べていくうちに、それだけで終わってはいけないと気付かされてきました。

なぜなら、ジャヤワルダナ氏は、戦争とはどういうものか、平和であるとはどういうことか、「豊《ゆた》かである」とはどういう様子のことをいっているのか、さらに言えば、この地球上に命を持ち、生きているすべてのものの平安、幸せのために、わたしたち人間はどうあったらよいのか、何をしたらよいのか、などなど、そのヒントや答えを教えてくれている、そう思うようになったからです。

そこで、そういうことをみなさんといっしょに考えてみたい、そして、自分にできることを探《さが》し、おこなっていきたい、この本を、そのようなきっかけにしてもらえたらいいなと思いながら、筆を進めるように心がけました。

もちろん、こんな大きなことは、この一冊《さつ》ではとても語りきれるものではありませんし、また、みなさんが、今はそうと解《わか》っても、今後変わる可能性《かのうせい》もあるでしょう。

しかし、それでもなお、変わってはならない、変えてはいけないこともきっとある、それは何か。そういうことも、ジャヤワルダナ氏の生涯《しょうがい》は教えてくれていると思うのです。

読み進めていくうちに、もしかするとみなさんは、著者《ちょしゃ》は、ロシア（ソ連）や社会主義《しゃかいしゅぎ》を好きではないのかな、仏教《ぶっきょう》は好きでも他の宗教《しゅうきょう》はそうではないようだ、などという印象を持つかもしれません。でも、それは違《ちが》います。なぜなら、これは、そういう好ききらいの問題などではなく、そういうことを超《こ》えた、この世にあり、生きるすべてのものの平和のためには何をどう考えたらよいのか、という問題だからです。

プロローグの後、順に読めばいちばんいいのですが、第三・四章を先に、後から第一・二章を読むのでも構《かま》いません。それはともかく、みなさん自身が、「わたしにとって平和とはどんなことか、何をどうすることか」を考えていただければ幸いです。

《凡《はん》 例《れい》》 この本を読む前に

① かな・漢字の使用について

現代仮名《かな》づかい、常用漢字を使用し、必要に応じて、読みがなをつけた。

② 人名・地名等の書き表し方について

人名・地名の書き方（表記）に、時（時代）・場所（国・都市等）・資料《しりょう》（筆者）などによって異《こと》なりがある場合、本書では、日本でもっとも一般的《いっぱんてき》に知られている書き方にそろえるようにした。

「ジュニウス・リチャード・ジャヤワルダナ」の片仮名《かたかな》表記には、ジャヤワルデネ、ジャヤワルデーネ、ジャヤワルデン、ジャエワルデネ、ヤヤワルデンなどさまざまあるが、現在《げんざい》の外務省《がいむしょう》の表記に従《したが》って「ジャヤワルダナ」にそろえるように努めた。ただし、原文表記を尊重《そんちょう》して、改めていない場合もある。

地名・国名は、今日の表記、言い習わしにそろえた。（例：連合王国→イギリス）

③ 資料等の引用について

引用文等にはすべて「　」を付け、（□で囲ったものもある。）、出典等を（　）内に明示した。

④ むずかしい言葉・用語について

特に、第一、二章には、その意味をきちんと知っているといっそう理解《りかい》しやすい言葉・用語がたくさん出てくるので、特にたびたび出てきて大切だと思われるものは、第四章の次へまとめてかかげ、または必要に応じて、本文中に（★）や〔　〕を設《もう》け、簡単《かんたん》に解説《かいせつ》した。

そのために使用した辞書・事典類、歴史年表、参考資料等の主なものを挙《あ》げると、広辞苑《こうじえん》第6版（岩波《いわなみ》書店）・佛教語《ぶっきょうご》大辞典（東京書籍《しょせき》）・日本歴史大事典（電子版《ばん》・小学館）・机上版《きじょうばん》日本史年表増補版《ぞうほばん》（歴史学研究会編・岩波《いわなみ》書店）・同世界史年表（同）・日本20世紀館（小学館）・クロニック世界全史（講談《こうだん》社《しゃ》）・丸善《まるぜん》エンサイクロペディア大百科（丸善《まるぜん》）である。

解説の際《さい》、読者の理解をよりよくするために、原典の文言《もんごん》を改めたものが多いことをお断《ことわ》りしておく。

⑤ 翻訳文《ほんやくぶん》・引用文について

サンフランシスコ講和《こうわ》会議における、ジャヤワルダナ氏の演説《えんぜつ》をはじめ、各国声明の翻訳文《ほんやくぶん》、各資料等の引用も、読者のよりよい理解を図って、部分的には意訳《いやく》によって改めた。

関心の高い読者には、『サン・フランシスコ会議議事録』（外務省《がいむしょう》）をはじめ、本文中の（★）や本書巻《かん》末《まつ》に掲《かか》げた原資料《げんしりょう》・原典等によって、確認《かくにん》なり、より的確《てきかく》な理解を深めるなりしていただきたい。

⑥ 写真について

掲載《けいさい》した写真は、断《ことわ》りのない限り著者《ちょしゃ》の撮影《さつえい》による。複写《ふくしゃ》したものには、原所有者、出典等を示した。

もくじ

第三章　この人を忘《わす》れないで　――ジャヤワルダナ氏と日本

第四章　スリランカの人々《ひとびと》

プロローグ

＊　ぼくとスリランカ

ぼくは、今、小学校五年生。

あれは、保育園年中組の二月のことだったから、五歳《さい》の冬ということになる。

ぼくは、母とおじいちゃん、おばあちゃんに連《つ》れられて、ほかにも十五、六人の人もいたが、みんなでスリランカに行った。

子どもはぼくだけだった。

日本は真冬なのに、スリランカは真夏だったのが不思議だった。

林の中にあるお寺の境内《けいだい》に、ものすごく大きなテントが張《は》ってあった。その中に、子どもと大人が三百人ぐらい集まってい

スリランカの印象（蓮・2010.2.21）

て、三時間ぐらいの大きな式があった。子ども三人が司会をして、スリランカの偉《えら》い人たちや子どもたち、いっしょに来た日本の人たちのあいさつやスピーチがたくさんあった。

その後、日本からの人たちが、何かがぎっしりつまって重そうなリュックサックを、一人一人の子どもに手渡《わた》していた。子どもたちは、みんなうれしそうににこにこして、受け取る前に、必ずひざまずいて、手渡す人の両足を自分の両手でさわってから手を合わせてお祈《いの》りをするようなあいさつをしていた。それは、「接足礼《せっそくれい》」といって、仏教国《ぶっきょうこく》では、お坊《ぼう》さん、先生、恩《おん》人、両親などへの最高のあいさつなのだと、いっしょに行ったお坊さんに教えてもらった。

次の日から、長い時間マイクロバスに乗った。町や村のあちこちに大きな仏像《ぶつぞう》があった。全部、お釈迦《しゃか》様だそうだ。そうして、いくつかの学校を訪《ほう》問した。どの学校でも、正門の前に一列に並《なら》んだ二十人ぐらいの子どもたちから、接足礼《せっそくれい》を受け、花束《たば》をもらい、首にはいいにおいの花輪をかけてもらった。全校の子どもたちの歓迎《かんげい》式やおどりがあったり、お習字と絵の交換《かん》や説明があったり、授業《じゅぎょう》を見たりした。

また、何人かの子どもたちの家を訪問《ほう》した。ほとんどは、手が届《とど》きそうに低い屋根の一階建てだ。外が明るいから、薄暗《うす》い部屋の中に入ると、目が慣《な》れるまでに時間がかかった。どの家にも、人の頭より高いところにお釈迦《しゃか》様がかざってあった。

訪問では、インタビューしたり、勉強机《づくえ》を見たりした。勉強机といっても、ぼくが使っているような、本だなや電気スタンドや引き出しが付いているのとはちがって、少し広めの板の上にカバーをかけてあるだけ。電気スタンドも引き出しも無かった。

お寺での式のときにおじいちゃんが肩《かた》を抱《だ》き寄《よ》せた女の子、ケーシャリちゃんの家も訪《ほう》問した。もう夜になっていて、周りの田んぼには、ほたるがたくさん飛んでいた。家には電灯が無く、ひびが二本入って三つになっている鏡の前に、ろうそくをともしてあった。電気代を払《はら》えないから電気を引いていないのだと言っていた。隣《となり》の家にはテレビもあるのに、だ。その子は、勉強もろうそくの灯《あか》りでしていると言っていた。

机《つくえ》の上に、額《がく》に入ったぼくのおじいちゃんの写真が立ててかざってあった。

次の年、保育園の年長組、六歳《さい》の冬にも行った。この時は、「去年のあのかわいい男の子（――ぼくのことだ。）がまた来た。」と大歓迎《だいかんげい》されて、スリランカの男の子たちが着ているのと同じ、ジャーティカ・エンドゥーマという、上下まっ白な子ども用の民族服《みんぞくふく》＝日曜学校の制服《せいふく》＝をプレゼントしてもらって着た。

去年と同じような大きな式（★「コスモス奨学金授与式《しょうがくきんじゅよしき》」という）があって、ぼくは、その服を着たまま、ステージで、（――もちろん日本で練習して行ったのだが、）スリランカの言葉（シンハラ語）でスピーチをした。終わったら、ものすごい拍手《はくしゅ》と歓声《かんせい》の渦《うず》に巻《ま》き込《こ》まれた。

その後、ぼくは小学校に入学したので、毎年一月の奨学金授与式には行けなくなった。そこで、二年生の夏休みに、三度目のスリランカに行った。インド洋

スリランカの印象（蓮・2011.1.15）

スリランカの風景・コッガラ
（蓮・2012.7.30）

で泳いだり、「ペラヘラ祭り」を見たりした。また、象《ぞう》に乗ったり、サファリに行ったり、地面をたてに五メートルぐらい掘《ほ》った大きな穴《あな》の中で、二、三人の男の人が宝石《ほうせき》の原石を探《さが》し当てる仕事や、手作業でシナモンを作るおじいさんの様子を見学したりと、初めての体験、珍《めずら》しいことの見学、たくさんの種類のとてもおいしい果物《くだもの》を食べるなど、本当に楽しく過《す》ごした。

＊　なぜスリランカに――おじいちゃんの話

四年生のいつだったか、電車に乗ったとき、「あなたのわずかな寄付《きふ》でこの子たちが救われる」というようなポスターが目にとまった。大きな目をした、色の黒い男の子と女の子の写真もあった。スリランカの子どもかなと思って母に聞いたら、そうではなく、アフリカのどこかの国だということだった。

貧《まず》しいために、食べ物や病気、勉強などに困《こま》っている子どもたちは世界中にたくさんいるようなので、その日の夜、おじいちゃんとお風呂《ふろ》に入ったときに聞いてみた。

「世界中にはさ、貧しくて困っている、国や、人や子どもたちがいっぱいいるんでしょ。その中で、おじいちゃんは、どうしてスリランカの子どもたちを助けることにしたの？」

おじいちゃんは、湯船でゆっくり顔を洗《あら》うと、こう答えた。

「うーん。同じ質《しつ》問を、おれのおやじ、つまりおまえのひいおじいちゃんにしたことがある。なぜなら、ひいおじいちゃんは、自分の子ども八人の末っ子が大学を出た後、七十七歳《さい》のときから、スリランカの子どもの里親《さとおや》というのになって、何人もの子どもたちの奨学金《しょうがくきん》、つまり勉強をするためにかかるお金の援助《えんじょ》を始めていたからね。サジーさんもメルビンさんも、そういう日本の人たちの援助のおかげで勉強ができて、今、ああやって千葉大学大学院に留学《りゅう》できているんだ。」

そして、どうしてスリランカなのかというと、ひいおじいちゃんの答えはこうだった。

「日本が戦争に負けてね、アメリカのサンフランシスコで、もう世界中が仲直りをしようという平和条約《じょうやく》会議があったとき、戦争に勝ったいくつかの国が、「分割統治《ぶんかつとうち》」といってね、日本を分け合って占領《せんりょう》しようという話があった。それから、「戦後賠償請求《せんごばいしょうせいきゅう》」といって、戦争で受けた被《ひ》害から立ち直るためにはたいへんなお金がかかる、そのお金を日本に払《はら》わせようという国がたくさんあった。そういうたいへんなことが話し合われたときに、会議に出席していたスリランカ、そのころには『セイロン』と言っていた国なんだけどね、ジャヤワルダナというセイロンの代表が、

『日本は、分割されるのではなく、一つの、独立《どくりつ》した自由な国にならなければならない。アジアの国々もそう願っている。だから、セイロンは、日本分割統治《ぶんかつとうち》には反対だ。また、日本の国と日本人が貧《まず》しくなってしまうような賠償請求《ばいしょうせいきゅう》もしない。これは、お釈《しゃ》迦《か》様の教えに従《したが》っていることなのだ。』

と、分割統治に反対の演説《えんぜつ》、それから賠償請求の権利《けんり》を放棄《ほうき》、つまり捨《す》て去る、そういう演説をしたんだそうだ。

この演説は、会議に出席していた多くの国々の代表の心を動かして、それで、日本は分割されずにすんだというし、賠償請求をしない国がほかにもたくさん出たという。」

「それから、戦争中、ドイツにいた日本の海軍の武官《ぶかん》（軍の仕事をする役人）で、アメリカに

戦争をやめるように必死に働きかけた藤村義朗《ふじむらよしろう》さんという人がいた。

この人が、戦後、そのころには大統領《だいとうりょう》になっていたジャヤワルダナの国、スリランカに、日本を救ってくれた恩《おん》返しをしたいと思ってね、スリランカにいちごの栽培《さいばい》事業を興《おこ》して、スリランカ人をたくさんやとったり、そのいちごをアラビア方面に輸出《ゆしゅつ》して、外貨《がいか》、つまり外国のお金をかせいだりして、経済援助《けいざいえんじょ》をしたんだそうだ。

この藤村《ふじむら》さんが、ひいおじいちゃんの知り合いでね、この話は、何度か観音堂《かんのんどう》（★ひいおじいちゃんが一九七〇年に建てたお堂。千葉県君津市《ちばけんきみつし》にある。）にお参りに来た藤村《ふじむら》さんから直接《せつ》聞いたと言っていた——。藤村《ふじむら》さんの写真は今も観音堂に飾《かざ》ってあるから、今度見るといい。

ひいおじいちゃんは、ジャヤワルダナ代表の演説に感動しただけではなく、それはお釈《しゃ》迦《か》様の教えなのだと知ったろ。それから、藤村《ふじむら》さんの恩返しの話にも感動したろ。そういうわけで、仏教《ぶっきょう》を信仰《しんこう》して観音堂を建てたひいおじいちゃんは、教育者でもあったから、仏教国スリランカの、やる気と能力はあるのに、貧《まず》しいために学用品を買えないで困《こま》っている子どもたちが、思いっきり勉強できるように援助をしてやることが、自分にできるスリランカへの恩返しだと考えて、学資《がくし》援助、つまり奨学金《しょうがくきん》活動を始めたんだそうだ。

それで、ひいおじいちゃんはもう亡《な》くなったけど、その後をおれが引き継《つ》いだのさ。」

＊　もっと知りたくなって

「へええ。そうだったのか――。

だったら、もしかすると、日本の国って、いまは無くなっていたかもしれないの？

それって、すごいことじゃないの？」

ぼくは、お風呂《ふろ》に入っていることも半分忘《わす》れて、初めて聞く話に、本当に驚《おどろ》いた。不安にもなった。そこで、

「おじいちゃんは、そのジャヤワルダナ代表のことをどれぐらい知ってるの？」

と聞くと、

「いやあ、じつはおやじから聞いただけで、くわしいことは知らないんだなあ。」

と言う。

ぼくは、戦争のこと、ジャヤワルダナ代表のこと、スリランカと日本のことなど、もっ

とくわしく知りたいと思ったのでそう言うと、おじいちゃんは、しばらく考えていたが、
「うーん。そうか。ようし。じゃあ、ちょっと時間がかかりそうだけど、『コスモス奨学《しょうがく》金《きん》』のためにも、やってみるか。これは、おまえとおじいちゃんと二人の、『総合的《そうごうてき》な学習の時間』になるなあ。」
と、わらって言った。

その週の土曜日と日曜日に、二人の『総合的な学習の時間』の計画を立てた。それは、だいたい次のようなものになった。

二人の『総合的な学習の時間』の計画

○目的

① ジャヤワルダナ氏が日本にしたことを明らかにして、日本の子どもに知らせる。

② 戦争と平和についての考えをまとめ、ぼくたちの未来を見つめるきっかけにする。

○方法

① ジャヤワルダナ氏の年譜《ねんぷ》（★個《こ》人の年表）を作る。

②サンフランシスコ講和会議の内容《ないよう》をくわしく調べ、おじいちゃんと話し合う。

③①と②にそって、日本に関係することをくわしく調べ、おじいちゃんと話し合う。

④確《たし》かな資料を求めて、できるだけ〝現地調査〟に行く。おじいちゃんだけが行ったときにも、必ず報告してもらい、二人で話し合う。

○期間

・平成二十七年四月から二十八年一月までの十か月間

○まとめと発表

・平成二十八年中にまとめて、本にして発行する。印税《いんぜい》があったら、全額《がく》コスモス奨学金《しょうがくきん》活動に寄付《きふ》する。

・スリランカほか、世界中の子どもたちにも読んでもらうために、英語版《ばん》も作りたい。

○経費《けいひ》

・本代や資料代《しりょうだい》、調査費《ちょうさ》、調査の交通費など、かかるお金は全部おじいちゃんが出す。

第一章

第二次世界大戦と日本

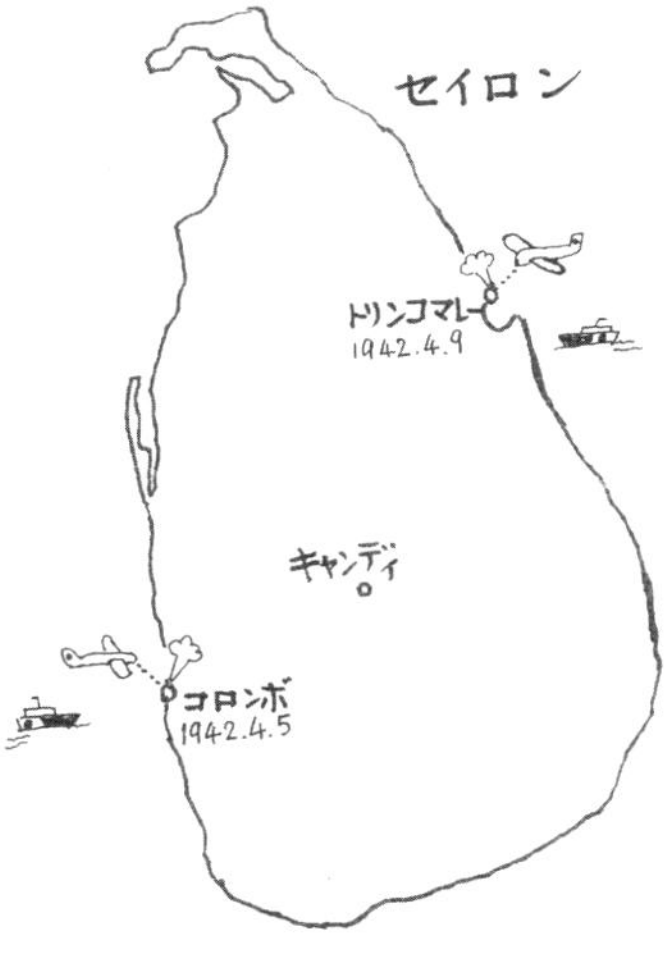

日本海軍のセイロン空襲《くうしゅう》

一　第二次世界大戦前──そのころのアジアと日本

〔サンフランシスコ講和《こうわ》会議でのジャヤワルダナ氏の演説《えんぜつ》をよりよく理解《りかい》するために、ちょっと遠回りになるけれど、ここで、植民地《しょくみんち》時代の南アジア、東アジア、セイロン、そして東南アジア周辺（★そのころにはまだ、「東南アジア」という「考え方」はなかったようだが。）、それから日本の様子を、簡単《かんたん》に見ておくことにしよう。〕

南アジア・東アジア

＊欧米《おうべい》（ヨーロッパとアメリカのこと）列強《れっきょう》による植民地化《しょくみんちか》・アジア支配《しはい》

十五〜十六世紀、ヨーロッパ人は、西に航海《こうかい》してアメリカ大陸に到達《とうたつ》した。また、東に航海してインド航路《こうろ》を開いた。この時代を、「大航海時代」という。

少しくわしく見ると、この時代、西へ西へと進出したクリストファー・コロンブス（スペイン）やアメリゴ・ベスプッチ（同）らは、南北アメリカ大陸や周辺の島々に到達《とうたつ》した。ポルトガルは、さかんに南下《なんか》してアフリカ大陸西海岸を探検《たんけん》、そして一四九八年には、バスコ・ダ・ガマがアフリカ南端《なんたん》の喜望峰《きぼうほう》を回って北上、インド航路《こうろ》が開かれた。アフリカを回ってアジアに行くことができることがわかると、ヨーロッパ各国は競《きそ》って南アジア進出をはかり、かれらによる海からのアジア支配、植民地化が激《はげ》しくなった。

一方、一五一九年、ポルトガルのフェルディナンド・マゼランは、大西洋を西回りから南下、南アメリカ大陸の南端《なんたん》を「マゼラン海峡《かいきょう》」と名付けて通過《つうか》、太平洋に出、フィリピンに着いた。一行は、さらに西に進んで、一五二二年、世界一周を果《は》たしたのだった。

アメリカは、十六世紀半ばからフィリピンを支配していたスペインと戦い（アメリカ・スペイン戦争　一八九八年）、これに勝って、一九〇二年、フィリピンを植民地にした。

このような、大航海時代に始まった欧米《おうべい》列強による植民地を奪《うば》い合う戦いが、南アジア・東アジアの宗主国《そうしゅこく》（イギリス・オランダ・スペイン・ポルトガル・フランス・ドイツ・アメリカ）の間にあり、また植民地にされた側からの抵抗《ていこう》戦もあって、支配する・支配される関係が生まれ、先住《せんじゅう》の人たちにとっては、苦難《くなん》の時代が始まり、長く続いていた。この時代を「植民地時代」という。

セイロン

セイロンの植民地化の歴史をたどってみると、

＊十六世紀の初め（一五〇五年）に、シナモンの独占《どくせん》をめあてにポルトガル人がやってきた。セイロン島にあった四つの王国を攻《せ》め、うち内陸部のキャンディ王国一つを残して植民地化、一六五八年まで、百五十三年間支配した。

＊一六五八年、ここをオランダが攻め、激《はげ》しい戦闘《せんとう》の末、一七九六年まで、百三十八年間植民地にして支配した。

＊一七九六年、今度はここをイギリスが攻め、一八一五年にはキャンディ王国をも滅《ほろ》ぼして、一九四八年まで、約百五十年間、植民地として全島を支配した。

というように、現地にとっては、まさに屈従《くつじゅう》と苦難《くなん》の四百四十年以上を過ごしたことになるのである。

日本

欧米列強《おうべいれっきょう》がアジアのあちこちを植民地化して支配《しはい》してきたとき、かれらは、同じ東アジアの日本にまでは目を向けていなかったのだろうか。そんなことはない。

マルコ・ポーロの『東方見聞録《とうほうけんぶんろく》』（一三〇〇年ごろ）に魅《み》せられたヨーロッパ人は、「ジパング（日本のこと）は黄金《おうごん》の国」として、その存在《そんざい》をあこがれをもって知っていたというし、十六世紀に東アジアで活動した倭寇《わこう》（主に日本人で構成《こうせい》された海賊《かいぞく》船団）の船には、セイロンを植民地にしていたポルトガル人も乗っていた。

一五四三年に種子島《たねがしま》に漂着《ひょうちゃく》したポルトガル人が鉄砲《てっぽう》を伝えたが、「漂着」と言うからには、別の目的があって航海《こうかい》して来て、難破《なんぱ》でもしたのだろう。また、一五四九年にスペインのフランシスコ＝ザビエルがキリスト教を伝えたというが、かれも、たった独《ひと》りで、聖書《しょ》と十字架《じゅうじか》だけを持って布教《ふきょう》にやって来たのではないに違《ちが》いない。

このように、ヨーロッパ人の日本への接近《せっきん》は、南アジア、東アジア、東南アジアへの進出、植民地化政策《しょくみんちかせいさく》のころに重なるようにして、急速に増《ふ》えているのだ。

このあたりのことは、江戸《えど》時代の日本の対外政策《せいさく》（★鎖国《さこく》・開国《かいこく》）をめぐった出来事とをあわせて考えると、いっそうよく解《わか》る。

例えば、ジョン・万次郎《まんじろう》（一八二七～一八九八年）を鳥島《とりしま》で救ったのは、ろうそくを作るために太平洋《たいへいよう》のクジラを捕《と》っていたアメリカの捕鯨船団《ほげいせんだん》だった。ペリー一団《いちだん》の黒船《くろふね》が来た（一八五三年）のも同じころ。ほかに、ロシア、イギリスの日本接近《せっきん》。そして開国。

例えば、一八五五年には、さかんに南下して来ていたロシアとの間に「日露和親条約《にちろわしんじょうやく》」を結んで、ウルップ島・択捉《えとろふ》島間を国境《こっきょう》とし、樺太《からふと》は両国民の雑居《ざっきょ》地とした。一方、西では、一八六一年にロシアの軍艦《ぐんかん》が日本の対馬《つしま》に襲来《しゅうらい》し占領《せんりょう》、これをイギリス軍艦《ぐんかん》が追撃《ついげき》。一八六四年の下関《しものせき》事件。明治維新《めいじいしん》と富国強兵政策《ふこくきょうへいせいさく》。再び北に目をやれば、一八七五年の「千島《ちしま》・樺太交換《からふとこうかん》条約」では、樺太をロシア領、得撫《ウルップ》島から占守《シュムシュ》島までを日本領とすることが決められた。

そして、一八九五年の日清戦争の勝利、一九〇五年の日露《にちろ》戦争の勝利、……。

これらを一つ一つ探究《たんきゅう》してつないでいくと、欧米《おうべい》やロシアが日本に接近しようとしたこと、日本がこれらにどう対応《たいおう》してどうなったかなどが、よく解ってくる。

〔大航海《こうかい》時代、植民地化時代は、こうして「競《きそ》い合う時代」から「奪《うば》い合う時代」に発展《はってん》して、ついには第一次世界大戦にまでなっていったのだ。でも、ここでは、第一次世界大戦についてはは触《ふ》れないで、そのおよそ二十年後に起こった第二次世界大戦前後から話を進めよう。〕

二　第二次世界大戦中――連合国と日本

〔第一次世界大戦（一九一四〜一八年）で「勢《いきお》い」づいた日本は、そのころから、ざっと見ただけでも、次のように、驚《おどろ》くほどさんざんなことをし、されてもいるのだ。〕

日本のアジア・東南アジア支配《しはい》

＊一九一八〜一九二二年　シベリアに出兵《しゅっぺい》

＊一九二〇・一九二二年　南洋諸島《なんようしょとう》に侵攻《しんこう》

＊一九三二年「満州国《まんしゅうこく》」建国

＊一九三六年「満州《まんしゅう》農業移民《いみん》百万戸移住《いじゅう》計画」（満蒙開拓団《まんもうかいたくだん》）はじまる

＊一九三七年　日中戦争はじまる

（一九三九年　第二次世界大戦はじまる）

＊一九四〇年　フランス領《りょう》インドシナ（今のベトナム）に侵攻《しんこう》　南進政策《なんしんせいさく》決定

ドイツ・イタリアと三国同盟《どうめい》

＊一九四一年　アジア・東南アジア諸島《しょとう》への侵攻本格化《しんこうほんかくか》

＊一九四一年十二月八日　真珠湾奇襲《しんじゅわんきしゅう》・太平洋《たいへいよう》戦争はじまる

＊一九四三年十一月　大東亜《だいとうあ》会議

＊一九四五年八月六日　広島原爆被爆《ひろしまげんばくひばく》

八日　ソ連対日参戦《さんせん》

九日　長崎原爆被爆《ながさきげんばくひばく》

十四日　ポツダム宣言受諾《せんげんじゅだく》・「終戦の詔書《しょうしょ》」

十五日　天皇「終戦の詔書」を朗読《ろうどく》（「玉音《ぎょくおん》放送」）

九月二日　降伏《こうふく》文書調印《ちょういん》

ここでは、サンフランシスコ講和《こうわ》会議でのジャヤワルダナ氏の演説《えんぜつ》と、このときの日本の吉田茂《よしだしげる》全権《ぜんけん》の「受諾演説《じゅだくえんぜつ》」に出てくることがらに限《かぎ》って見ていく。それは、

㈠　日本海軍によるセイロン空襲《くうしゅう》　①　②
㈡　大東亜《だいとうあ》会議
㈢　連合国の諸《しょ》会談と対日作戦・戦後処理《しょり》計画
㈣　日本単独占領案《たんどくせんりょうあん》と分割統治《ぶんかつとうち》案

それに、

㈤　ソ連の対日参戦《さんせん》・満蒙攻撃《まんもうこうげき》と、猛攻《もうこう》・領土《りょうど》要求、対日戦後処理《しょり》案の決行

である。

㈠　**日本海軍によるセイロン空襲《くうしゅう》**（一九四二年）

⑴　コロンボ空襲と日本兵の慰霊碑《いれいひ》

日本海軍は、一九四二年四月五日、セイロン島西海岸のコロンボにあったイギリスの軍港と飛行場をめがけて空襲《くうしゅう》した。基地《きち》で働いていた現地《げんち》の人も多く死傷《ししょう》した。コロンボ市営《しえい》の「カナッテ共同墓地《ぼち》」にある日本人墓地に、後で述《の》べるトリンコマリーの空襲での日本の戦死兵とあわせて、日本兵の慰霊碑があるというので、二〇一五年七月、訪《たず》ねてみた。

まっ白な門柱《もんちゅう》には鉄格子《てつごうし》の門扉《もんぴ》があり、墓地《ぼち》全体は大人の膝《ひざ》ほどの高さのコンクリートの塀《へい》に囲われている。面積はおよそ一七〇平方メートルの、伸《の》びた芝生《しばふ》。

門柱《もんちゅう》には、一九二八（昭和三《しょうわ》）年十一月に当時の錫蘭《セイロン》日本人会が造《つく》り、一九九九年に修復《しゅうふく》したとあった。

ここに、「大日本帝国《ていこく》海軍戦死者慰霊碑《いれいひ》」があって、次はその背面《はいめん》の碑文《ひぶん》である。

日本人墓地の門柱

「第二次大戦中大日本帝国《ていこく》海軍戦死者の遺体《いたい》を丁重《ていちょう》に
埋葬供養《まいそうくよう》されたスリランカ国民の「愛」を記念し
戦死者の霊《れい》の平安を祈《いの》り之《これ》を建《た》つ

昭和五十四年十月十八日
日本国特命全権大使《とくめいぜんけんたいし》

越智啓介《おちけいすけ》」

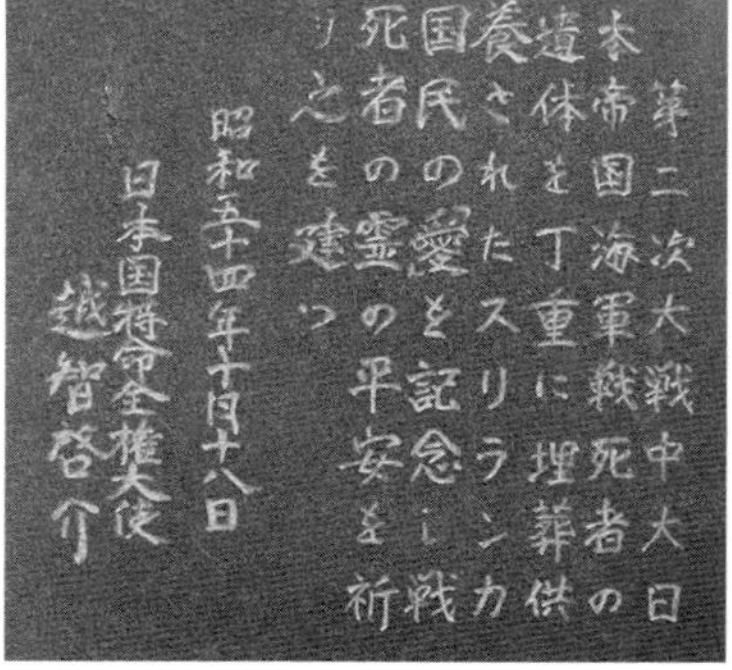
第二次大戦中大日
本帝国海軍戦死者の
遺体を丁重に埋葬供
養されたスリランカ
国民の愛を記念し戦
死者の霊の平安を祈
り之を建つ
昭和五十四年十月十八日
日本国特命全権大使
越智啓介
慰霊碑　碑文

カナッテ共同墓地《ぼち》にではないが、日本軍兵士の遺体《いたい》を、スリランカの国民が埋葬《まいそう》してくれた。その「愛」をこうして記念することで、戦死者の霊《れい》をまつる慰霊碑《いれいひ》なのだ。

この慰霊碑の左隣《どなり》、「五輪塔《とう》」をあしらったような、高さ三メートルほどの六角柱《かくちゅう》一基《き》は、スリランカに眠《ねむ》っている日本人のための「鎮魂碑《ちんこんひ》」で、右の「慰霊碑」より早く「一九六五年十一月二日　日本大使　高瀬侍郎《たかせじろう》」氏が建立《こんりゅう》したとあった。

（★高瀬侍郎《たかせじろう》氏はセイロン当時の、越智啓介《おちけいすけ》氏はスリランカの、そのときの日本大使館大使《たいしかんたいし》である。）

わたしが墓地《ぼち》で調査《ちょうさ》・撮影《さつえい》をしていると、一人のスリランカの男性が近づいてきて、何をしているのかと尋《たず》ねられた。目的やわけを話すと、「それならば……。」と聞かせてくれた話は、ざっとこういうことだった。

「自分はこの墓守《はかも》りの一人である。

これまで、在《ざい》スリランカ日本大使館がお金を出して、この日本人墓地の管理・清掃《せいそう》等を現地《げんち》の我々に任《まか》せてきた。でも今は援助《えんじょ》が打ち切られているので、援助を再開してくれるように交渉《こうしょう》に行っている。お金は、この墓地《ぼち》の芝刈《しばか》り機の燃料《ねんりょう》や修理《しゅうり》、献花《けんか》のためだが、今はそれが無いから、ご覧《らん》のように草ぼうぼうで花もない。悲しいことだ。

……。」

もしかすると、この日本人墓地を造《つく》った「スリランカ日本人会」もお金を出しているのだろうが、二人の日本国大使《たいし》が建立《こんりゅう》した「鎮魂碑《ちんこんひ》」と「慰霊碑《いれいひ》」があるのだから、なんとかして大使館援助《たいしかんえんじょ》の回復《かいふく》があったらいいと思う。

(2) トリンコマリー空襲《くうしゅう》と「タンク91」跡《あと》

コロンボ空襲から五日後の一九四二年四月九日、日本海軍は、今度はセイロン島の北東部、トリンコマリーのイギリス空軍の飛行場と造船所《ぞうせんじょ》、軍港、それに燃料基地《ねんりょうきち》をめがけて空襲、やはり、現地労働者が多く死傷《ししょう》した。この跡地《あとち》にもわたしは行ってみた。

当時、ここには、小高い森の中にあった八十五基と合わせると、全部で百基以上の燃料タンクがあり、そのうちの十五基《き》は、現在《げんざい》も「ランカＩＯＣ」という石油会社が使用している。その会社の専務《せんむ》に案内をしてもらって、森の中に入ってみた。ところどころ、木々の間から、赤茶けた壁《かべ》のように見えるのは、すべて、当時の空襲によって破壊《はかい》されたままさびついたタンクの残骸《ざんがい》だということだった。

日本軍の空襲によるタンクの残骸

「イギリスは、タンクを全部で百基造《きつく》ったが、すべてが動いていたのは一九四二年の日本による空襲《くうしゅう》までで、その後、ほとんど使えなくなってしまった。スリランカは一九四八年に独立《どくりつ》したが、タンクはいまだにそのときのままだ。第九十九番のタンクは基礎《きそ》ができたところで終戦になったので、記念碑《きねんひ》的《てき》に今もそのままにしてある。

それにしてももったいないことをしたものだ。」

案内の専務《せんむ》は、そう言って嘆《なげ》いていた。

一基《き》だけ、見学者のために、階段《かいだん》・手すり・展望台《てんぼうだい》が設《もう》けられていて、上ると全体が一望できるようになっていた。説明の看板《かんばん》には、こう書いてあった。

「第九十一番タンク　一九四二年四月九日、シゲノリワタナベ、トキヤゴトウ、ツトムトシラの三氏が操縦《そうじゅう》する日本の一戦闘機《せんとうき》が、このタンクに突《つ》っ込《こ》んだ。その意図的《いとてき》な自爆攻撃《じばくこうげき》による壊滅的《かいめつてき》な炎《ほのお》は、七日間燃《も》え続けた。その飛行機のエンジンの残骸《ざんがい》は、コロンボの空軍博物館に運ばれてある。

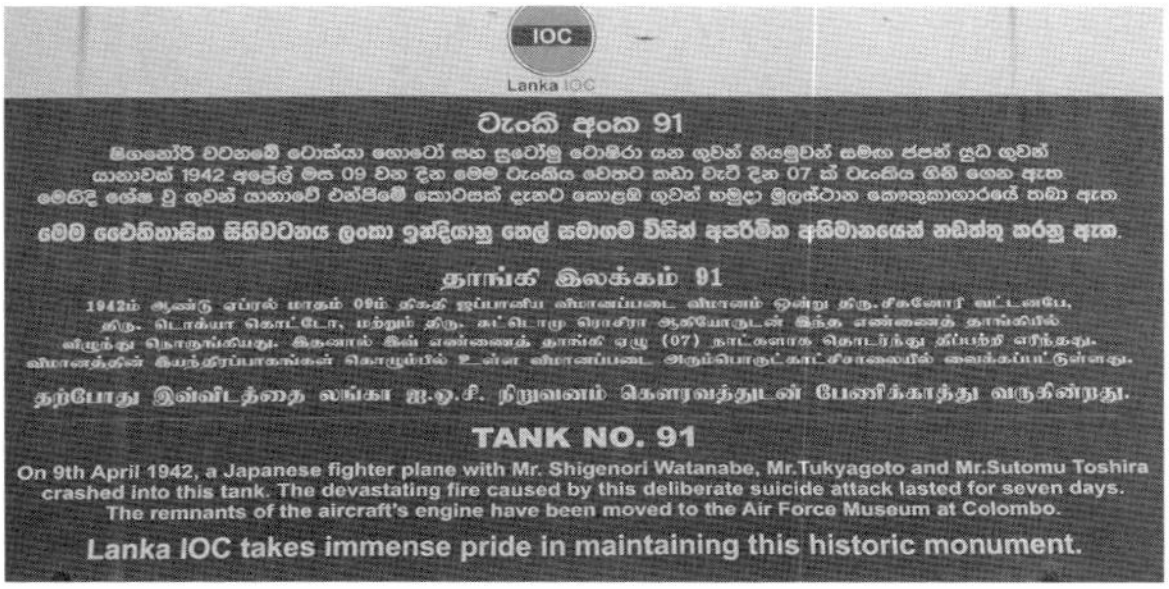

「タンク91」跡を説明する看板

ランカＩＯＣはこの歴史的記念物を保存していくことを大きな誇《ほこ》りとしている。」

ここを離《はな》れ、車で移動《いどう》すること二十分、ニラヴェリ通りに面して、「トリンコマリー戦《せん》没者墓地《ぼっしゃぼち》（１９３９―１９４５）」がある。父子二代にわたってこの墓《はか》を守っているという青年の話では、ここには十一か国三百六十四体が埋葬《まいそう》されている。毎年、いろいろな国から墓参《まい》りや見学があり、イギリスからはアン王女が来たこともある。日本の兵士は埋葬されてはいないが、墓参りではなくても日本人が来たのはあなたが初めてだと言われた。

㈡　大東亜会議《だいとうあかいぎ》（一九四三年）

日本は、東南アジア地域《ちいき》に対して、一九四一年七月、「大東亜共栄圏《だいとうあきょうえいけん》」というスローガンを掲《かか》げて、〈東南アジア地域《ちいき》・諸国《しょこく》は、欧米《おうべい》の植民地支配《しょくみんちしはい》に従《したが》うのではなく、同じアジアの日本と共に力を合わせて栄えていこう〉と呼《よ》びかけた。

そのころ、日本は、アジアの中のただ一つの独立国《どくりつこく》であり、かつて日清《にっしん》・日露《にちろ》の二つの戦争に勝っていたから、長い間欧米《おうべい》のひどい植民地支配《しょくみんちしはい》に苦しめられてきた現地とその周辺国には、このスローガンは「きっと、日本が欧米《おうべい》の宗主国《そうしゅこく》に対して自分たちとともに戦い、解放《かいほう》・独立《どくりつ》に導《みちび》いてくれるものだろう」と映《うつ》り、歓迎《かんげい》されたところがあった。

ところが、日本は、その年の十二月、太平洋《たいへいよう》戦争を開戦すると、「大東亜共栄圏《だいとうあきょうえいけん》を！」と呼《よ》びかけていたにもかかわらず、東南アジア地域《ちいき》・諸国《しょこく》を次々《つぎつぎ》と侵略《しんりゃく》し、占領《せんりょう》していった。しかも、その支配《しはい》は、独立《どくりつ》を認《みと》めず、また住民の独立《どくりつ》運動などをおさえつけ、おまけに欧米《おうべい》の植民地政策《せいさく》のもとでそれなりにできあがっていた経済《けいざい》のしくみも破壊《はかい》したので、結局《けっきょく》は欧米《おうべい》の植民地政策《せいさく》と変わらないもの、あるいはそれ以下のものになっていった。

日本の戦況《せんきょう》が傾《かたむ》き始めたとき、これを食い止めようと考えた日本の東条英機《とうじょうひでき》首相は、一九四三年十一月五・六日、「大東亜《だいとうあ》会議」を東京で開いた。これは、

「出席メンバーは、中国（国民政府主席《こくみんせいふしゅせき》＝汪兆銘《おうちょうめい》）・「満州《まんしゅう》」（張景恵《ちょうけいけい》）・フィリピン（ラウレル）・ビルマ（バー・モ）・タイ（ワン・ワイタヤコーン）・インド（チャンドラ・ボース）。しかし、すでに日本の植民地だった朝鮮《ちょうせん》や台湾《たいわん》、植民地化がすすめられたマレーやインドネシアの代表は招《まね》かれなかった。全会一致《いっち》で採決《さいけつ》された「大東亜共同宣言《せんげん》」は、「大東亜戦争ヲ完遂《かんすい》」し「大東亜ヲ建設」し「世界平和ノ設《せつ》

立《りつ》」に寄与《きよ》することをうたっている。（以下略《りゃく》）」

（『日本20世紀館』（小学館　一九九九）より）

というものだった。

この会議と宣言《せんげん》は、関係諸国《しょこく》と周辺国・地域《ちいき》に、一時、植民地解放《かいほう》と独立《どくりつ》の夢と希望を与えたかに見えた。サンフランシスコ講和《こうわ》会議で、ジャヤワルダナ氏もそのようなことを言っている。だが、「実質的効果《こうか》」はなにも無かったといってよいと思う。

(三) 連合国の諸会談《しょかいだん》と対日作戦・戦後処理《しょり》計画

日本はこの戦争を、「大東亜戦争《だいとうあせんそう》」と名付けていた。その戦争のもくろみは、アジア大陸の満州《まんしゅう》・朝鮮《ちょうせん》・中国・東南アジアからインド、西太平洋《たいへいよう》の島々までを占領《せんりょう》して国土をひろげ、支配下《しはいか》におさめて、食糧増産《しょくりょうぞうさん》を図《はか》り、資源《しげん》と労働力を確保《かくほ》し、国力を増《ま》し、……、というものだった。

これに対して、そうはさせまいという「敵《てき》」、つまりアメリカをはじめとする連合国（中国・アメリカ・イギリス・オランダなど）は、この戦争には必ず勝って日本をこうしてやろうと、戦後処理《しょり》について考えたり相談したりしていた。ここに言う「連合国」とは、一九四一年十二月から翌年《よくねん》一月に行われた「アルカディア会談」によって『連合国共同宣言《せんげん》』に参加《さんか》した二十六か国が最初だが、「連合国」に加わる国は、年々増《ふ》えた。そして、一九四五年四月二十八日に、あの三国同盟《どうめい》中のイタリアのムッソリーニが銃殺刑《じゅうさつけい》になり、三十日にはやはり三国同盟《どうめい》中のドイツのヒトラーが自殺《さつ》、五月七日にドイツが無条件降伏《むじょうけんこうふく》すると、「連合国」の矛《ほこ》先は日本だけに向くことになった。そのときの数、じつになんと四十六か国である。

・連合国の結成と『連合国共同宣言《せんげん》』

連合国を結成して日本と戦おうという呼《よ》びかけは、ルーズベルト（アメリカ）・チャーチル（イギリス）・リトヴィノフ（ソ連）・宋子文《そうしぶん》（中国・のちの中華民国《ちゅうかみんこく》）が出し、会議は一九四一年十二月二十二日に始まった。「アルカディア会談」である。賛同《さんどう》した国々は二十六か国、『連合国共同宣言』を宣言して終えた。それは、次のことをうたっている。

○第二次世界大戦の戦争目的、
○各国のすべての物的人的資源《しげん》を枢軸国《すうじくこく》に対する戦争にあてること、
○日本、ドイツ、イタリアと各国が単独《たんどく》で休戦または講和《こうわ》をしないこと
つまり、三国が降伏《こうふく》するまで、連合国は徹底的《てっていてき》に戦いぬくことを宣言《せんげん》しているのだ。

・大戦中の連合国の会談

第二次世界大戦中の約五年間に、連合国側の主要国は、戦争の作戦と「戦後処理《しょり》」について、いくつもの会談（連合国戦争指導《しどう》会議）をしている。

その主なものについて、いつ、だれがしたか、そしてどんなことを決めたかを次に示《しめ》す。

○一九四一年八月　大西洋会談　ルーズベルト　チャーチル
『大西洋憲章《けんしょう》』　これは、第二次世界大戦後の世界平和をどのように回復《かいふく》するか、その基《き》本原則《ほんげんそく》を定めた共同宣言《せんげん》で、「領土《りょうど》を拡大《かくだい》しない、関係する国民の自由意思に反する領土《りょうど》の変更《へんこう》をしない、奪《うば》われた主権《しゅけん》と自治権《じちけん》を返す、侵略国《しんりゃくこく》の武装《ぶそう》を解除《かいじょ》するなど」を基本《きほん》としている。この宣言は、「ポツダム宣言」にも深く関係した重要なものだ。

○一九四一年十二月　アルカディア会談　ルーズベルト　チャーチル　リトヴィノフ　宋子文《そうしぶん》

連合国の結成と『連合国共同宣言』（「宣言」は一九四二年一月一日　前ページ参照《さんしょう》）

○一九四三年十一月　カイロ会談　ルーズベルト　チャーチル　蒋介石《しょうかいせき》（中国・のちの中華民国《ちゅうかみんこく》）

『カイロ宣言《せんげん》』　連合国には、領土拡大《りょうどかくだい》の意図《いと》はない、日本の無条件降伏《むじょうけんこうふく》を求める。など。

○一九四三年十一月　テヘラン会談　ルーズベルト　チャーチル　スターリン（ソ連）

ドイツの降伏《こうふく》後早期に、ソ連が対日戦に加わることを確認《かくにん》。

○一九四五年二月四日から十一日　ヤルタ会談　ルーズベルト　チャーチル　スターリン

『ヤルタ協定』　ドイツの敗戦が確実《かくじつ》になったので、東ヨーロッパの戦後処理《しょり》を協定。

ドイツの敗戦後三か月以内に、ソ連が日本に対して宣戦布告《せんせんふこく》すること（★ルーズベルトが、アメリカの負担《ふたん》と損失《そんしつ》を減《へ》らすために希望《きぼう》）、その代わりに、樺太《からふと》（サハリン）の南半分・千島列島《ちしまれっとう》をソ連の領土にすること（★スターリンが、対日宣戦布告《せんせんふこく》の意義《いぎ》をソ連国民に納得《なっとく》させるために、と言って希望）を協定。ほかに、大連《だいれん》の港を軍港化してソ連の自由使用を確保《かくほ》することなども協定。

○一九四五年六月　サンフランシスコ会議

『国際連合憲章《けんしょう》』採択《さいたく》・国際連合の設立《せつりつ》　国際連合憲章は二十六日、五十か国によって署名《しょめい》され、国際連合は十月二十四日に発足《ほっそく》することになった。

○一九四五年七月　ポツダム会談　ルーズベルト　チャーチル　蒋介石《しょうかいせき》

『ポツダム宣言《せんげん》』日本の無条件降伏《むじょうけんこうふく》を求める。（以上『日本20世紀館』小学館　による）

〔『ポツダム宣言』は、一九四五年七月二十六日に、アメリカ・イギリス・中国によって宣言されたもので、「米・英・支三国宣言」ともよばれる。「終戦の詔書《しょうしょ》」には「朕《ちん》ハ帝国政府ヲシテ米英支蘇《そ》四国ニ対シ其《そ》ノ共同宣言ヲ受諾《じゅだく》スル旨《むね》通告セシメタリ」とある。これは、ソ連が対日宣戦布告《ふこく》した八月八日に、この宣言に加わって一国ふえたからである。〕

一方、このような連合国の「国際会議」とは別に、アメリカでは、少なくとも八つの、「対日戦後処理《しょり》案」があったという。ここでは、そのうちの二つを挙《あ》げておきたい。それは二つとも極秘《ごくひ》、つまり絶対秘密《ぜったいひみつ》の「戦後処理《しょり》案」（占領《せんりょう》計画）として出されていたもので、一つは国務省《こくむしょう》決定の「日本単独占領案《たんどくせんりょうあん》」であり、もう一つは軍部決定の「日本分割統治案《ぶんかつとうちあん》」である。

㈣　戦後の日本をどのように治めるか
――アメリカの「日本単独占領案《たんどくせんりょうあん》」と「日本分割統治案《ぶんかつとうちあん》」

⑴　アメリカ国務省《こくむしょう》の日本単独占領案《たんどくせんりょうあん》

アメリカ国務省の「戦後計画委員会」は、真珠湾《しんじゅわん》を奇襲《きしゅう》された十か月後に始まった。その結論（一九四四年五月）は、「戦後の日本には、天皇制《てんのうせい》を残し、分割《ぶんかつ》はしないで、アメリカが単独占領する。」というものだった。

⑵　アメリカ軍部の日本分割統治案《ぶんかつとうちあん》

一九四五年、軍部の〔統合参謀本部《とうごうさんぼう》〕は、国務省《こくむしょう》案に対して、アメリカ軍の人的・物的負担《ふたん》を最小限におさえるためには、戦争に勝った後は、連合国結成を初めに呼《よ》びかけた四か国が日本を分割して占領統治《せんりょうとうち》するのが最良であるという案を立てた。

分割《ぶんかつ》の区域《くいき》とそれぞれの占領《せんりょう》国とは、次のようである。（★次ページの地図を参照《さんしょう》）

北海道《ほっかいどう》、東北区域《とうほくくいき》　——ソ連（北海道《ほっかいどう》・青森《あおもり》・秋田《あきた》・山形《やまがた》・岩手《いわて》・宮城《みやぎ》・福島《ふくしま》）

東京《とうきょう》　——アメリカ・イギリス・ソ連・中国の四か国による共同統治《とうち》

関東・中部区域　——アメリカ（茨城《いばらき》・千葉《ちば》・栃木《とちぎ》・群馬《ぐんま》・埼玉《さいたま》・神奈川《かながわ》・新潟《にいがた》・山梨《やまなし》・長野《ながの》・静岡《しずおか》・愛知《あいち》・三重《みえ》・岐阜《ぎふ》・富山《とやま》・石川《いしかわ》）

近畿《きんき》区域　——アメリカ・中国（福井《ふくい》・滋賀《しが》・京都《きょうと》・大阪《おおさか》・奈良《なら》・和歌山《わかやま》・兵庫《ひょうご》）

中国地方・九州区域　——イギリス（鳥取《とっとり》・岡山《おかやま》・島根《しまね》・広島《ひろしま》・山口《やまぐち》・福岡《ふくおか》・大分《おおいた》・佐賀《さが》・長《なが》崎《さき》・熊本《くまもと》・宮崎《みやざき》・鹿児島《かごしま》）

四国区域　——中国（香川《かがわ》・徳島《とくしま》・愛媛《えひめ》・高知《こうち》）

沖縄《おきなわ》　——アメリカ

（『米国の日本占領政策《せんりょうせいさく》　上・下』五百旗頭真《いおきべまこと》　一九八五年　中央公論社《ちゅうおうこうろんしゃ》、『戦争・占領《せんりょう》・講和《こうわ》』（一九四一〜一九五五）五百旗頭真《いおきべまこと》　二〇〇一年　中央公論新社《ちゅうおうこうろんしんしゃ》　によっている。）

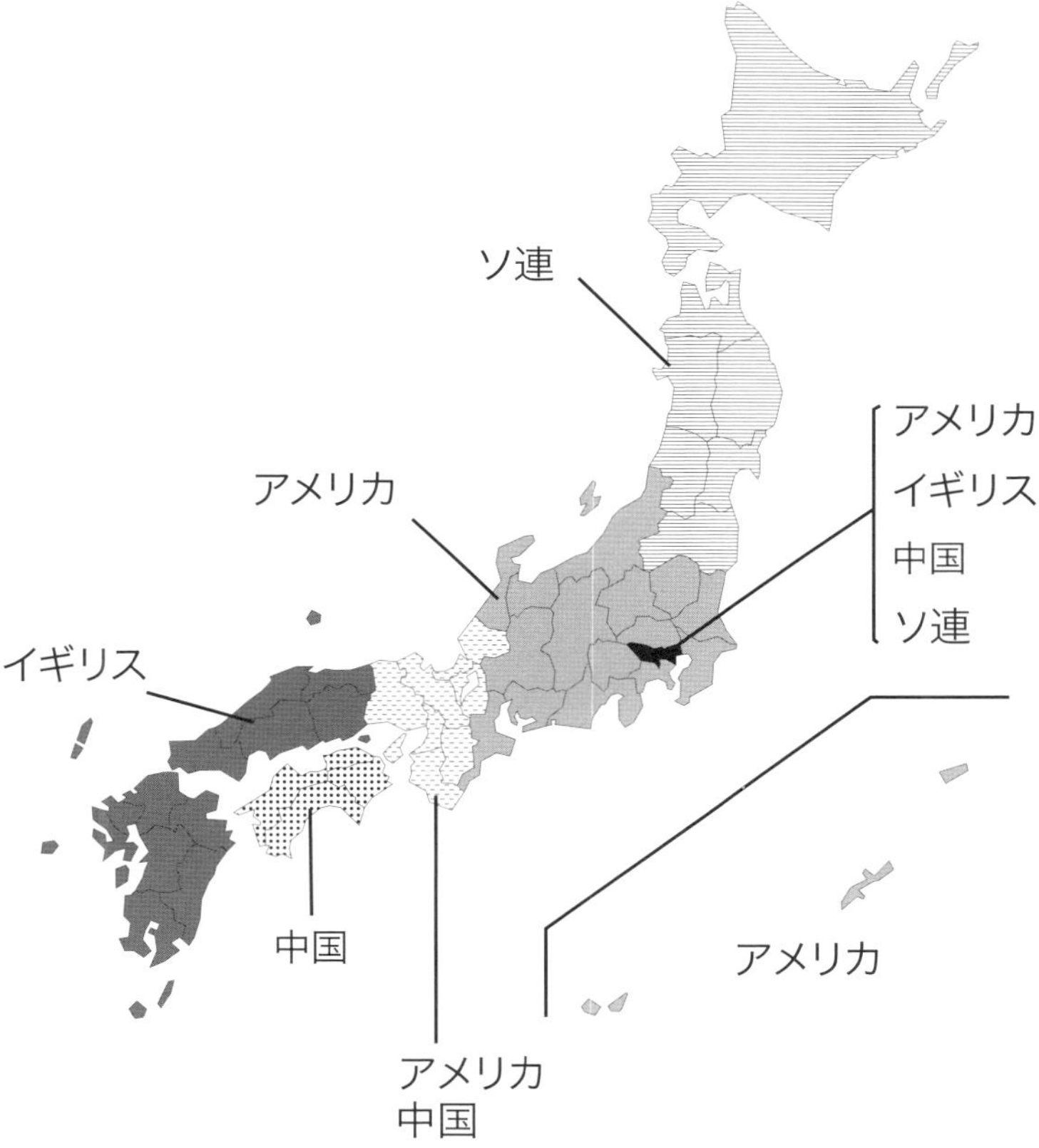

日本分割 統治案
図版製作 宮坂康司氏

アメリカの日本に対する「戦後処理《しょり》」の実際《じっさい》は、軍部の分割統治案《ぶんかつとうちあん》ではなく、国務省案《こくむしょうあん》に近い「単独占領《たんどくせんりょう》」の形で進められることになる。

その理由にはいろいろな説があるが、最も有力な説は、アメリカが原子爆弾《げんしばくだん》の実験に成功（★一九四五年七月十六日）、広島《ひろしま》・長崎《ながさき》に実際《じっさい》に投下して、その「威力《いりょく》・有効性《ゆうこうせい》」を立証《りっしょう》したからだというものである。アメリカは、ほかのどの連合国、特に大国ソ連の力を借りることなく、さらに言えば、世界中のどの他国をも圧倒《あっとう》して、単独《たんどく》で日本を占領《せんりょう》するばかりか、全世界を支配《しはい》できる武力を手に入れたということになったのだった。

アメリカ軍部の「分割案《ぶんかつあん》」は、こういうわけで、極秘《ごくひ》のまま、どこにも発表もされずに終わったのだった。

日本では今日《こんにち》、「日本分割占領《ぶんかつせんりょう》」はソ連の案や希望だったと思っている人もいるようだが、そうではない。ソ連（スターリン）には、次節に述《の》べるような、全く別の案・要求があった。

それは、時間的順序で言うと、日本にとっては「戦後」のことであるとされているので、ここでもそのように扱《あつか》うことにする。

三　第二次世界大戦直後――ソ連は日本に何をしたか

〔大戦中、日本とソ連の間には「日ソ中立条約《じょうやく》」（一九四一年・有効期限《ゆうこうきげん》五年）が結ばれていたので、二国間に戦争が起きるなどとは、特に日本では、だれも予想すらしていなかった。ソ連は、この条約を守って日本との交戦をしないできたが、その有効期限を一年残して一九四五年四月、これを延《えん》長しないと通告してきた。〕

(一)　ソ連の対日参戦《さんせん》・満蒙《まんもう》攻撃《こうげき》と、猛攻《もうこう》・領土《りょうど》要求

(1)　ソ連の対日参戦・満蒙攻撃

ソ連は、八月八日に対日宣戦布告《せんせんふこく》、翌《よく》九日未明、「満州《まんしゅう》」国境《こっきょう》に侵攻《しんこう》してきた。これは、五月七日のドイツの無条件降伏《むじょうけんこうふく》から三か月後のことで、「ヤルタ協定」をそのとおりに「実行」したということである。

その十年ほど前から「満州国」に住んでいた満蒙《まんもう》（満州《まんしゅう》とモンゴルあたり）開拓団《かいたくだん》の人々約

二十七万人は、自分たちは「最強の関東軍《かんとうぐん》（★日本陸軍の満州駐留部隊《ちゅうりゅうぶたい》）が守ってくれている」と信じ、安心しきっていた。ところが、そう頼《たよ》っていた関東軍はすでにほとんどが南方、または本土に送られたり、危険《きけん》を察して引き揚《あ》げてしまったりして、そこにはいなくなっていた。これを知って、開拓団《かいたくだん》の人々はどんなにか失望し、怒《いか》り、不安におちいったことだろう。ソ連軍に対抗《たいこう》、応戦《おうせん》する兵士はごくわずか、あとは、開拓団《かいたくだん》の農民による「根こそぎ動員組」の「兵力」と、十六～十九歳《さい》の少年で組織《そしき》されていた「満蒙開拓青少年義勇《ぎゆう》軍《ぐん》」だけだった。

こういうわけで、百三十万（★百五十七万とも）というソ連極東《きょくとう》軍の南下・侵攻《しんこう》は食い止めようがなく、約二十二万三千の日本人――ほとんどは老人と女性、子ども――は、何百キロメートルもの山道、どろ道を歩いて、南へ南へと逃《に》げるしかなくなった。まさにこのとき、「中国残留孤児《ざんりゅうこじ》」「中国残留婦人《ざんりゅうふじん》（★当時十三歳以上の女性）」が発生したのだった。

このあたりのことは、数え切れないほどの記録、手記、回想、物語、映画《えいが》などになっている。ここでは、ごく最近わたしが読んだり見たりしたものの一部を挙《あ》げるだけにする。

＊漫画《まんが》『満州からの引揚《あ》げ　遥《はる》かなる紅《あか》い夕陽《ひ》』二〇〇六年一一月平和祈念《きねん》展示資料館

＊児童文学『望郷《ぼうきょう》の鐘《かね》』中国残留孤児の父・山本慈照《やまもとじしょう》 和田登作《わだのぼる》 しなのき書房

＊アニメ映画『キクちゃんとオオカミ』 野坂昭如《のさかあきゆき》原作

＊映画『山本慈照《やまもとじしょう》 望郷《ぼうきょう》の鐘《かね》 満蒙開拓団《まんもうかいたくだん》の落日』 和田登作 山田火砂子《やまだひさこ》監督《かんとく》

＊映画『ソ満国境《こっきょう》 15歳《さい》の夏』 田原和夫《たはらかずお》作 松島哲也《まつしまてつや》監督

(2) ソ連の猛攻《もうこう》・領土《りょうど》要求

日本は、終戦を決めて「ポツダム宣言《せんげん》」を受け入れた。一九四五（昭和二十）年八月十四日のことである。このことを「終戦の詔書《しょうしょ》」として天皇《てんのう》が朗読《ろうどく》し、国民に知らせた「玉音《ぎょくおん》放送」は、翌《よく》十五日の正午《しょうご》だった。

ソ連極東軍は、八月九日、「ヤルタ協定」どおりに、満州《まんしゅう》国境を侵攻《しんこう》、南下《なんか》していたが、日本の「ポツダム宣言」受諾《じゅだく》の通告を受けた八月十四日以降《いこう》も、樺太《からふと》（サハリン）の北半分（ソ連領《りょう》）からはその南半分（日本領《りょう》）に、そしてカムチャツカ半島からは千島列島《ちしまれっとう》に沿《そ》って、南下・侵攻（★これも「ヤルタ協定」の作戦である。）してきていて、日本の兵士ばかりではなく、たくさんの民間人が犠牲《ぎせい》になって死んでいった。

たとえば、南樺太《からふと》には、「宣言《せんげん》」受諾《じゅだく》から六日後の八月二十日に侵攻《しんこう》し、ソ連軍に追いつめられた若《わか》い女性電話交換手《こうかんしゅ》九人が青酸《せいさん》カリで集団自決《しゅうだんじけつ》した「真岡郵便電信局事件《まおかゆうびんでんしんきょくじけん》」という悲劇《ひげき》が起こっていて、「北のひめゆり事件」と言われている。わたしは、二〇一〇年六月に北海道《ほっかいどう》旅行をしたときに稚内《わっかない》の公園でその慰霊碑《いれいひ》を見て、初めてこの悲劇的事件《ひげきてきじけん》を知った。

また、たとえば、「満州からの引揚《あ》げ『関連年表』」（『満州からの引揚げ　遥《はる》かなる紅《あか》い夕陽《ひ》』巻末《かんまつ》）には、八月二十二日に、

> 「樺太からの引揚げ船「小笠原丸《おがさわらまる》」「泰東丸《たいとうまる》」「第二新興丸《しんこう》」、北海道留萌沖《ほっかいどうるもいおき》においてソ連軍の潜水艦《せんすいかん》の攻撃《こうげき》を受け、「小笠原丸」「泰東丸」は沈没《ちんぼつ》、約千七百人の犠牲《ぎせい》者を出す。」

とあるように。

八月十五日の「玉音《ぎょくおん》放送」で戦争は終わったと、日本国民のだれもが思っていたし、軍の武装解除《ぶそうかいじょ》（★降伏《こうふく》したものや捕虜《ほりょ》から、命令によって、すべての武器をとりあげること。）も進んでいた。しかし、ソ連は、「戦争は『降伏《こうふく》文書調印《ちょういん》』までは続いている」という言《い》い分《ぶん》のもとに、その後も、領土拡大《りょうどかくだい》をねらって、北海道周辺に迫《せま》り、いくつかの島々には上陸もしていた

（★「降伏文書調印」は一九四五年九月二日であった。）

のだった。

しかも、ソ連の領土拡大《りょうどかくだい》への欲求《よっきゅう》は、次に見るように、これだけではなかった。

アメリカの新大統領《だいとうりょう》トルーマン（★ルーズベルト大統領は一九四五年四月十二日死去）は、ソ連のスターリンに対して、

「満州、北緯《ほくい》三十八度線以北の朝鮮《ちょうせん》、サハリンの日本の司令官たちと全ての地上・海上・航空《こうくう》および補《ほ》助軍《じょぐん》は、極東《きょくとう》ソ連軍司令部に降伏《こうふく》しなければならないこと」

としていた。スターリンは、

「これに基本《きほん》的に賛成《さんせい》したが、二つの重要な修正《しゅうせい》を提案《ていあん》した。

一「ヤルタ秘密《ひみつ》協定」にもとづき、全クリル列島《れっとう》（★千島《ちしま》列島のこと）の日本軍は、ソ連軍に降伏《こうふく》し、クリル列島全島はソ連の領土《りょうど》になること。

二　ラペールズ海峡《かいきょう》（★宗谷《そうや》海峡のこと）に北側で接《せっ》する北海道の北半分の日本軍はソ連軍に降伏する。

北海道の南北間の境界線《きょうかいせん》は、東部沿岸《えんがん》の釧路《くしろ》市から西部海岸にある留萌《るもい》市までの線に沿《そ》うもので、

両都市も北海道《ほっかいどう》北部に含《ふく》める。」

（『関東軍兵士はなぜシベリアに抑留《よくりゅう》されたか』エレーナ・カタソノワ著《ちょ》　白井久也監訳《かんやく》　二〇〇四　35ページ）

というのだった。つまり、占守島《シュムシュ》から得撫島《ウルップ》までの千島列島全島と、「二」については「ヤルタ協定」にも無かった北海道の北半分をソ連の領土《りょうど》に欲《ほ》しいと言ってきたのだ。

だが、スターリンのこの要求を、トルーマン大統領《だいとうりょう》は絶対《ぜったい》に認《みと》めなかった。それは、一九四一年の『大西洋憲章《けんしょう》』、四三年の『カイロ宣言』にある「領土不拡大《りょうどふかくだい》」を守ろうと考えたからだったのだと思う。

(二)　ソ連の対日戦後処理《しょり》案の決行——シベリア抑留《よくりゅう》

連合軍の戦後処理《しょり》の一つとして、ソ連は、次のような「決定」を下した。

「スターリンは、トルーマンの姿勢《しせい》が変わらないと確信《かくしん》して、こだわっていた北海道占領《ほっかいどうせんりょう》計画をあきらめ、八月二十二日、日本上陸準備《じゅんび》停止命令を下した。翌《よく》二十三日、スターリンの計画が巨大《きょだい》な政治的《せいじてき》敗北をきたしたことへの報復《ほうふく》として、ソ連指導《しどう》部は、ソ連の経済建設《けいざいけんせつ》に、日本人捕虜《ほりょ》を用いる決定を行った。」

（『関東軍兵士はなぜシベリアに抑留《よくりゅう》されたか』エレーナ・カタソノワ著　白井久也監訳《かんやく》　二〇〇四より要旨《ようし》。）

これが、悪名高い「日本人捕虜《ほりょ》のシベリア抑留《よくりゅう》」だ。ソ連は、ドイツとの戦争で二千万人もの兵士を失っていたから、戦後ソ連の経済《けいざい》再建のためには、膨《ぼう》大な労働力が必要だった。ここに、抑留民《よくりゅうみん》を充《あ》てようという原因《いん》があった。

しかしこれは、捕虜《ほりょ》の扱《あつか》いについてとり決められている国際法《こくさいほう》（ハーグ条約《じょうやく》）にも、「ポツダム宣言《せんげん》」第九条《じょう》（★「日本の軍隊《ぐんたい》は完全に武装解除《ぶそうかいじょ》された後、それぞれの故郷《こきょう》に帰り平和的で生産的な暮《く》らしができるようにさせなければならない。」―意訳《いやく》）にも違反《いはん》していることだ。

二〇一四年の夏に、東京の「平和祈念展示資料館《きねんてんじしりょうかん》」に見学に行った。ここには「シベリア抑留《よくりゅう》」の労働、生活の展示《てんじ》が多く、たくさんの人が来ていた。抑留《よくりゅう》されたのは兵士、男の人ばかりかと思っていたら、引き揚《あ》げ船の中に母子らしいろう人形があって、女性や子供も抑留《よくりゅう》されたのかと、目を疑《うたが》った。それから半年後、二〇一五年一月四日の「読売新聞」が、第一面に、「シベリア抑留《よくりゅう》　新資料《しんしりょう》　旧ソ連７００冊　不明者情報《じょうほう》多数」という大見出しで、あらたな抑留《よくりゅう》ニュースを報《ほう》じた中に、「数百人の女性が抑留《よくりゅう》されて、中には子ども連れの人もいた。」、「洗濯《せんたく》や看護《かんご》などの仕事を割《わ》り当てられていたことが知られている。」とあって、「そうか。女性というのは、満蒙《まんもう》から逃《に》げる途中《とちゅう》で拉致《らち》された人たちだったのだ。」と納得《なっとく》がいった。

抑留民《よくりゅうみん》の実態《じったい》の記録や回想録などは、満蒙《まんもう》からの逃避行《とうひこう》のそれよりもはるかに多いので、ここではすべて割愛《かつあい》するしかないが、ごく手軽に読めるもの二点は紹介《しょうかい》しておきたい。

＊漫画《まんが》『戦後強制抑留《きょうせいよくりゅう》　シベリアからの手紙』　二〇一二年三月　平和祈念展示資料館《きねんてんじしりょうかん》

＊漫画《まんが》『凍《こお》りの掌《て》』シベリア抑留記《よくりゅうき》　おざわ　ゆき　二〇一二年七月　小池書院《こいけしょいん》

また、これは二〇一五年十月十日のニュースだが、京都《きょうと》の「舞鶴引揚記念館《まいづるひきあげきねんかん》」にあるシベリア抑留民《よくりゅうみん》の帰国当時の資料《しりょう》「舞鶴《まいづる》への生還《せいかん》」五百二十点が、ユネスコの「世界記憶《きおく》遺産《さん》」に登録されたということだ。ここには、いつかぜひ行って見てみたいと思う。

ついでに言うと、シベリア抑留民《よくりゅうみん》の日本への帰国（引き揚《あ》げ）は、一九四六年十二月に始まり、最後の引き揚《あ》げ船の舞鶴《まいづる》入港は一九五六年十二月だから、ちょうど十年かかったことになる。

後で見るサンフランシスコ講和《こうわ》会議は一九五一年だから、この時には、引き揚《あ》げはまだ途中《とちゅう》だった。しかし、この会議に出席したソ連代表のグロムイコ氏は、九月八日の記者会見で、「ソ連に現在《げんざい》日本の捕虜《ほりょ》が残っているということは途方《とほう》もないことであり、現在《げんざい》ソ連には一人の日本人捕虜《ほりょ》もいない。と正式に言明《げんめい》していた。」（★朝日新聞　一九五一年九月九日）とあった。

コラム

お隣《となり》のN家のおじいちゃんは、日本陸軍の兵隊《へいたい》として、カムチャツカ半島がよく見える占守島《シュムシュ》――ここは当時の日本領土《りょうど》の最北端《さいほくたん》――にいた。

八月十八日未明、すでに武装解除《ぶそうかいじょ》を進めていたNさんの部隊《ぶたい》にソ連軍が奇襲《きしゅう》し、やむなく、解除《かいじょ》した武器を再《ふたた》びとって応戦《おうせん》。激戦《げきせん》のあげく捕虜《ほりょ》になって、ウラル山脈《さんみゃく》を越《こ》えてさらに西のエラブカというたいへんな奥地《おくち》まで連れて行かれ、炭鉱《たんこう》で働かされたと聞いた。

シュムシュ島での戦闘《せんとう》の様子《ようす》は『太平洋《たいへいよう》戦争　最後の証言《しょうげん》――陸軍玉砕編《ぎょくさい》』（★門田隆将《かどたりゅうしょう》　角川書店《かどかわしょてん》）にある。

四　日本降伏《こうふく》後にアジアで起こったこと

〔戦争による限《かぎ》りない痛手《いたで》と悲しみ、大きな被害《ひがい》、占領下《せんりょうか》の暮《く》らし、不安、混乱《こんらん》……、そして、どう言ったらいいのかわからないほどの、復興《ふっこう》への悲壮《ひそう》な決意の日本……。

こんな中、一九四六年十一月三日、日本国憲法《けんぽう》は公布《こうふ》され、翌年《よくねん》五月三日施行《しこう》された。

こうして、国内では、戦争のない国づくりが始まった。だが、遠い外地《がいち》、特に東南アジアの国々《くにぐに》には、武装解除《ぶそうかいじょ》されて捕虜《ほりょ》収容所に収容された元日本兵士がたくさんいた。その人たちの中には……。〕

◯残留《ざんりゅう》日本兵の正義の戦い

東南アジアでは、あのヨーロッパ列強《れっきょう》の植民地《しょくみんち》主義が復活《ふっかつ》して、マレーにはイギリスが、インドネシアにはオランダが、ベトナムにはフランスが、というように、再《さい》「進出」がはじまっていた。これに対して、先住《せんじゅう》の人々《ひとびと》による抵抗《ていこう》、植民地解放《しょくみんちかいほう》運動と民族独立《みんぞくどくりつ》運動が、これまでになく大きく起こったのは当然だった。

（★『机上版《きじょうばん》世界史年表』三九三～三九四ページ　第2次世界大戦直後のアジア　による。）

どんないきさつや交渉《こうしょう》があってのことか、もっとよく調べてみたいと思うが、残留《ざんりゅう》した旧《きゅう》日本兵捕虜《ほりょ》の中に、現地のこのような運動・戦いに賛同《さんどう》して、民族義勇軍《みんぞくぎゆうぐん》、独立義勇軍《どくりつぎゆうぐん》として武器をとって参加《さんか》した人たちが、たとえばインドネシア（★一九四九年独立《どくりつ》）には三千人近くいたという。ビルマ（★一九四八年独立《どくりつ》・現《げん》ミャンマー）にもベトナム（★一九四五年臨時独立《りんじどくりつ》後フランスが再侵攻《しんこう》・インドシナ戦争）にもいたという。

（★『あの戦争は何だったのか　大人のための歴史教科書』保阪正康《ほさかまさやす》　新潮新書《しんちょうしんしょ》　二〇〇五　要旨《ようし》。）

降伏《こうふく》し武装解除《ぶそうかいじょ》された元軍人、元兵士は、あくまでもそれまでの過去において軍人・兵士だったのであって、今は、捕虜《ほりょ》ではあるが、れっきとした「日本国民」だ。そのような人たちが民族義勇軍《みんぞくぎゆうぐん》、独立義勇軍《どくりつぎゆうぐん》として立ち上がったのだから、じつに勇敢《ゆうかん》な行動だったといっていい。これは、すでに終わっている戦争とは完全に切り離《はな》して、別のこととして考えるべきことだろう。

次の章以降でくわしく触《ふ》れる『ダンマパダ』で、ブッダは言っている。

「戦場において百万人に勝つよりも、唯《た》だ一つの自己《じこ》に克《か》つ者こそ、じつに最上の勝利者である。」（ダンマパダ　一〇三）（★『ブッダの真理のことば　感興《かんきょう》のことば』中村元訳《なかむらはじめやく》　岩波文庫《いわなみぶんこ》）

つまり、戦場で戦い、「敵《てき》」を討《う》って誇《ほこ》るのではなく、そうしている自分の非《ひ》（過《あやま》ち）に目覚めて、あるべき正しい行いをすることこそが、最高の誇《ほこ》りであるということだ。元日本兵の、インドネシアなどにおける民族義勇軍《みんぞくぎゆうぐん》・独立義勇軍《どくりつぎゆうぐん》としての行動は、そういう見方からこそ讃《たた》えられるべきことだと思う。

しかし、このような人たちがいたのだからと言って、「大東亜戦争《だいとうあせんそう》」や「大東亜共栄圏《だいとうあきょうえいけん》」を肯定《こうてい》し賛美《さんび》しようとする人たち、また、子ども向けの本などもあるが、それは違《ちが》うのではないかと思う。

わたしの祖父《そふ》は、日露《にちろ》戦争のとき、二百三高地という戦場でロシア軍と戦ってひん死の重傷《じゅうしょう》を負った。板垣征四郎《いたがきせいしろう》（★後に「満州国《まんしゅうこく》」建国を主導《しゅどう》。一九四一年に陸軍大将《たいしょう》。一九四八年、A級戦犯《せんぱん》として絞首刑《こうしゅけい》。）という人もそこで負傷し、いっしょに写ったそのときの写真があるが、帰国後、「日本が二度と戦争をしない国であるように、自分は教師になろう。」、そう考えて軍人をやめ、早稲田《わせだ》大学に入り直して、千葉師範《ちばしはん》学校の先生になった。そして、そこでわたしの父が教わったのだった。

　これは、板垣征四郎大将《いたがきせいしろうたいしょう》とはまったく正反対の生き方をしたことになる話だが、なにか、右のブッダの言葉通りに生きたようで、子孫《しそん》のわたしたちにとってはいかにも誇《ほか》らしいことだ。

コラム

市川市行徳《ぎょうとく》の八幡《はちまん》神社境内《けいだい》に、写真のような小さな碑《ひ》がある。

表には、下のように文字が刻《きざ》んであり、背面《はいめん》には、当時の青年会員五十二名の他、十二名の役員、そして「町長　田中稔書之」とある。

日付は昭和二十一年丙戌《ひのえいぬ》年十一月三日である。

肝心《かんじん》な「燈籠壹對《とうろういっつい》」（灯ろう二基）は今は失われてしまったようで残念だが、新しく「日本国憲《けん》法《ぽう》」ができたことを、青年会を中心に、町民挙《あ》げて喜んだことが解る記念碑だ。

こういうことは、日本中であったらしいので、機会を見つけてたくさん調べてみたいと思う。

奉納
燈籠壹對
新憲法
發布
記念
三丁目青年會

第二章

サンフランシスコ講和《こうわ》会議

演説《えんぜつ》するジャヤワルダナ氏（J・R・J・C蔵）

一　講和《こうわ》会議は終戦後すぐにではなかった

〔「講和」、「講」は、話し合って心を通い合わせ、仲直りするということ。「講和」とは、戦争をしている国どうしが話し合って戦争を終わらせ、平和を取りもどすということ。このたびの講和《こうわ》会議は、アメリカのサンフランシスコ市で開かれたので、「サンフランシスコ講和《こうわ》会議」という。（★会場は「オペラハウス」、まだ戦争中だった一九四五年六月に「国際連合憲章《けんしょう》」が作られたのもここである。）〕

〔日本が直接戦った日清《にっしん》戦争の終戦は一八九五年で、その講和条約《こうわじょうやく》（下関条約《しものせきじょうやく》）はその年の四月、日露《にちろ》戦争の終戦は一九〇五年九月で、その講和条約《こうわじょうやく》（ポーツマス条約《じょうやく》）は同じようにその年の九月、つまり、二つとも戦争が終わるとすぐに講和条約《こうわじょうやく》が結ばれている。

ところが、第二次世界大戦の日本の「降伏文書《こうふくぶんしょ》」の調印《ちょういん》は一九四五年九月二日なのに、その講和《こうわ》会議と講和条約《こうわじょうやく》の調印《ちょういん》は六年後の一九五一年九月だ。どうして六年も後のことになったのだろうか。」

これにはいろいろ大きな理由があったらしい。その主なものを挙《あ》げると、

○東南アジア等への西欧列強《せいおうれっきょう》の植民地主義《しょくみんちしゅぎ》の復活《ふっかつ》・侵攻《しんこう》と、これに対抗《たいこう》する植民地解放《しょくみんちかいほう》・独立《どくりつ》運動の活発化。

○数え切れないほどの、というか、整理しきれないほど大小さまざまな戦闘《せんとう》が、特に東アジア、南アジア、東南アジアで起こっている。

（★「第2次世界大戦直後のアジア」『机上版《きじょうばん》世界史年表』歴史学研究会編　三九三〜三九四　岩波書店《いわなみしょてん》　一九九五）

○「冷戦」が始まっていて、主要国が混乱《こんらん》していた。

「冷戦体制《れいせんたいせい》」は世界を二分するような大きな「戦い」で、つまりは、第二次世界大戦は終わってはいたが、「冷戦体制《れいせんたいせい》」がかかげで関係している紛争状態《ふんそうじょうたい》はあちこちで起こっていた。だから、日本との講和《こうわ》どころではないという状態《じょうたい》だったこともあるだろう。

○朝鮮《ちょうせん》戦争が起こった。（一九五〇）この戦争は、「冷戦」の激化《げきか》が生んだ激《はげ》しい戦闘で、五三年七月に休戦されたが、北緯《ほくい》38度線に沿《そ》った軍事境界線《きょうかいせん》をはさんで、今日《こんにち》も対立が続

いている。朝鮮《ちょうせん》戦争が起こったことが、講和《こうわ》を早める必要を生じさせたという考えもあるようだ。

◯もう一つ、アメリカの単独占領《たんどくせんりょう》下にあった日本自体に、戦後すぐに講和《こうわ》をして世界と平等・対等におつきあいできるほどの政治《せいじ》力・経済《けいざい》力はなかったということもあるだろう。

二　講和《こうわ》会議開始前

〈日本と連合国との講和《こうわ》に向けての作業は、水面下、つまり表には出ない秘密《ひみつ》の外交《がいこう》工作によって、特に占領国《せんりょうこく》アメリカとの間で、またはアメリカが間に入って、早くから進められてもいた。その内容も記録も、当時は「極秘《ごくひ》」（最高《さいこう》の秘密《ひみつ》）扱《あつか》いだったが、今は制《せい》限《げん》が解《と》かれて、「国立公文書館《こくりつこうぶんしょかん》」や「外務省外交史料館《がいむしょうがいこうしりょうかん》」で見ることができる。〉

㈠　アメリカ・イギリス主導《しゅどう》による「講和条約《こうわじょうやく》」案文の作成

日本の「降伏文書《こうふく》」の調印《ちょういん》は、一九四五年九月二日、日本と、連合国側のアメリカ・イギリス・中華民国《ちゅうかみんこく》・ソ連・オーストラリア・オランダ・カナダ・ニュージーランド・フランスとの間で行われた。しかし、「講和条約」の案文（もとになる下書き）は、日本を単独占領《たんどくせんりょう》していたアメリカ（米）と、アメリカと古くからの同盟国《どうめいこく》であるイギリス（英）とによって作成された。これは、「玉音放送《ぎょくおんほうそう》」にあった「米英支蘇四国《べいえいしそしこく》」のうちの二国だけだ。（★ソ連代表は、後で見るように「四国だけにすべきだ」と主張した。）二国であった理由には、「支《し》」（★中国のこと。日本はこのころ、中国のことを「支那《シナ》」といっていた。）は一九五〇年ころ「中華民国《ちゅうかみんこく》」と「中華人民共和国《ちゅうかじんみんきょうわこく》」とに分かれて対立していたこと、しかもソ連（蘇聯＝それん＝ソ連のこと）と中華人民共和国《ちゅうかじんみんきょうわこく》の二国は、「冷戦構造《れいせんこうぞう》」によって、アメリカ・イギリス・中華民国と対立関係にあったことが挙《あ》げられると思う。

条約案文は、こうして、アメリカ・イギリスによって作られ、講和会議の一年以上前から、連合国と、連合国ではなかったが、連合国の植民地《しょくみんち》であったために日本の空襲《くうしゅう》を受けたセイロンや、日本の占領下《せんりょうか》にあったがその後独立《どくりつ》を果《は》たしていたインドネシアなどにも、講和会議参加資格《しかく》が認《みと》められて条約案文が送られ、検討《けんとう》・協議されていた。

㈡　日本の関心

戦争相手国と講和するにあたっては、すべての連合国をひとまとめにした「全面講和」をするべきだという主張《しゅちょう》と、今は講和できる国々《くにぐに》とだけでも講和をするのがよいという「単独講和《たんどくこうわ》」を進める主張とが、日本国内で激《はげ》しく対立したが、結果的には「単独講和」をしたのだった。

一九五一年八月三十一日の『朝日新聞』には、「飛び立つ全権団《ぜんけんだん》へ　若人《わこうど》がつづる」という欄《らん》があって、中学生・高校生の夏休みの作文が載《の》っている。次はその一つである。

「敗戦後武器を捨《す》てた日本が過去《かこ》六年間食糧難《しょくりょうなん》やあらゆる困難《こんなん》を乗切って、こゝに晴れて講和による新日本平和国家の独立《どくりつ》を見ることになった。喜ばしいことだ。日本が独立する―日本がいま本当の平和を望んで独立するのだ。すばらしい。

いま私達《わたしたち》は全権団に何を望んだらいゝか。日本人として祖国《そこく》を愛さないものはない。だからまず祖国に対する強い愛着の念《ねん》をもって会議に臨《のぞ》んでもらいたいと思う。調印《ちょういん》は占領統治《せんりょうとうち》の終末《しゅうまつ》に対する第一歩を踏《ふ》み出すものとして重大な意義《いぎ》を持つ。しかしそれは複雑《ふくざつ》をきわめた歩みがある段階《だんかい》に達したという意味で、これで万事終わったわけではないと思う。〝講和会議はこれからの総《すべ》ての始めだ〟ということを忘《わす》れてはならない。」（中学生）

このころの国民の暮《く》らしと「戦後賠償《ばいしょう》」についての国内の声はどのようだったかというと、九月一日の『朝日新聞』の「天声人語《てんせいじんご》」は、

「さて、これからが問題だ。講和後の国民生活がどうなるかである。年四億《おく》ドル、一日ざっと四億円ずつの対日援助《えんじょ》はすでに打切られた。底の知れない賠償はまちかまえている。国防負担《こくぼうふたん》金という未知の山も横たわっている。外債《がいさい》の支払《しはら》いや連合国人財産《ざいさん》の補償《ほしょう》も足元にからまってくる。減税《げんぜい》など夢《ゆめ》のまた夢かも知れぬ。今年を「戦後最良の年」として、苦しい月日がサンフランシスコから始まることを覚悟《かくご》せねばなるまい。」

と、「底の知れない賠償」をはじめ、難《むずか》しそうないろいろな「心配事」があるといっている。また、九月五日の『朝日新聞』の社説《しゃせつ》も、「対日講和《こうわ》会議開く」として、日本の将来《しょうらい》に対する希望の一方、国土の減少《げんしょう》・経済《けいざい》不安・隣国《りんごく》の戦争・賠償など、多くの不安があると述《の》べている。

㈢　アメリカの関心

会議に寄《よ》せるサンフランシスコ市民、アメリカ国民の様子《ようす》はどのようだったかというと、傍聴《ぼうちょう》希望者の長蛇《ちょうだ》の列《れつ》があったというし、会議場は、

「平土間《ひらどま》は前から五列《れつ》目までを参加五十二か国の全権団《ぜんけんだん》に当て、その後方には随員《ずいいん》、二階は新聞通信、ラジオ、テレヴィジョンの人々《ひとびと》が陣取《じんど》り三階、四階は一般《いっぱん》市民が一つの空席もなくつめかけ、総数《そうすう》三千二百名の人がぎっしり一ぱいつまっているオペラハウスである。」（朝日新聞・九月六日）、「一般傍聴席《いっぱんぼうちょうせき》には、着飾《きかざ》った婦人《ふじん》たちがまるで芝居《しばい》でも見るように、オペラグラスを手にして乗り出している。」（『NHK《エヌエイチケー》随行員《ずいこういん》の記録』（昭和《しょうわ》二十七年十二月　財《ざい》　ラジオサービスセンター）

というようなありさまだった。
なお、「会場飾《かざ》る日本の写真」として、

「オペラハウスの玄関《げんかん》の広間には各国代表の目にふれるように日本戦後の復興状態《ふっこうじょうたい》を示《しめ》す写真が展覧《てんらん》されている。その中には天皇《てんのう》の写真もある。それは会議を是非《ぜひ》予定通りに調印《ちょういん》まで持って行きたいという米当局の心づかいがあらわれている。」（朝日新聞・九月五日）

と、周囲《しゅうい》の状況《じょうきょう》も知らせてくれている。

また、これは「冷戦」の表れなのだろうが、「グロムイコ帰れ」（★グロムイコ氏はソ連の全《ぜん》権《けん》）というデモ行進が会場周辺で行われていたそうだ。

(四) 世界の関心

この会議に寄《よ》せる世界の関心はどうだったかというと、今見たように、「二階は新聞通信、ラジオ、テレヴィジョンの人々《ひとびと》が陣取《じんど》り…」で、これはもちろん世界各国の報道陣《ほうどうじん》である。日本の全権吉田茂《ぜんけんよしだしげる》氏は、『回想十年』で次のように書いている。

「後で聞いたことだが、私《わたし》の日本語演説《えんぜつ》は中継《ちゅうけい》によって日本へもラジオ放送されたのみならず、会場で〝陰《かげ》の声〟として、私《わたし》の日本語と同速度で英《えい》、仏《ふつ》その他の外国語に翻訳《ほんやく》されたものが、会場の内外及《およ》び世界各国にも放送されていたのだそうである。」（『回想十年』第三巻《かん》　四七ページ　東京白川書院）

この「世界各国」がどこの国々《くにぐに》であるかは判《わか》らないが、少なくとも、連合国のすべて、そして日本から直接戦火を受けたアジアの諸国《しょこく》は、大きな関心を寄せていたに違《ちが》いない。

三　講和《こうわ》会議始まる

〔「会議」は英語で行われた。ここで使う原本《げんぽん》『サン・フランシスコ会議議事録《ぎじろく》』（昭和二十六年九月二十日）は、その「仮《かり》議事録」を外務省《がいむしょう》が翻訳《ほんやく》し、「誤《あやま》りなきを期し難《がた》い（★間違いがないと期待するのは難《むずか》しい）がとりあえず参考用として印刷」したというものである。が、外務省外交史料館によると、その後「正式なものは作られていない」というので、使用にあたっては、原本を易《やさ》しい用語や日本語の言い回しに改めているところがある。〕

開催時期《かいさいじき》　一九五一年九月四日～八日（以下太平洋標準時《たいへいようひょうじゅんじ》の夏時間）

参加国数　五十一

日程《にってい》　一　歓迎《かんげい》式（九月四日午後六時四十五分）

二　第一回総会《そうかい》（九月五日午前十時）

三　第二回総会（九月五日午後三時）

四　第三回総会（九月五日午後八時）
五　第四回総会（九月六日午前十時）
六　第五回総会（九月六日午後三時）
七　第六回総会（九月七日午前十時）
八　第七回総会（九月七日午後三時）
九　第八回総会（九月七日午後八時）
十　署《しょ》名《めい》式《しき》（九月八日午前十時）

㈠　歓迎式《かんげいしき》

歓迎式では、サンフランシスコ市長、サンフランシスコ市のあるカリフォルニア州知事《しゅうちじ》、アメリカ合衆国大統領《がっしゅうこくだいとうりょう》が演説《えんぜつ》をした。州知事、大統領ともに、日本占領策《せんりょうさく》を自画自賛《じがじさん》しているとは思うが、日本の戦後復興《ふっこう》の様子《ようす》をどのように評価《ひょうか》し、世界に訴《うった》えようとしたか、また、講和会議、講和条約の意義《いぎ》などについて、次のように述《の》べている。

1

○アール・ウォレン　カリフォルニア州知事《しゅうちじ》の歓迎《かんげい》のあいさつから

「……（前略《ぜんりゃく》）私《わたし》はこれまでに、日本人のように、仕事や勉強に一心《いっしん》にはげみ、限《かぎ》られた資源《しげん》を利用するにすぐれ、諸問題《しょもんだい》の解決にがまん強く、また、個《こ》人的、そして国家的重荷を喜んで背負《せお》ってくれる国民を見たことがない。

　私は、土地を耕《たがや》す農夫、国家の工業力を回復しようとする産業人、教科書を手にして通学する学童等《がくどうとう》のすべてが平和の達成《たっせい》を願っていて、そうすることに喜びを持っているのを知って、日本は、自由世界における平和を希望しているものと確信《かくしん》した。さらに、私は、日本が平和に対する用意を整えていると確信する。それはこの会議で話し合われる性質の平和、日本の主権《しゅけん》、自尊《じそん》、繁栄《はんえい》の機会及《およ》び世界の自由国に加入の回復を意味する平和である。」（後略《こうりゃく》）

2

○ハリー・エス・トルーマン大統領《だいとうりょう》の歓迎《かんげい》のあいさつから

「……（前略）今日われわれは、平和への道に更《さら》に一歩踏《ふ》み出すために、ここに再《ふたた》び集まった。われわれの今回の目的は、一九四五年にわれわれが戦っていた国との平和条約《じょうやく》を結ぶため、旧敵国《きゅうてき》を平和的な諸《しょ》国家の仲間《なかま》に再び迎《むか》えるためである。

この条約《じょうやく》は、復讐《ふくしゅう》の精神に基《もと》づいて書かれたものではない。この条約はわれわれがこの度《たび》の戦争を遂《すい》行《こう》した精神を反映《はんえい》している。」

と、この会議と大戦との意義《いぎ》、また、朝鮮《ちょうせん》戦争の「意義」に触《ふ》れ、続いて日本を占領《せんりょう》した成果《せいか》を次のように述《の》べた。

「一九四五年に戦闘《せんとう》が終って以来、日本は被占領国《ひせんりょうこく》であった。この占領は、将来《しょうらい》の日本の侵略《しんりゃく》を防止《ぼうし》し、平和的かつ民主的で国際社会に復帰する用意のできた日本をつくるために、戦争中の連合国が企《くわだ》てたものである。

合衆国《がっしゅうこく》は、主要占領国《せんりょうこく》として、これらの目的を達成するための特別の責任《せきにん》を持たせられた。われわれの判断《はんだん》では、これらの目的は達成《たっせい》された。（中略《ちゅうりゃく》）

わたくしは、また、この期間に日本国民がなしとげた、心に残るような努力をほめたたえたいと思う。日本国民は、降伏条項《こうふくじょうこう》を完全に実行し、占領目的を成しとげるために全面的に協力した。その結果は、日本歴史における驚《おどろ》くべき、前例のない進歩の期間となり、今や日本は、六年前のそれとは非常《ひじょう》に異《こと》なった国になっている。」

として、日本国民自身の圧倒的《あっとうてき》意思による旧《きゅう》軍国主義《しゅぎ》の一掃《いっそう》、警察《けいさつ》国家的手段《しゅだん》の廃止《はいし》、新憲法《けんぽう》の下《もと》、人権《じんけん》の規定《きてい》・国民を代表する政府《せいふ》の確立《かくりつ》・普通選挙権《ふつうせんきょけん》・婦人《ふじん》の参政権《さんせいけん》等々、民主化が進んでいること、また、労働組合の設立《せつりつ》、農業協同組合の拡張《かくちょう》、独占企業《どくせんきぎょう》の解体《かいたい》、農地改革《かいかく》などの産業部門の成果などを挙《あ》げて、

「これらの改革《かいかく》を通じて、日本人は、安定した経済《けいざい》と民主的社会を発展《はってん》させてきた。前途《ぜんと》はまだまだはるかに遠いものだが、彼等《かれら》は、平和をもたらす方法と、国民の福祉《ふくし》とのためにささげられた新しい日本を建設《けんせつ》

する道に、既《すで》に進み出ている。

このようなわけで、今や日本国民に完全な主権《しゅけん》を回復することが可能《かのう》なのである。（中略《ちゅうりゃく》）

新しい日本は、世界がみんな親切で信頼《しんらい》してくれるものではないということを発見するだろう。他の国民の友情と信頼《しんらい》をかち得《え》るためには、日本は、将来《しょうらい》長年にわたって努力《どりょく》を続けなければならない。

しかし、平和な将来《しょうらい》のための基礎《きそ》はすえられた。今や日本とその他の世界との間に正常《せいじょう》な関係を復活《ふっかつ》して、前進すべき時がきたのである。

この会議は、以上の目的に向かっての、一年間の協調的《きょうちょうてき》努力の結果である。

一年前の今月、ジョン・フォスター・ダレス氏は、わたくしの求めに応じて、日本との平和条約《じょうやく》に関し、他の政府との協議を開始した。（中略《ちゅうりゃく》）

この条約は、日本が、その侵略《しんりゃく》により苦しみを受けた諸国《しょこく》に対し賠償《ばいしょう》を支払《しはら》うべきだという原則《げんそく》を認《みと》めている。しかし条約は、日本国民に対し、将来《しょうらい》長年にわたってその経済《けいざい》を押《お》しつぶすような絶望的《ぜつぼうてき》な賠償の重荷を負わせるものではない。」（後略《こうりゃく》）

このように、アメリカの単独占領の下《もと》で、敗戦後の復興《ふっこう》と平和の実現に向かって懸命《けんめい》に努力している日本と日本国民であるという好印象《こういんしょう》、また無理な戦後賠償《ばいしょう》を求めようとはしないことなどを述《の》べて、歓迎《かんげい》のあいさつをしたのだった。

(二) 条約案《じょうやく》文作成会議の手続きとその会議役員の選出について（第一回総会《そうかい》）

講和《こうわ》会議では初めに、条約案文作成会議をめぐる手続きと会議役員の選出について説明《せつめい》と協議があった。これに対して、ソ連代表（エー・エー・グロムイコ氏）が、条約案はアメリカ・イギリス・中華民国《ちゅうかみんこく》・ソ連（★つまり、「米英支蘇《しそ》」）の四大国だけで作成すべきだ、また中華《ちゅうか》人民共和国《じんみんきょうわこく》を講和《こうわ》会議に参加させるべきだと主張《しゅちょう》し、このソ連案に賛成《さんせい》の立場の二国、チェコスロヴァキア代表は、講和条約案検討《けんとう》のための政治《せいじ》・経済《けいざい》・軍事・起草《きそう》の委員会を設《もう》けるべきだ、ポーランド代表は、「会議の手続き」を作り直すための七人委員会を任命《にんめい》すべきだ、等々の動議《どうぎ》（★会議中に出席者が予定された議案以外の議題を出すこと）・意見を述《の》べて、二時間近く激《はげ》しいやりとりがあった。

この議論《ぎろん》の中で、セイロン代表のジャヤワルダナ氏が手を挙《あ》げて、右の三代表の動議・意見を一つひとつ厳《きび》しく批判《ひはん》し、反対討論《とうろん》を加えたうえで、次のように呼《よ》びかけている。

「私《わたし》は、この会議が、今すぐに条約草案の内容についての話し合いに取りかかることを強く希望し、更《さら》に四大国だけで対日平和条約案をつくるべきだという、さきほどの意見を採《と》り入れないよう希望します。

私は、小さな国セイロンから来ましたが、この会議で行おうとする演説《えんぜつ》で、私《わたし》の意見をはっきりと述《の》べるつもりでいます。このことについては、どんな小さな国であっても、のけものにされるべきでありません。

われわれの国セイロンは、日本との戦争で苦難《くなん》を味わいましたから、ソ連が、セイロンだけではなく、同じように被害《ひがい》を受けたインドやインドネシア、ビルマをまで、対日平和条約案作成から除外《じょがい》しようとしたと知った時、私は大いに不満をいだいたのであります。

しかし、われわれはその段階《だんかい》を乗りこえて、今や、インドやセイロン等の国々《くにぐに》の主張《しゅちょう》の結果、われわれも平和条約草案の作成に意見を述《の》べる権利《けんり》を持つことになったのです。

つまり、さきほど述《の》べたように、この条約案《じょうやくあん》は、各国が平等の立場で交渉《こうしょう》され、世界平和に関心を持っている全ての戦争被害国《ひがいこく》は、この平和条約草案が話し合いのためにここに提出《ていしゅつ》されるより前に協議を行っているのです。（★条約案文が、講和会議の一年以上前から、連合国、日本の攻撃《こうげき》を受けた連合国の植民地《しょくみんち》、日本の占領《せんりょう》を受けたがその後独立《どくりつ》を果たしていた国など、すべてに送られて協議されていたことを言っている。）

私《わたし》は、今日ここに出席されている代表者のみなさんが、『手続き規則《きそく》』に賛成《さんせい》の投票《とうひょう》をし、また平和条約を原案のまま採択《さいたく》されることを強く希望いたします。」

ジャヤワルダナ氏のこの演説《えんぜつ》の後も議場はかなり乱《みだ》れたが、最終的にはこの主張《しゅちょう》が通って、三国の動議《どうぎ》・意見はすべて否決《ひけつ》され、その後、議長・副議長が選出されたのだった。

㈢　ソ連の声明《せいめい》―グロムイコ氏の演説《えんぜつ》（第二回総会《そうかい》）

第二回総会《そうかい》のここから、各国の声明が行われることになる。

初めに、アメリカの、草案作成のいきさつと条約案文の解説《かいせつ》・声明と、イギリスによる条約案文の解説の補説《ほせつ》・声明があり、そのあと、メキシコとドミニカ共和国代表の条約案賛成の声明。その次が、以下に見るソ連の、条約案反対の声明だった。ソ連の反対案にくみし、後押《あとお》しするようにして、またもや、チェコスロヴァキア案、ポーランド案が出され、第二回総会を終わった。

〔★ここでは、チェコスロヴァキア案、ポーランド案を割愛《かつあい》する。ソ連の声明も、後にジャヤワルダナ氏が自国の声明の中でソ連を名指《なざ》しして批判《ひはん》しているところを中心に、そのあらまし（一部はタイトルのみ）を挙《あ》げる。

ソ連代表グロムイコ氏の演説《えんぜつ》は、制限《せいげん》時間を超《こ》えて何度も行われているうえに、とても複雑《ふくざつ》である。しかも、午前に引き続き午後は、条約案文に長々《ながなが》と批判を加えた後、自国案を示《しめ》して修正《しゅうせい》案を動議《どうぎ》しようとした。〕

○グロムイコ氏　ソ連代表団は、米英両政府が提示した草案の中に次の改正を提案《ていあん》し考慮《こうりょ》を望みます。

○副議長　（会議場が騒然《そうぜん》としているので）お静かに、お静かに願います。ソ連邦《れんぽう》代表は、条約草案に対する改正《かいせい》の動議を提案しようとしていると思われますが。

○グロムイコ氏　私《わたし》は、（改正の動議を提案しているのではなく、自国の）声明《せいめい》をしているのです。

私《わたし》には話す権利《けんり》があります。議長、私は、話を続けられるよう要求します。

○副議長　どうぞ、お続け下さい。

〔こうしてグロムイコ氏は、議長の指摘《してき》をさえぎり「声明《せいめい》をしている」（★つまり、自国政府《せいふ》の考えを公式に明らかにしている）のだと言って、次のような十三項目《こうもく》の修正《しゅうせい》案を提案《ていあん》した。実際《じっさい》には修正案であったが、ここで「声明だ」と言ったために、第八回総会《そうかい》で「あれは修正《しゅうせい》案だった。」という主張《しゅちょう》が取り上げてもらえないという事態《じたい》になった。〕

一、領土《りょうど》に関して「日本は、満州《まんしゅう》、台湾及《たいわんおよ》びこれに近接するすべての諸島《しょとう》に対する中華人民共和国《ちゅうかじんみんきょうわこく》の完全な主《しゅ》権《けん》を認《みと》め、ここに掲《かか》げた地域《ちいき》に対するすべての権利《けんり》、権原及《けんげんおよ》び請求権《せいきゅうけん》を放棄《ほうき》する。」

「日本国は、樺太《からふと》の南半部及《およ》びこれに近接するすべての諸島並《しょとうなら》びに千島列島《ちしまれっとう》に対するソヴィエト社会主義《しゃかいしゅぎ》共和国連邦《きょうわこくれんぽう》の完全《かんぜん》なる主権《しゅけん》を認《みと》め、これら地域《ちいき》に対するすべての権利《けんり》、権原及《けんげんおよ》び請求権《せいきゅうけん》を放棄《ほうき》する。」

二、日本の主権《しゅけん》に関して「日本国の主権《しゅけん》は、本州《ほんしゅう》、九州《きゅうしゅう》、四国《しこく》、北海道並《ほっかいどうなら》びに琉球諸島《りゅうきゅうしょとう》、小笠原群島《おがさわらぐんとう》、西之島《にしのしま》、火山列島《かざんれっとう》、沖之鳥島《おきのとりしま》、南鳥島《みなみとりしま》、対馬《つしま》、及《およ》び、第二条に掲《かか》げられた諸地域及《しょちいきおよ》び諸島《しょとう》を除《のぞ》いて一九四一年十二月七日以前に日本国の一部であったその他の諸島《しょとう》に及《およ》ぶ。」

三、軍事に関して　連合国軍は、条約効力《こうりょく》発生の日から九十日以内に、日本国から撤退《てったい》する。以後、連合国及《およ》び他の外国は、日本国の領土上《りょうどじょう》にその軍隊《ぐんたい》または軍事基地《きち》を保有しない。

四、賠償《ばいしょう》に関して　日本国は、連合国に対する軍事行動及《およ》び、ある連合国の領土《りょうど》の占領《せんりょう》により生じた損害《そんがい》を補《ほ》償《しょう》する。賠償《ばいしょう》の額及《がくおよ》び源泉《げんせん》は、関係諸国《しょこく》の会議において検討《けんとう》される。この会議には、日本の占領下《せんりょうか》にあった諸国《しょこく》、すなわち中華人民共和国《ちゅうかじんみんきょうわこく》、インドネシア、フィリピン、ビルマは必ず参加し、日本国も招《まね》かれる。

五、条約《じょうやく》の批准《ひじゅん》に関して（略《りゃく》）

六、国民の権利《けんり》に関して、次の一条《じょう》を新たに加える。

「日本国は、日本国人民の間の民主主義的傾向《みんしゅしゅぎてきけいこう》の復活及《ふっかつおよ》び強化に対するすべての障害《しょうがい》を除去《じょきょ》し、かつ、人種、性、言語または宗教《しゅうきょう》について差別なく、人権《じんけん》の享有《きょうゆう》、並《なら》びに、表現、新聞及《およ》び出版、宗教的崇拝《しゅうきょうてきすうはい》、政治的《せいじてき》意見及《およ》び集会の自由を含《ふく》む基本的《きほんてき》自由の享有《きょうゆう》を日本国の主権下《しゅけんか》にあるすべての人に保障《ほしょう》するために必要なすべての手段《しゅだん》をとることを約束する。」

七、軍備《ぐんび》に関して（略《りゃく》）

八、軍事同盟《どうめい》に関して　どんな軍事同盟《どうめい》にも加入しない義務《ぎむ》

九、日本の陸海空軍の軍備　自己防衛《ぼうえい》のためのみに制限《せいげん》

十、軍事訓練《くんれん》の制限《せいげん》（略《りゃく》）

十一、**保有武器の制限《せいげん》**（略《りゃく》）

十二、**平和産業に関して**（産業、通商の発展《はってん》のために必要な原料入手の無制限《むせいげん》、海運、商船建造《けんぞう》の無制限《むせいげん》）

十三、**第三章**　次の新しい一条《じょう》を加える。

「1　宗谷海峡《そうやかいきょう》、根室海峡《ねむろかいきょう》の日本側全沿岸及《ぜんえんがんおよ》び津軽海峡《つがるかいきょう》及《およ》び対馬海峡《つしまかいきょう》を非武装《ひぶそう》化する。右の諸海峡《しょかいきょう》は、常にあらゆる国の商船に対して開放されるものとする。

2　本条《じょう》1項《こう》に挙《あ》げた諸海峡《しょかいきょう》は、日本海に隣接《りんせつ》する諸国《しょこく》に属《ぞく》する軍艦《ぐんかん》に対してのみ開放されるものとする。」

ソ連の主張《しゅちょう》には、なるほどと思えるところもいくつかある。この会議から六十年以上経《へ》ている現在《げんざい》の日本や日本と外国との関係を見ると、その通りか、またはそれに近い状態《じょうたい》になっているところがある（★十二）、またはまったくそうなっていないところがある（★三、八など）と思うからだ。

また、そうなっていないのは、条約草案の第六条に、今後新たに結ばれる協定によって外国の軍隊が日本国内に駐留《ちゅうりゅう》できることになっているうえに、講和条約《こうわじょうやく》の署名《しょめい》式と同じ日に結ばれた「日米安全保障条約《ほしょうじょうやく》」によっているからだ。

しかし、一方では、まったく当たっていないところもある。

サンフランシスコ講和会議は一九五一年だが、日本ではそれより五年前の一九四六年十一月に新しく「日本国憲法《けんぽう》」が公布《こうふ》されて、半年後の五月三日に施行《しこう》されている。このことは、会議の開会式で、トルーマン大統領《だいとうりょう》も触《ふ》れていた。

日本国憲法には、「1　民主主義《みんしゅしゅぎ》　2　国際平和主義《こくさいへいわしゅぎ》　3　主権在民主義《しゅけんざいみんしゅぎ》」の三原則《げんそく》があって、戦争の放棄《ほうき》や基本的人権《きほんてきじんけん》がうたわれている。

（★教科書『あたらしい憲法のはなし』文部省《もんぶしょう》　一九四七年、『民主主義《みんしゅしゅぎ》』上・下　文部省《もんぶしょう》　同年）

ソ連は、「日本国憲法」公布《こうふ》や施行《しこう》の事実を十分に知っているはず（★『復刻　日本新聞』一九四六年（昭和《しょうわ》二十一年十一月十四日　第百八十一号）だが、「日本国憲法」とソ連の考えとは、ずいぶん違《ちが》っているところがあって、ソ連はやっぱりよくは解《わか》っていなかったのではないかと思える。（★六）

ソ連の「修正案《しゅうせいあん》　一」の中には、「千島列島に対する……」のところで、現在《げんざい》も「北方《ほっぽう》領土《りょうど》問題」として未解決《みかいけつ》なことがある。これについては、ソ連は「ヤルタ協定」を持ち出して正当性を主張《しゅちょう》し、「今日《こんにち》、二国間に領土問題は存在しない。」としているが、それは違《ちが》っている。

また、ソ連が最後に付け加えている「十三」は、じつにあきれてしまうものだ。

・宗谷海峡《そうやかいきょう》、根室海峡《ねむろかいきょう》、津軽海峡《つがるかいきょう》、対馬海峡《つしまかいきょう》を常にあらゆる国の商船に対して開放する。

これは、いろいろな条件《じょうけん》が必要になってもくるだろうが、前の「十二」とも関係して、平和的な貿易《ぼうえき》の基本としてうなずけることだ。でも次はどうだろう。

・宗谷海峡《そうやかいきょう》、根室海峡《ねむろかいきょう》の日本側全沿岸《ぜんえんがん》、津軽海峡《つがるかいきょう》及《およ》び対馬海峡《つしまかいきょう》を非武装化《ひぶそう》する。

これらの海峡《かいきょう》は、日本海に隣接《りんせつ》する諸国《しょこく》に属《ぞく》する軍艦《ぐんかん》に対してのみ開放する。

これはどういうことか。

「修正案《しゅうせいあん》」の三、七〜十一でいろいろな制限《せいげん》を加えた上に、右のように日本を非武装化《ひぶそう》しておいて、そこに来てよいのは、「日本海に隣接《りんせつ》する諸国《しょこく》」、つまり、ソ連・大韓民国《だいかんみんこく》・朝鮮民主主義人民共和国《ちょうせんみんしゅしゅぎじんみんきょうわこく》の軍艦《ぐんかん》だけである、ということではないか。

この当時、朝鮮《ちょうせん》は南北に分断《ぶんだん》されて戦争中であり、国連軍がこの四海峡を通って日本海にたくさんきていたが、これがしめ出されて活動できなくなるということだ。そして、朝鮮《ちょうせん》戦争が終わっても、またはこの戦争がなくても、日本海に出入りできるのは、右の三国ということだ。

江戸《えど》時代から、ソ連（★当時はロシア帝国《ていこく》）の南下政策《せいさく》はあった。それは、第一章で見たとおりだが、一つも実現《じつげん》しなかった。そこで、第二次世界大戦後、領土拡大《りょうどかくだい》要求が全く認《みと》められなかった今度は「領海要求《りょうかいようきゅう》」ともいえる「国策《こくさく》」を示してきたということになる。

ジャヤワルダナ氏はセイロンの代表として、セナナヤケ首相の指示でサンフランシスコ講和《こうわ》会議に出席したのだった（★第三章）。では、ソ連の代表としてグロムイコ氏をサンフランシスコに送ったのはだれだったかというと、ヨシフ＝スターリン首相だ。つまり、グロムイコ氏の発言、主張《しゅちょう》は、あの「満州侵攻《まんしゅうしんこう》」、「シベリア抑留《よくりゅう》」などを命令し、「北海道《ほっかいどう》北半分の占領《せんりょう》」までもくろんだスターリン首相の対日戦後処理《しょり》の考えが、新たな形で表れているということなのである。

(四) セイロンの声明《せいめい》――J・R・ジャヤワルダナ氏の演説《えんぜつ》（第四回総会《そうかい》）

〔講和会議におけるジャヤワルダナ氏の演説は二回。紛糾《ふんきゅう》した第一回総会、「条約案文作成の手続き等をめぐって」の演説が最初で、次に掲《かか》げる声明・演説こそが、「歴史的な名演説《めいえんぜつ》」と言われるものだ。

ここでは、特によりよく理解《りかい》してもらえるような日本語意《い》訳《やく》に努め、★の解説《かいせつ》も多くした。〕

○副議長　副議長はセイロン代表者の発言を許《ゆる》します。

○ジェー・アール・ジャエワルデーネ氏（セイロン蔵相《ぞうしょう》、セイロン代表）

副議長ならびにみなさん、

私《わたし》は、五十一か国の代表が集まっているこの会議場で、平和条約《じょうやく》案について、セイロン政府《せいふ》の考えを述《の》べる機会を与《あた》えられ、たいへん光栄《こうえい》に思います。

私は声明《せいめい》の中で、この条約をわが国が受け入れようとするいろいろな理由を述べることにします。またこの条約案に向けられている批判《ひはん》に反論

演説するジャヤワルダナ氏（J・R・J・C蔵）

を試《こころ》みようとも思います。

私は、たしかに、私の政府の代表としてだけ発言できるのですが、日本の将来《しょうらい》に対するアジアの人々《ひとびと》の一般的《いっぱんてき》な思いも述べることができると思っています。

私は、今われわれが考えている条約の最終案が出来上がるまでのことを取扱《とりあつか》うつもりはありません。アメリカ代表ダレス氏とイギリス代表ケネス・ヤンガー氏は、一九四五年八月の日本の降伏《こうふく》から始めて、これらの出来事についての完全《かんぜん》にして公正な説明《せつめい》をわれわれにしてくれたからです（★第二回総会《そうかい》での、解説《かいせつ》とその補説《ほせつ》のことを言っている）。

しかし、この条約案を作成するための手続きについて、四大国の間に重大な意見の衝突《しょうとつ》がありました。

ソヴィエト連邦《れんぽう》は、四大国だけが、つまり、アメリカ、イギリス、中華民国《ちゅうかみんこく》、およびソ連の外務大臣《がいむだいじん》の会議だけが、その作業に当たるべきで、もし他の国々《くにぐに》が条約案の作成のために参加するなら、これを拒否《きょひ》する権利《けんり》が与《あた》えられるべきだと主張《しゅちょう》したのです。

イギリスは、その自治領《じちりょう》（自国の政府をもっている植民地など）にも会議に参加させるべきだと主張《しゅちょう》し、アメリカはこれに賛成《さんせい》しました。この両国は、日本との戦争に参加したすべての国々《くにぐに》が協議することに賛成したのです。（★このことがあって、セイロンは、対日宣戦《せんせん》はしていない、つまり連合国の一員ではなかったが、講和《こうわ》会議に出席することになったのだった。）

これらの国々《くにぐに》の中でも、この条約案《じょうやくあん》について、意見の違《ちが》いがありました。それは、これでは新しく軍国主義《しゅぎ》的日本がおこってくるのではないかという恐怖《きょうふ》が、また、別の国では日本の侵略《しんりゃく》がもたらした損害《そんがい》と恐怖《きょうふ》を忘《わす》れられないという気持ちがあるからでした。

私《わたし》は、あえて申《もう》しますが、完全《かんぜん》に独立《どくりつ》した日本のことが初めて提案《ていあん》され、話し合われたのは、一九五〇年一月に開催《かいさい》された〔コロンボ全英連邦外相会議《れんぽうがいしょう》〕（★ジャヤワルダナ氏が提案《ていあん》して実現《じつげん》した「コロンボプラン」の設立《せつりつ》を決めた会議。出席国は、イギリス・オーストラリア・カナダ・セイロン・インド・ニュージーランド・パキスタン・南アフリカ）でありました。

このコロンボ会議は、日本を孤立《こりつ》した例としては考えませんでした。そうではなく、今や、世界の富《とみ》と人口の大きな部分を含《ふく》み、そのうえ最近になって初めてその自由を回復した国々《くにぐに》—その国民は、それまでは振《ふ》り向かれることなく、何百年もの間、ずっと苦しんできたのでありますが（★これは、南アジアや東南アジアの、長い植民地《しょくみんち》時代のことを指している。）、—このような国々《くにぐに》からなっている、南、それに東南アジアとして知られている地域《ちいき》の一部として、日本の存在を考えたのです。

その結果、二つの基本的《きほんてき》な姿勢が現れました。

その一つは日本を独立国《どくりつこく》にすべきであるということ、その二つは南及《およ》び東南アジアの国民の経済的《けいざいてき》社会的発展《はってん》の必要のことです。この後者を確保《かくほ》するためにコロンボ計画として知られているものが着手されたのです。

ケネス・ヤンガー氏は、その後イギリス連邦の運営委員会がどのようにして条約案作成の作業をしたか、またその後アメリカ代表ダレス氏と協議したかを説明《せつめい》しました。

今われわれの前にあるこの条約案は、このような協議と交渉《こうしょう》の結果です。この条約案は、わがセイロン政府《せいふ》が持っていた考えと、持っていなかった考えを含《ふく》んでいます。私は、この条約案《じょうやく》が、日本との平和を喜んで話し合おうとする国々《くにぐに》の間で到達《とうたつ》できた賛成《さんせい》意見の最大公約数であると思っています。

アジアの国々《くにぐに》、セイロン、インド、それにパキスタンの、日本に対する中心的な考えは、日本を占領《せんりょう》するのではなく、独立《どくりつ》した自由の国にするのがよいということでした。私は、この条約案は、この考えを完全《かんぜん》に実現《じつげん》するものだとはっきりと申《もう》します。

日本の自由の問題。その自由は、本州《ほんしゅう》、北海道《ほっかいどう》、九州《きゅうしゅう》及《およ》び四国《しこく》の主《おも》な島々《しまじま》に限定《げんてい》されるのがよいのか、またはその近くのいくつかの小さな島々《しまじま》にも及《およ》ぶのがよいのかという問題があります。（★「独立《どくりつ》日本の主権《しゅけん》が及ぶ範囲《はんい》、領土《りょうど》をどこまでにするか」という問題。）

もし限定《げんてい》されるとしたなら、われわれはこれらの島々《しまじま》をどのようにしたらよいでしょうか。一九四三年のカイロ宣言《せんげん》に従《したが》って、台湾《たいわん》は中国に返還《へんかん》されるのでしょうか。もしそうであるなら、二つあるうちのどちらの中国政府《ちゅうごくせいふ》に対してでしょうか。

〔★カイロ宣言《せんげん》には「中華民国《ちゅうかみんこく》」に返還《へんかん》させるとあるが、その「中華民国《ちゅうかみんこく》」は、宣言の六年後の一九四九年に成立した「中華人民共和国《ちゅうかじんみんきょうわこく》」と対立して分かれ、講和会議のときには、「二つの中国」になっていた。〕

この平和条約の会議に、中国は招《まね》かれるべきでしょうか。もしそうであるなら、どちらの政府《せいふ》を招くのでしょうか。（★同じく「二つの中国」のことを指している。）

日本から賠償《ばいしょう》を取り立てるべきでしょうか。

〔トルーマン大統領《だいとうりょう》は、「この条約案は、日本が…　賠償を支払《しはら》うべきだという原則を認めてはいるが、日本国民に対し、…絶望的な賠償の重荷を負わせるものではない。」と言っていた。（★「歓迎式《かんげいしき》のあいさつ」）

一方、ソ連は、「修正案《しゅうせい》　四」で、「賠償に関して、日本は、…　損害《そんがい》を補償《ほしょう》する。賠償の額《がく》とその元手《もとで》は、関係諸国《しょこく》の会議において検討《けんとう》される。…」と、賠償を求めている。〕

もしそうであるなら、それはいくらになるのでしょうか。

〔第二回総会《そうかい》、ダレス氏は基調演説《きちょうえんぜつ》の中で、「適当《てきとう》な全額《ぜんがく》の見積もりは、一千億《おく》ドル（★当時の金額《きんがく》でおよそ三百六十兆《ちょう》円）に上るだろう」と言っている。〕

日本は、日本自身の防備《ぼうび》を組織《そしき》できるまで、どのようにして自衛《じえい》するのでしょうか。

日本の自由の問題の他について。やはり鋭《するど》い意見の対立がありましたが、この条約案は、大多数の意見を実現させるものです。

私のセイロン政府《せいふ》は、それらの問題がもっと良い別の方法で解決《かいけつ》されるというなら、それを望んだでしょう。この条約《じょうやく》案は、「日本を自由な独立した国にしよう」という最も大切な思いをもっているものですから、いくつかの国が「この条約案には賛成《さんせい》できない」と言っているからといって、「では、われわれセイロン政府も賛成の署名《しょめい》をしないでおこう」という理由にはなりません。

セイロン政府は、日本が自由であるなら、さきほど述《の》べたような大切な事がらはきっと解決できる、もし自由でないなら解決はできない、そう思っています。

さらに言うなら、自由な日本は、国際連合機関（★「国際連合」は終戦の年、一九四五年六月「憲章」が作成され、十月に発足している。）を通じて、世界の他の自由な国々とこれらの大切な事がらを話し合い、早いうちに、満足できる結果を得ることができます。

セイロン政府は、われわれがこの条約案に調印すれば、日本が承認《しょうにん》する中国政府と友好条約を結ぶことができると考えているのです。

（★「二つの中国」は、ともに講和会議に出席はしていないが、この時点で、近々条約が結ばれるという中国（中華民国）政府の姿勢《しせい》が報《ほう》じられている。）

日本が、インドと平和と友好の条約を結ぶことができるようにもなると考えています。

（★インドは、講和会議に出席はしていないが、この時点で、「近々条約が結ばれる」というインド政府の姿勢が報じられている。）

もしセイロン政府がこの条約案に調印しないなら、これらのどれ一つも実現はしないのですから、私は、このように述べることができて喜ばしく思います。

アジアの諸《しょ》国民が、日本は自由でなければならないと、かたずをのんで見守っているのはなぜでしょうか。

それは、われわれアジアの諸国と日本との間には、長い間続いてきた深い関係があるからであります。また、アジア諸国の中で、日本だけが独り強力にしてしかも自由で、そのためにわれわれは、日本を、保護者《ほごしゃ》であり、また友であるとして見上げていたからであり、そして、アジアの隷従《れいじゅう》人民が日本に対して抱《いだ》いてきた高い尊敬《そんけい》のためであります。

〔明治維新《いしん》後、急速に欧米《おうべい》の列強に並んだ日本が、独力《どくりょく》、日清戦争・日露《ろ》戦争に勝ったことで、四百年以上植民地化されて苦しんできたアジア諸国《しょこく》人民が、驚き、自分たちも日本を仲間にして戦えば独立できるのではないかという希望を持ったこと、南アジア・東南アジア諸国の人々が、政治・経済・宗教《しゅうきょう》・文化など、すべてにわたって、日本に尊敬《そんけい》の気持ちを持ってきたことを言っている。〕

私は、アジアに対する共栄のスローガン（★一九四一年七月、日本が唱えた「大東亜共栄圏《だいとうあきょうえいけん》」ということば）が隷従《れいじゅう》人民にとって魅力《みりょく》のあったこと、そして、ビルマ（★今のミャンマー）、インド及《およ》びインドネシアの指導者《しどうしゃ》のあるものは、「大東亜共栄圏」実現のために日本と共に戦えば、自分たちの国々が解放されるかも知れないという希望（★植民地支配から解放されてそれぞれが独立国になる希望）を持って日本に同調した、あの大戦中の出来事（★一九四三年十一月五、六日、東京で開かれた「大東亜会議」のこと。第一章を参照）を思い出すことができます。

セイロンのわれわれは、幸運なことに、日本の侵略《しんりゃく》は受けませんでした。しかし、空襲《くうしゅう》（★日本海軍によるコロンボ空襲とトリンコマレー空襲。ねらいはイギリス軍基地だったが、周辺の破壊《はかい》やそこで働く市民の犠牲《ぎせい》などがあった。第一章を参照）による損害《そんがい》や、東南アジア軍の指揮《しき》下にあった大軍隊の駐《ちゅう》とん（★軍隊がそこに来て留《とど》まること。そのための土地・住宅・施設《しせつ》・食糧《しょくりょう》・水・燃料《ねんりょう》など、膨大《ぼうだい》な物資や労働力が必要になる。その損害を言っている。）、それに、われわれは連合国に対する天然ゴムのただ一つの提供《ていきょう》者でしたが、そのゴムを取りすぎたためのゴム園の損害がありました。われわれには、これらの損害による賠償《ばいしょう》を請求《せいきゅう》する権利《けんり》があります。

しかし、われわれは、その権利を主張して賠償させようというつもりはありません。なぜなら、われわれは、アジアの限りなく多くの人々の生き方を気高いものにした、あの偉《い》大な教導師《きょうどうし》（★教え導《みちび》く大先生というような意味）の言葉、「憎《にく》しみは憎しみによって消え去るものではなく、ただ愛によってのみ消え去るものである」という言葉を信ずるからであります。これは、仏教の創始者《そうししゃ》（★初めてはじめた人）であるブッダ（★日本で「お釈迦《しゃか》様」といわれている人。ゴータマ＝シッダルタのこと。）の言葉であります。

仏教は、人道主義（★人間愛を根本にして人類全体の幸福をめざす立場）の波を、南アジア、ビルマ、ラオス、カンボジア、シャム（★今のタイ）、インドネシア及びセイロンを通して、日本に伝えました。また、同じように、北はヒマラヤ山脈を越《こ》えてチベット、中国、そして最後に日本に広まりました。

〔インドに始まった仏教《ぶっきょう》は、南の方へは、まずセイロンに伝わり、右のように東にだんだん広まっていった。南伝仏教という。日本に伝わったのは明治時代、日本の僧《そう》がセイロンで学び伝えたので、「セイロンを通して」と述《の》べている。〕

〔一方、チベット、中国を経《へ》たのを北伝仏教という。日本に伝わったのは西暦《せいれき》五三八年。〕

仏教は、幾《いく》百年にもわたる共通の文化と遺産《いさん》で、われわれを結びつけてきたのです。この共通の文化は現在《げんざい》も存在《そんざい》しているということを、私は、この会議に出席する途中《とちゅう》、先週、日本を訪問《ほうもん》して見つけ出しました。そして、日本の指導者《しどうしゃ》、すなわち首相はもとより、一《いっ》般《ぱん》民間人まで、さらには寺院の僧侶《そうりょ》から、日本の人々は今もあの偉大《いだい》な教導師《きょうどうし》の平和の教えの影響《えいきょう》を受けており、しかもそれに従《したが》おうとしているという印象《いんしょう》を得《え》たのであります。

われわれは、彼等《かれら》日本の人々に、その機会を与《あた》えなければなりません。

これこそが、日本の自由は制限されるべきであるというソヴィエト連邦《れんぽう》の代表の考えに、私が賛同《さんどう》できない理由であります。

ソ連代表が日本に対してさせようとしているいろいろな制限《せいげん》、例えば、日本が自由国民として持っている防衛《ぼうえい》の権利《けんり》に対する制限〔★ソ連案の八、九、十、十二〕、およびその他の制限は、ここに出席している各国代表の大多数に対してばかりか、会議には参加していない諸国《しょこく》、特《とく》にこの条約よりもさらに一歩を進めようと考えているインドに対して、この条約を受け入れさせなくするでしょう。

もしここで再《ふたた》び、ソ連が、カイロ宣言《せんげん》とポツダム宣言にさからって、琉球《りゅうきゅう》および小笠原《おがさわら》諸島《しょとう》を日本に返せと言うのなら、ではなぜ、ソ連も南樺太《からふと》と千島列島を日本に返しますと言わないのでしょうか。

〔カイロ宣言は、「領土《りょうど》の拡張《かくちょう》はしない」と言い、ポツダム宣言は、「「カイロ宣言」は守られなければならない」と言っている。この二つの宣言に「さからう」ということは、「領土の拡張をする」ということだ。ソ連は、「今話し合っている「平和条約案」で、「（第三条）南西諸島（琉球《りゅうきゅう》諸島および大東諸島を含《ふく》む）、南方諸島（小笠原群島、西之《の》島および火山列島を含む）…を、（信託統治《しんたくとうち》制度に基《もと》づいて）アメリカが治める。」というのは、カイロ・ポツダムの二宣言に反して「領土の拡張をする」ということであるから、賛成できない。（アメリカは）琉球と小笠原諸島を日本に返すべきだ。」と主張している。

ソ連は、前に見たように、「ヤルタ協定」（一九四五年二月）で、日本が南樺太を返還《へんかん》することと千島列島を引き渡《わた》すことの約束《やくそく》をとりつけていた。実際、ソ連は、同年九月三日（★この時点ではすでに戦争は終わっていたのだが）までに、もともと一八七五（明治八）年「千島・樺太交換条約《からふとこうかんじょうやく》」で確認《かくにん》されていた日本の領土《りょうど》の択捉島《えとろふとう》・国後島《くなしりとう》・色丹島《しこたんとう》、歯舞群島《はぼまいぐんとう》（北方四島といい、日本では「千島列島」には含《ふく》めていない。）を含めて全千島列島（シュムシュ島からウルップ島まで―これらも日本の領土―と北方四島）と南樺太とを占領《せんりょう》した。ソ連も「ポツダム宣言」には署名《しょめい》しているので、自らこれにさからって「領土の拡張《かくちょう》」をしていることになる。それればかりか、ソ連は、このたびの『平和条約案』に対する「修正《しゅうせい》案　一」で「日本国は、樺太の南半部及《およ》びこれに近接《きんせつ》するすべての諸島並《なら》びに千島列島に対するソヴィエト社会主義共和国連邦《れんぽう》の完全なる主権《しゅけん》を認《みと》め」るよう、提案《ていあん》しているのである。

ジャヤワルダナ氏は、こうしたソ連の主張の矛盾《むじゅん》を突《つ》いたのだった。

（★九月八日付け朝日新聞は、「（ジャヤワルダナ氏は）ここで、ソ連代表団の方を見やりながら、」といっている。）

私《わたし》はまた、次のことを、興味《きょうみ》を持って指摘《してき》しておきたいと思います。

つまりそれは、ソヴィエト連邦《れんぽう》の修正案《しゅうせいあん》（★第六、国民の基本的権利《きほんてきけんり》について言っている。）は、日本国民に対して、表現《ひょうげん》、新聞と出版《しゅっぱん》、宗教的礼拝《しゅうきょうてきれいはい》、政治的《せいじてき》な意見と社会的な集会等、いろいろな基本的《きほんてき》自由を保障《ほしょう》しようといっていますが、それは、じつはそうなっていないソヴィエト連邦《れんぽう》の国民自身が手に入れたいと望んでいるものであるということです。

この条約案《じょうやくあん》は、日本に対して主権《しゅけん》と平等と威厳《いげん》とをとり戻《もど》すことを提案《ていあん》していますから、ソヴィエト代表がこのように提案《ていあん》したこれらのものを条件付《じょうけんつき》で与《あた》えるという修正案は、われわれには賛成《さんせい》できない相談《そうだん》なのです。

この条約案《じょうやくあん》の目的は、日本を自由にし、日本の復興《ふっこう》に何等《なんら》の制限《せいげん》をも加えず、日本が外部からの侵略《しんりゃく》と内部からの破壊行為《はかいこうい》に対して自らの軍事的防衛力《ぼうえいりょく》を組織《そしき》するようにすることと、そうできるまでは日本防衛《ぼうえい》のために友好国家の援助《えんじょ》を要請《ようせい》すること、そして日本経済《けいざい》に害を及《およ》ぼすようなどんな賠償《ばいしょう》も日本から取り立てないことを保証《ほしょう》することであります。

この条約案《じょうやくあん》は、敗北した敵《てき》に対して、公正であると同時に寛大《かんだい》です。

われわれは、日本に対して友情の手を差し伸《の》べましょう。

そして、われわれは、次のことを信じましょう。

すなわち、人類の歴史におけるこの章を終わるにあたっては、今日書いているこれが最後のページになることを。そして新しい章を始めるにあたっては、明日書くところがその第一ページになるということを。

そしてまた、日本国民とセイロン国民とが、人間生活の完全《かんぜん》な威厳《いげん》を平和と繁栄《はんえい》の中で受け入れ楽しみ合うために手を携《たずさ》えて前進することを。

ジャヤワルダナ氏は、演説《えんぜつ》の初めに述《の》べたとおり、セイロン政府《せいふ》を代表して、セイロンが条約案《じょうやくあん》を受け入れる理由、条約案に対する批判《ひはん》への反論、日本の将来《しょうらい》に対するアジアの人々の一般《いっぱん》的な思い、そして、日本の独立《どくりつ》と日本に対する戦後損害賠償請求《そんがいばいしょうせいきゅう》の権利《けんり》を放棄《ほうき》することを、ブッダの教えを引用して述べて演説《えんぜつ》を終え、壇《だん》を降《お》りた。

㈤　セイロンの声明《せいめい》・ジャヤワルダナ氏の演説への反響《はんきょう》と評価《ひょうか》

九月五日、第二回総会《そうかい》ソ連の「声明《せいめい》」の後、同日夜第三回総会が開かれ、翌《よく》六日午前には第四回総会が開かれた。そこでは、チリ、ボリヴィア、エル・サルヴァドル、ノルウェー、ハイティ、エジプト、ラオス各国の声明《せいめい》があった。これらの中で、ソ連の修正案《しゅうせい》ほかを厳《きび》しく批判《ひはん》し、反対演説《はんたいえんぜつ》をした国はなく、ジャヤワルダナ氏のように筋《すじ》の通ったソ連への反論は初めてだった。しかも、演説はブッダの教えを引いたものだったから、たいへん説得力《せっとくりょく》に満ちたものになったのだろう、次に見るように、このセイロンの声明・ジャヤワルダナ氏の演説に対する反響は非常《ひじょう》に大きく、評価もとても高いものだった。

会議場・オペラハウスの反響《はんきょう》

○ジャヤワルダナ氏は、鳴りやまない万雷《ばんらい》の拍手《はくしゅ》と歓声《かんせい》のなか、演壇《えんだん》を降《お》りた。…オペラハウスの窓《まど》という窓《まど》が振動《しんどう》した、…ロビーでは、大勢《おおぜい》の群衆《ぐんしゅう》に取り囲まれて握手攻《あくしゅぜ》めとサイン攻《ぜ》めにあい、自分の席にもどるのに、護衛官《ごえいかん》が出るほどだったという。

（★サン・フランシスコ　クロニクル紙　九月八日）

ジャヤワルダナ氏のレポート

ジャヤワルダナ氏自身も、アメリカの新聞や雑誌《ざっし》の記事を次のようにレポートしている。

○セイロン蔵相《ぞうしょう》J・R・ジャヤワルダナ氏による冷静な請求権放棄《せいきゅうけんほうき》の主張《しゅちょう》は、実にはっきりとした立派《りっぱ》なものであった。

（サン・フランシスコ　クロニクル紙）

○セイロン代表ジャヤワルダナ氏の演説《えんぜつ》は、この会議中最も歴史的なものとして残るだろう。氏は、ロシアの対案のハッタリについて一つ一つ注意を促《うなが》し、日本の平和について仏陀《ぶっだ》の慈悲《じひ》深い言葉を引用して話した。

（ザ　ソルトレーク　トリビューン）

○セイロンの大臣《だいじん》は、気高い威厳《いげん》と明快《めいかい》な把握《はあく》で、ソ連の提案《ていあん》した解《わか》りにくい修正《しゅうせい》案を興味《きょうみ》深く注目しているとして、こう述《の》べた。

「ソヴィエト連邦《れんぽう》が日本国民に対して求めている基本的《きほんてき》自由の保障《ほしょう》は、実《じつ》はソヴィエト連《れん》邦《ぽう》の国民自身が手に入れたいと心から望んでいるものなのである。」

（サン・フランシスコ　クロニクル紙）

○重んじられることなどはめったになさそうなセイロン島から来た褐色《かっしょく》のハンサムな外交《がいこう》官《かん》が、今日忘《わす》れ去られようとしている国家間の、礼儀《れいぎ》と節度《せつど》と寛容《かんよう》の精神《せいしん》を声高らかに説いた。彼の名はJ・R・ジャヤワルダナ、ゴムの島の財務大臣《ざいむだいじん》である。彼は、自身の声明《せいめい》の中で、冷静に、しかも鋭《するど》い理論で、ソ連の策略《さくりゃく》を論破《ろんぱ》した。」

（サン・フランシスコ・エグザミナ）

（★レポートは、J・R・ジャヤワルダナセンター蔵《ぞう》）

これらのほか、ニューズウィーク誌《し》、タイム誌《し》、ライフ誌《し》、ニューヨークヘラルド　トリビューン紙など、アメリカ国内で絶賛《ぜっさん》されたといっていいと思う。

吉田茂全権《よしだしげるぜんけん》

吉田茂首相全権《よしだしげるしゅしょうぜんけん》は、じっと平静を装《よそお》ってなりゆきを見ていたが、気高い演説《えんぜつ》に涙《なみだ》をあふれさせていたという。そしてこの日、吉田全権《よしだんぜんけん》はジャヤワルダナ氏を宿舎《しゅくしゃ》に訪問《ほうもん》して、心からのお礼《れい》を述《の》べた。（★下の写真右から、一人目がジャヤワルダナ氏、二人目が吉田茂全権《よしだしげるぜんけん》）

吉田茂全権《よしだしげるぜんけん》は、後に、『回想十年』（★第三巻《かん》47ページ

ジャヤワルダナ氏を訪《たず》ねた吉田茂全権《よしだしげるぜんけん》（J・R・J・C蔵《ぞう》）

東京白川書院）という本の中で、

「セイロン代表の如《ごと》きは、実に感銘《かんめい》深い演説《えんぜつ》をしてくれた。『日本の知己《ちき》こゝにあり』との思いを禁《きん》じ得《え》なかったものである。」（★意味＝セイロンの代表などは本当に心に残る感動的な演説《えんぜつ》をしてくれた。「日本のこころをよく知っている親友はここにいる」という思いをおさえることができなかったものだ。）と書いている。

日本国内の反響《はんきょう》

ジャヤワルダナ氏の演説を、日本の新聞は次のように報《ほう》じている。

《夕刊讀賣《よみうり》　九月七日》は、第1面に大見出しをかかげて、次のように報じた。

日本に兄弟愛を　セイロン全権《ぜんけん》　ソ連の態度を痛撃《つうげき》

「この日午前の演説でヤヤワルデン・セイロン全権《ぜんけん》は力のこもった演説《えんぜつ》を行い注目をひいた、（中略《ちゅうりゃく》）同全権《ぜんけん》は釈迦《しゃか》の言葉を引用しセイロンは博愛《はくあい》の精神《せいしん》をもっていることを示《しめ》した、すなわち同全権《どうぜんけん》はセイロンが戦争中手痛《ていた》い損害《そんがい》を被《こうむ》ったのだから重い賠償《ばいしょう》を要求することはできるがそんなことはしないだろうといい、なぜならば、〝憎悪《ぞうお》は憎悪《ぞうお》によって抹殺《まっさつ》することはできない、それは兄弟愛によってかちとらねばならない〟とのべた。ヤヤワルデン・セイロン全権《ぜんけん》はソヴィエト全権団《ぜんけんだん》の方をむいてセイロン政府《せいふ》は日本の自由を制限《せいげん》することを要求するソヴィエト政府《せいふ》の見解《けんかい》を支持《しじ》しないといい、またグロムイコ・ソヴィエト主席全権《しゅせきぜんけん》がその対日修正《しゅうせい》案で日本は言論、新聞、宗教《しゅうきょう》の基本的《きほんてき》自由を享有《きょうゆう》すべきであると要求したことに言及《げんきゅう》し、〝自由〟はソヴィエト国民自身が享有《きょうゆう》したいものだろうとさけんだ、さらにソ連が提案《ていあん》した対日講和条約修正案《こうわじょうやくしゅうせいあん》に言及し　ソ連が琉球《りゅうきゅう》、小笠原《おがさわら》の日本返還《へんかん》を欲《ほっ》するならばなぜ南樺太《みなみからふと》と千《ち》島《しま》をも返還《へんかん》しないのか　と痛烈《つうれつ》に論《ろん》じ満場《まんじょう》の大喝采《だいかっさい》を浴び、セイロンは本条約《じょうやく》に調印《ちょういん》すると結んで降壇《こうだん》したのは日本人にとっては胸の熱くなるのを覚《おぼ》えた」

（【サンフランシスコにて小平特派員発】）

また、**《朝日新聞　九月八日》**は、第2面で、次のように報じている。

各国全権《かっこくぜんけん》の演説《えんぜつ》のうち主《おも》なるもの次のとおり

「セイロン（ジャヤワルデン蔵相《ぞうしょう》）今回の条約《じょうやく》案がおそらく最も多くの交戦国にとって考えられる最大

公約数《こうやくすう》であると考える。セイロンは戦争中大きな損害《そんがい》を受けたので多額《たがく》の賠償《ばいしょう》を要求することができるが、セイロンは損害賠償《そんがいばいしょう》を要求しないであろう。なぜならば憎悪《ぞうお》は憎悪《ぞうお》よって消え去るものでなく、兄弟愛をもってこれに打ち勝たねばならぬからである。（さらにグロムイコ全権《ぜんけん》が例の無表情な態度《たいど》で座《すわ》っているソ連代表団《だん》の方を見やりながら、次のように言明《げんめい》した）セイロン政府《せいふ》は日本の自由を制限《せいげん》しようとするソ連政府《せいふ》の見解《けんかい》を支持《しじ》しない。グロムイコ・ソ連代表《だいひょう》はその修正動議《しゅうせいどうぎ》の中で、日本は言論、新聞、宗教《しゅうきょう》の基本的《きほんてき》自由を享受《きょうじゅ》すべきであるとのべたが、この自由はソ連国民こそ享受《きょうじゅ》したがっているものである。＝ＡＦＰ」

（★「ＡＦＰ」は、第二次大戦中に組織《そしき》されたフランスの通信社）

会議参加の国々《くにぐに》には、キリスト教国、イスラム教国、仏教国《ぶっきょうこく》、そのほかいろいろな宗教《しゅうきょう》を信じている国があったであろうし、各国《かっこく》の全権《ぜんけん》には、無宗教者《むしゅうきょうしゃ》もいただろう。また、報《ほう》道《どう》の記者にも、あらゆる立場、あらゆる宗教《しゅうきょう》の信者がいたと考えられる。だから、世界の関心事、報道《ほうどう》としては、仏教《ぶっきょう》の教義《きょうぎ》ではなく、冷戦体制《れいせんたいせい》下のさまざまな問題、特にソ連の姿勢《しせい》や主張《しゅちょう》に対する関心や批判《ひはん》に傾《かたむ》いていたとしてもやむをえないだろう。

日本と日本人にとっては、最大の関心事は会議開始直前の日本の新聞にもあったように、戦後賠償問題だった。だからこそ、セイロンがその請求権《せいきゅうけん》を放棄《ほうき》すると言明したことは重大なニュースだったのだ。

特に、日本の《仏教界《ぶっきょうかい》》では、注目しておきたい出来事があった。「世界仏教徒連盟《ぶっきょうとれんめい》日本センター」が、ジャヤワルダナ代表に次のような手紙を送っているのだ。

〔★「世界仏教徒連盟《ぶっきょうとれんめい》」というのは、一九五〇年にスリランカで創設《そうせつ》された世界組織《そしき》で、日本センターはこれに所属《ぞく》するただ一つの日本組織《そしき》である。代表の大僧正《だいそうじょう》　椎尾弁匡《しいおべんきょう》師《し》は、仏教《ぶっきょう》を現実《げんじつ》生活に生かす「共生運動」を起こしたことで知られている。〕

親愛《しんあい》なる閣下《かっか》

我々《われわれ》日本仏教徒《ぶっきょうと》は先日、貴殿《きでん》がサンフランシスコの歌劇場《かげきじょう》で五十二ケ国の代表が出席して開催《かいさい》されました対日講和《こうわ》会議でなされました演説《えんぜつ》に深い感銘《かんめい》をうけ感涙《かんるい》を禁《きん》じ得《え》ませんでした。

貴国《きこく》セイロンは夙《つと》に南方仏教国《ぶっきょうこく》として知られておりますが、この講和《こうわ》会議にセイロン政府《せいふ》の全権代表《ぜんけんだいひょう》として臨《のぞ》まれた貴殿《きでん》はセイロン王立大学で研鑽《けんさん》された弁論術《べんろんじゅつ》を見事《みごと》に駆使《くし》されて「偉大な師《いだいなし》」たるブッダの言葉を引用して日本のために慈悲心《じひしん》あふれる平和をお説《と》きくださいました。

「憎悪《ぞうお》は憎悪《ぞうお》によって止まず、愛によって消滅《しょうめつ》する」というブッダの言葉を貴殿《きでん》は講和《こうわ》会議出席のすべての代表の心に残されました。「憎悪《ぞうお》は愛によってのみ消滅《しょうめつ》する」これこそ偉大《いだい》な教主《きょうしゅ》ブッダがダンマパダ（法句経《ほっくきょう》）でお教えになりました「永遠《えいえん》の真理《しんり》」であります。

我々《われわれ》日本人にご教示《きょうじ》くださいました貴殿《きでん》と貴国《きこく》の人々《ひとびと》の深い仏教《ぶっきょう》への帰依《きえ》に対し私共《わたくしども》の心からなる感謝《かんしゃ》を申《もう》し述《の》べるのに残念《ざんねん》ながらそれを表わす言葉が見当りません。

貴国《きこく》と日本の両国は仏教精神《ぶっきょうせいしん》に則《のっと》り、相互《そうご》に永《なが》く固く結び合ってこの地上に恒久《こうきゅう》平和の仏国土《ぶっこくど》の実現《じつげん》をめざして、たとえそれが茨《いばら》の道であろうとも相携《あいたずさ》えて一歩一歩向上の道を辿《たど》ることを確信致《かくしんいた》して止まないものであります。

謹言《きんげん》

東京で

一九五一年九月十八日

世界仏教徒連盟《ぶっきょうとれんめい》日本センター代表

大僧正《だいそうじょう》　椎《しい》尾《お》弁《べん》匡《きょう》

〔★「日本仏教界《ぶっきょう》を代表するジャヤワルデネ代表への感謝《かんしゃ》の礼状《れいじょう》」

サンフランシスコ対日講和《こうわ》会議40周年記念　『怨《うら》みをすててこそ』より

アジア文化交流協会　ジャヤワルダナ前スリランカ大統領顕彰碑建立推進委員会《だいとうりょうけんしょうひこんりゅうすいしん》編《へん》一九九一年4月28日〕

㈥　アジア諸国《しょこく》の声明《せいめい》（第四・五・六・七回総会《そうかい》）

講和《こうわ》会議は九月八日まで続くのだが、ここからは、日本が侵略《しんりゃく》したり占領《せんりょう》したりしたアジア諸国《しょこく》に限《かぎ》って、その声明《せいめい》から、戦争被害《ひがい》のありさまの一部と賠償請求《ばいしょうせいきゅう》をめぐる部分のみ、そのだいたいを示《しめ》すことにする。

＊第三回総会《そうかい》では、チリ、ボリヴィア代表の声明《せいめい》だけで、アジア諸国《しょこく》の声明《せいめい》はなかった。

＊セイロンの直前に行われたラオスの声明《せいめい》は、次のようなものだった。

＊　各国《かっこく》の声明《せいめい》

＊　**第四回総会《そうかい》**（九月六日）

《ラオス》（★一九四九年ラオス王国としてフランスから独立《どくりつ》、五三年完全独立《かんぜんどくりつ》、七五年ラオス人民民主共和国の成立を宣言《せんげん》。）

（概要《がいよう》）

インドシナのすべて、東南アジアのすべてと密接《みっせつ》に結ばれているラオスは、それらの国々《くにぐに》と同じように、日本軍に侵略《しんりゃく》され占領《せんりょう》された。今は、自由で民主的な国家群《こっかぐん》にその名を占《し》めているが、まだ、戦争の恐怖《きょうふ》がおおいかぶさっている。だからこそ、はやくこの終わりきることを希望している。

われわれは、ラオス政府《せいふ》の名において、人道的で有益《ゆうえき》かつ、永続《えいぞく》する仕事―この善《ぜん》意《い》の仕事に貢献《こうけん》するという誇《ほこ》りの感情をもって、この文書を完全《かんぜん》に承認《しょうにん》し、署名《しょめい》する。

（★賠償《ばいしょう》については触《ふ》れていない。）

＊　**第五回総会**（九月六日午後三時）

《カンボジア》（★一九四五年フランスから独立《どくりつ》、四九年限定独立《げんていどくりつ》、五三年十一月　フランスから完全独立《かんぜんどくりつ》。）

カンボジアは、穀物《こくもつ》、魚類、木材《もくざい》、家畜《かちく》、ゴムの主要生産地であり、そのために真《ま》っ先《さき》に日本に占領《せんりょう》された。大国でさえそうだろうから、我《わ》が国のような小さな国の痛手《いたで》はさらに厳《きび》しいものだ。それなのにわれわれは、終戦以来何の賠償《ばいしょう》も受けていない。（★中略《ちゅうりゃく》）

われわれは、できるだけ適切《てきせつ》ですみやかな賠償《ばいしょう》を日本から受け取ることを希望する。

《パキスタン》（★一九四七年八月十四日　イギリス連邦《れんぽう》の自治領《じちりょう》として独立《どくりつ》、五六年独立《どくりつ》。）

日本の侵略《しんりゃく》は、アジア各地に放火と殺《さつ》りくをもたらした。最も耐《た》え難《がた》かったのは屈辱《くつじょく》、人間の尊厳《そんげん》に対する暴行《ぼうこう》、侮辱《ぶじょく》だった。これらを許《ゆる》しも忘《わす》れもできようが、命《いのち》を落とした人を忘《わす》れ許《ゆる》すことは難《むずか》しい。が、この条約《じょうやく》が目指すところは、正義《せいぎ》と和解《わかい》の平和であり、復讐《ふくしゅう》と圧迫《あっぱく》の平和ではない。

賠償《ばいしょう》問題は、その要求がこの条約《じょうやく》の精神《せいしん》と原則《げんそく》からして、どれほどの実現《じつげん》の可能性《かのうせい》があるかを問うている。われわれは、この条約《じょうやく》はより幸福な結末を見る先駆《せんく》であるとして、ためらうことなく歓迎《かんげい》する。（★以上を「回教典《かいきょうてん》コーラン」を時々《ときどき》引用して述《の》べている。）

＊　第六回総会《そうかい》（九月七日）

《インドネシア》（★一九四五年八月十七日　オランダから独立《どくりつ》。）

日本人による占領《せんりょう》期間中にインドネシアが被《こうむ》った損害《そんがい》は、約四百万名の人命《じんめい》の損失《そんしつ》と数十億《おく》ドルの物質的損害《そんがい》である。われわれの賠償《ばいしょう》要求に対して、日本が近い将来《しょうらい》、再《ふたた》び生活能力を得て、その責任《せきにん》を果《は》たすものと確信《かくしん》する。条約案《じょうやくあん》は、インドネシアにとっては不十分であるから、この条約が結ばれた後、もっと細かな、損害《そんがい》に対して日本が支払《しはら》う条件《じょうけん》と漁業に関係した協定を結ぶことができるという保証《ほしょう》をしてもらいたい。

《フィリピン》（★一九四六年七月四日　アメリカから独立《どくりつ》。）

我が国の戦後の対日政策《せいさく》の基本《きほん》の第二は、「日本がフィリピン及《およ》び他国に与《あた》えた損害《そんがい》の早急かつ公正な賠償を獲得《かくとく》すること」であり、条約案第十四条《じょう》（a）1項（★略《りゃく》）には不満であるから、賠償の種類、方式、支払《しはら》い・引き渡《わた》しのし方について、別に「協定」を結ぶことにしたい。

フィリピンは、長い間日本との平和条約を待ち望んできた。ワシントンの極東《きょくとう》委員会の内外で三年間繰《く》り返し主張《しゅちょう》してきたが実現《じつげん》しなかった。それは、四年間にわたって侵略者《しんりゃくしゃ》に抵抗《ていこう》し、その結果甚大《じんだい》な損害《そんがい》を受けたインドネシアやフィリピンを除外《じょがい》して、対日戦にわずか一週間しか参加しなかったソ連が「四大国」のみによる平和会議を主張《しゅちょう》したからだ。

この条約案には不満はあるが、アジアと極東《きょくとう》の安定に役立つものだ。なぜなら、活動的で勤勉《きんべん》で、誇《ほこ》るべき歴史を持ち、アジアと世界の大国である八千五百万の人口を持つ国家が、自由、独立《どくりつ》の国家の列《れつ》に復帰《ふっき》することになるからだ。

アジアには「四海同胞《しかいどうほう》」という言葉があるがそれが花開くには、日本の精神《せいしん》的な、前に犯《おか》した罪《つみ》への反省《はんせい》と悟《さと》り、それに、立ち直ることへのはっきりとしたあかしが欲《ほ》しい。

＊　第七回総会（九月七日）

〔この回では、オーストラリアの代表が、前のフィリピンの演説にあった主張に続いて、「自分たちは長年日本と戦ったが、ソ連はわずか数日しか戦っていない。（★ソ連の対日宣戦《せんせん》布告は八月八日、攻撃《こうげき》停止命令は二十二日であるから、実際の参戦は二週間である。）それなのに、条約案に修正を迫《せま》って、日本にいろいろな制限を加えようとしている。これはじつに理屈《りくつ》に合わないことだ。」と述《の》べた。これに対して、傍聴席《ぼうちょうせき》も含《ふく》めて満場が騒然《そうぜん》としたようで、議長が「お静かに」と何度もうながしている。」

《ベトナム》（★一九四五年九月二日　フランスから独立《どくりつ》。）

ベトナムは、アジア全民族中《ぜんみんぞくちゅう》、物質的だけではなく、人民の生命においても最大の戦禍《せんか》をこうむった。この計《はか》り知れない被害《ひがい》のために、我《わ》が国の経済《けいざい》は、いまなお困《こま》り苦しんでいる。道路、橋は断《た》たれ、村々《むらむら》は破壊《はかい》され、病院、学校は損《そこ》なわれ失《うしな》われ、港も鉄道も爆《ばく》破《は》された。すべては再建《さいけん》されなければならないが、不幸にも今の資源《しげん》では不足である。資源をほとんど持っていないわが国には、日本による労務《ろうむ》による賠償《ばいしょう》はあまり役に立たない。日本と同じように、ベトナムは、大量のお金を必要としている。だから、もっと有効《ゆうこう》な支払《しはら》いの形が研究《けんきゅう》され、普通の賠償《ばいしょう》を期待していると言わなければならない。日本が復《ふっ》興《こう》すれば、このことはきっと早く実現《じつげん》するだろう。

この要求は、我《わ》が国の経済復興達成《けいざいふっこうたっせい》と我《わ》が国民の真の社会改善実現《かいぜんじつげん》のため以外の何物でもないことを強調《きょうちょう》しておきたい。

サンフランシスコ講和《こうわ》会議総会《そうかい》における声明《せいめい》・演説《えんぜつ》は以上だ。

それぞれ、自国の事情によって賠償請求《ばいしょうせいきゅう》しているが、この解決《かいけつ》は、後で述《の》べるように、個々《ここ》の交渉《こうしょう》によることになった。

次に、会議に招《まね》かれなかったアジアの国、招《まね》かれたが欠席したアジアの国の考えをまとめておく。

（★朝日新聞九月八日報道《ほうどう》「ＰＡＮＡ通信社の打診《だしん》による東南アジア各地の反響《はんきょう》」による。）

【タイ】　日本とは戦争状態《じょうたい》になかったので両国の国交は断絶《だんぜつ》していない。そのうえで、この会議は両国間の外交その他の関係を再開《さいかい》する第一歩であるとしてほめたたえている。

【中華民国《ちゅうかみんこく》】　国民は、会議に招《まね》かれなかったことに心から怒《いか》り反感を持っている。一方、国府当局《こくふとうきょく》は、日本との間に早く単独条約《たんどくじょうやく》を結ぶために最高の努力《どりょく》をしている。日本の態度《たいど》も良好で協力的である。

【インド】（出席拒否《きょひ》）　対日講和条約《こうわじょうやく》は〝白色人種の条約《じょうやく》〟であり、深い関心を寄《よ》せていない。トルーマン大統領《だいとうりょう》とアチソン国務長官《こくむちょうかん》の演説《えんぜつ》は、アメリカが〝極東《きょくとう》で、イギリスが昔《むかし》やった帝国主義政策《ていこくしゅぎせいさく》〟をやり始めた。アメリカが〝極東《きょくとう》を米ソ紛争《ふんそう》の中心〟にしないように警告《けいこく》している。

【マラヤ連邦《れんぽう》】インドの出席拒否《しゅっせききょひ》と中共《ちゅうきょう》（中華人民共和国《ちゅうかじんみんきょうわこく》）が招《まね》かれなかったことに失望《しっぼう》。これではアジア八億《おく》五千万の声は講和《こうわ》会議には届《とど》かないだろう。大戦中の日本人の残虐《ざんぎゃく》行為《こうい》が再発《さいはつ》しないことを希望する。

(七)　吉田茂全権《よしだしげるぜんけん》の受諾演説《じゅだくえんぜつ》（第八回総会《そうかい》）

各国代表団《かっこくだいひょうだん》の声明《せいめい》を終えたあと、議長は、「手続規則《きそく》」によって日本の吉田茂全権《よしだしげるぜんけん》の登《とう》壇《だん》を許可《きょか》した。

○**議長**　日本首相兼外務大臣《けんがいむだいじん》、日本主席全権《しゅせきぜんけん》、吉田茂閣下《よしだしげるかっか》の登壇《とうだん》を認《みと》めます。吉田《よしだ》氏、

（★受諾演説《じゅだくえんぜつ》はとても大切なものであるが、ここでは「朝日新聞」（九月九日の「小見出し」）と「NHK随行《ずいこう》員《いん》の記録」による解説《かいせつ》のうち、ジャヤワルダナ氏とグロムイコ氏の演説《えんぜつ》にかかわる部分に限《かぎ》って、要約《ようやく》を掲《かか》げる。）

「6年ぶりに日本が世界に向って放《はな》つ第一声である。

午后《ごご》8時過ぎ、アチソン議長の指名《しめい》に応《こた》えて演壇《えんだん》に進み出た吉田首席全権《よしだしゅせきぜんけん》の腕《うで》には、直径《ちょっけい》3寸《ずん》（★約10センチメートル）もあろうかと思われる大きな巻紙《まきがみ》が抱《かか》えられている。

背《せ》の低い吉田全権《よしだぜんけん》は、演壇《えんだん》に立つと、肩《かた》から上だけしか見えない。その小さい姿《すがた》が、大きな巻紙原稿《まきがみげんこう》をたぐりつつ演説するのである。

日本語だから各国全権《かっこくぜんけん》はすべてイヤホーンを耳にあてる。

「議長閣下《ぎちょうかっか》、全権各位《ぜんけんかくい》」、おそろしく固い声、こわばった表情である。

「この公平寛大《かんだい》なる平和条約《じょうやく》を日本は欣然受諾《きんぜんじゅだく》（心から喜んで受け入れること）します」と先ず喜びをもって迎《むか》えた吉田全権《よしだぜんけん》は、つづいていくつかの点について「苦悩《くのう》と憂慮《ゆうりょ》」（苦しみ悩《なや》むことと、心配して深く考えること）を感じていることを卒直《そっちょく》に表明した。グロムイコ全権《ぜんけん》は、椅子《いす》に深く身を沈《しず》め、無表情な顔で、この日本の主張《しゅちょう》を傾聴《けいちょう》していた。」

（★以下が、「苦悩《くのう》と憂慮《ゆうりょ》」の要旨《ようし》である。）

択捉《えとろふ》、国後《くなしり》は日本領《にっぽんりょう》

「一、領土《りょうど》の処分《しょぶん》問題　奄美《あまみ》、琉球《りゅうきゅう》、小笠原群島《おがさわらぐんとう》その他北緯《ほくい》二十九度の諸島《しょとう》が国連の信託統治下《しんたくとうちか》になった後、一日も早く日本に返還《へんかん》されることを期待する。

千島列島《ちしまれっとう》と南樺太《みなみからふと》は日本が侵略《しんりゃく》によって奪《うば》い取ったものだというソ連の主張《しゅちょう》は承知《しょうち》できない。日本開国の時、択捉《えとろふ》、国後《くなしり》両島《りょうとう》が日本領《りょう》であることを、帝政《ていせい》ロシアも認《みと》めていた。得撫《うるっぷ》以北《いほく》の北千島《きたちしま》諸島《しょとう》と樺太南部《からふとなんぶ》は、日露《にちろ》両国人の混住地《こんじゅうち》で、一八七五年五月七日、日露《にちろ》両国政府《せいふ》は、平和的な外交交渉《がいこうこうしょう》によって樺太南部《からふとなんぶ》はロシア領、北千島《きたちしま》諸島《しょとう》は日本領《りょう》と話し合って決めた。その後樺太《からふと》南部は、一九〇五年九月五日（に調印《ちょういん》した）ポーツマス講和条約《こうわじょうやく》で日本領《りょう》になった。

千島列島《ちしまれっとう》と樺太《からふと》南部は、日本降伏《こうふく》直後の一九四五年九月二十日、一方的にソ連領《れんりょう》にされ、また日本の本土である北海道《ほっかいどう》の一部の色丹島《しこたんとう》と歯舞諸島《はぼまいしょとう》も終戦当時たまたま日本の兵営《へいえい》があったためにソ連軍に占領《せんりょう》されたままになっている。」

二〇一六年現在も未解決のいわゆる「北方領土」問題はここに始まっているのだ。学校で使っている地図帳にもこのことははっきり載《の》っている。

吉田全権のように、じゅんじゅんに説明していけば解るはずのことだが、政府《せいふ》がやるのはもちろん、日本国民がソ連国民と世界の世論に訴《うっ》えたらどうだろうか。

「賠償《ばいしょう》」に理解《りかい》と支持《しじ》を

「二、経済問題《けいざいもんだい》　日本はこの条約《じょうやく》によって領土《りょうど》の四十五パーセントをその資源《しげん》とともに失う。また、海外にある日本の資産《しさん》と日本人個人《こじん》の財産《ざいさん》も失《うしな》う。そのうえで連合国に賠償《ばいしょう》を払《はら》えるか非常《ひじょう》に心配であるが、条約を受諾《じゅだく》したからには、誠意《せいい》をもって義務《ぎむ》を果《は》たす決意だ。

日本はアメリカの援助《えんじょ》で経済《けいざい》回復に進んでいるが、これからは世界経済《けいざい》の繁栄《はんえい》のために尽《つ》くす覚悟《かくご》である。連合各国《かっこく》には、理解《りかい》と協力をいただきたい。」

条約は「戦後賠償を求めない」ことを原則にしているが、それでもなお、別の協定等で賠償を求める国があったので、これに応《こた》えようとしたものだろう。しかし、これらの国々のほとんども、後に述《の》べるように「賠償請求権《せいきゅうけん》」を放棄《ほうき》している。

「引揚条項《ひきあげじょうこう》」記入を感謝《かんしゃ》

「三、引揚者《ひきあげしゃ》の問題　海外には、まだ日本に引き揚《あ》げていない日本人が三十四万人いる。国際連合や他の機関《きかん》が、この人たちの帰国について、人道援助《じんどうえんじょ》をしてくれるように希望する。」

終戦のとき、海外には六六〇万人の日本人がいた。右では、まだ引き揚《あ》げていない日本人は三十四万人と言っているから、すでにたくさんの引き揚《あげ》が進んでいたことになる。シベリア等に不当に抑留《よくりゅう》された日本人は約五十七万五千人といわれ、このうちの約五万五千人が亡《な》くなったとされている。強制労《きょうせい》働に従事《じゅうじ》させせられていた日本人の引き揚《あ》げは一九四六年に始まり、一九五〇年までに推計《すいけい》四十七万人が帰国、これ以後中断《ちゅうだん》していたから、吉田茂全権《よしだしげるぜんけん》の演説《えんぜつ》のときにはまだ約五万人が残っていたことになる。

（★だが、講和《こうわ》会議に出席したグロムイコ氏は、その時点で、捕虜《ほりょ》は一人もいないと言っていた。（前出））

吉田茂全権《よしだしげるぜんけん》の演説《えんぜつ》が終わり、講和会議が閉会に向かおうとしたとき、グロムイコ氏が、ソ連の修正《しゅうせい》案はいつどのように扱《あつか》われるのかと質問したことをめぐって、「あれは『声明《せいめい》』だと自分で言ったのではなかったのか。『修正案』ではなかったはずだ。」ということで会議はまた紛糾《ふんきゅう》した。議長が「議場はお静かに願います。」とたびたび促《うなが》しているのをみても、傍聴席《ぼうちょうせき》も含《ふく》めて騒然《そうぜん》としていたようだ。

その後、このソ連の動議《どうぎ》が否決《ひけつ》されて、アメリカのダレス政務次官《せいむじかん》が「まとめの演説《えんぜつ》」をした中に、次のようなくだりがある。

「ところで、今日の午後（★九月七日午後）、私《わたし》は多くのみなさんの注意を引かなかったかも知れないあることに気付き、関心を持ちました。

それは、ソ連提案《ていあん》第十三に述《の》べられていることであり、この規定《きてい》によると、日本の周辺の諸海域《しょかいいき》（地図の上で宗谷《そうや》、根室《ねむろ》、津軽及《つがるおよ》び対馬《つしま》の諸海峡《しょかいきょう》を示《しめ》しながら）は、日本海に面する国の軍艦《ぐんかん》と海軍によってのみ使用され得るとしているものです。これは何を意味するでしょうか。この提案《ていあん》によれば、そこにあるただ一つの海軍力はウラジオストックに根拠地《こんきょち》を持つ大海軍力であることになりましょう。そしてこの海軍は、日本及《およ》び周辺の海上を哨戒《しょうかい》（敵の襲撃《しゅうげき》に備えて見張りをし、警戒《けいかい》すること）し、そして日本を二つに切断《せつだん》し、また日本を朝鮮《ちょうせん》から切り離《はな》して、国際連合軍といえども朝鮮《ちょうせん》と日本との間の海峡《かいきょう》で行動することは出来なくなるのであります。」

（★以下はこの時の様子《ようす》を報《ほう》じた「朝日新聞」九月八日の記事である。）

「ダレス氏は日本の大きな地図を演壇《えんだん》でひろげ、『ソ連の十三カ条《じょう》の修正《しゅうせい》案の中には、ウラジオストックの海軍力で津軽《つがる》・宗谷《そうや》・朝鮮《ちょうせん》三海峡《かいきょう》その他近海がたちまちのうちに制圧《せいあつ》されるような条項《じょうこう》が含《ふく》まれている。侵略《しんりゃく》に抵抗《ていこう》して戦っている朝鮮《ちょうせん》の国連軍への日本からの輸送路《ゆそうろ》が、それがため封鎖《ふうさ》されてしまう危《き》険《けん》がある。ソ連はそのようなことを考えているのだ。』と、まれに見る激《はげ》しい言葉で反撃《はんげき》、拍手《はくしゅ》を受けた。」

そういえば、東京の「昭和館《しょうわかん》」で講和《こうわ》会議の「全記録」の映像《えいぞう》を見ていたとき、ダレス氏が右の反論演説《はんろんえんぜつ》をしている最中に、あきれ返ってなのか、怒《おこ》ってなのか、持って示《しめ》していた大きな地図を後ろざまに放《ほう》り投げた場面があったのを思い出す。

(八)　署名式《しょめいしき》（九月八日）

署名式《しょめいしき》は、賛成国《さんせい》がアルファベット順に呼《よ》び上げられて進められた。署名が一国済《す》むごとに議場は拍手《はくしゅ》に包まれ、最後に日本が署名したときには、議場は総立《そうだ》ちの拍手《はくしゅ》でこれをたたえた。

署名《しょめい》したのは、日本を含《ふく》めると四十九か国、棄権《きけん》したのは、ソ連・ポーランド・チェコスロバキアの三国だった。

署名《しょめい》するジャヤワルダナ氏（上）と日本全権団（J・R・J・C蔵）

講和《こうわ》会議で署名はしたが「賠償《ばいしょう》問題」を残した三国との間には、

・フィリピン（一九五五年五月）、

・インドネシア（一九五八年一月）、

・南ベトナム（一九五九年五月）

に、それぞれ賠償協定《きょうてい》が成立した。

講和会議に招《まね》かれたが欠席した次の三国との間には、

・ユーゴスラビア（出席を拒否《きょひ》・一九五二年四月に対日戦争状態《じょうたい》終結宣言《せんげん》）

・インド（出席を拒否《きょひ》・一九五二年四月に対日戦争状態《じょうたい》終結宣言《せんげん》、賠償請求権《ばいしょうせいきゅうけん》の放棄《ほうき》を含《ふく》んで日印平和条約《じょうやく》）、

・ビルマ（今のミャンマー　出席を拒否《きょひ》・一九五五年に賠償《ばいしょう》協定（経済《けいざい》協力・貿易《ぼうえき》）

というように平和が回復した。

講和会議に招かれなかった国々《くにぐに》では、

・中華民国《ちゅうかみんこく》（台湾《たいわん》）（一九五二年四月）　日華平和条約《じょうやく》（日台条約《にったいじょうやく》）で賠償放棄《ばいしょうほうき》

・中華人民共和国《ちゅうかじんみんきょうわこく》（一九七二年）　日中共同宣言《せんげん》で賠償放棄《ばいしょうほうき》

・大韓民国《だいかんみんこく》（一九六五年）日韓基本条約《にっかんきほんじょうやく》で経済協力《けいざいきょうりょく》

というように賠償《ばいしょう》問題が解《と》かれている。

講和《こうわ》会議で署名《しょめい》に棄権《きけん》した三国も、

・ソ連（一九五六年十月）日ソ共同宣言《せんげん》で国交回復、戦争状態《じょうたい》終結

・ポーランド（一九五七年五月）国交回復に関する協定発効《はっこう》、戦争状態《じょうたい》終結

・チェコスロバキア（一九五七年五月）国交回復に関する議定書発効《はっこう》、戦争状態《じょうたい》終結

というように、それぞれ戦争状態を終結させている。

なお、一九五〇年後半以降、賠償請求権《ばいしょうせいきゅうけん》を放棄《ほうき》した国々《くにぐに》に対する無償経済借款《むしょうけいざいしゃっかん》（準賠償《じゅんばいしょう》）が、ラオス、カンボジア、タイ、韓国《かんこく》、マレーシア、シンガポール、ミクロネシアに行われていった。

朝鮮民主主義人民共和国《ちょうせんみんしゅしゅぎじんみんきょうわこく》（北朝鮮《きたちょうせん》）とは国交がなく、中華民国《ちゅうかみんこく》（台湾《たいわん》）との国交も、一九七二年以来、現在《げんざい》（二〇一六年）も途絶《とだ》えている。

四　講和会議終わる

サンフランシスコ講和会議《こうわかいぎ》は、このような経過をたどって、一九五一（昭和二十六）年九月八日午前、終わった。

ここで署名《しょめい》された「サンフランシスコ講和条約」は、翌《よく》一九五二年四月二十八日に発効《はっこう》し、アメリカの「単独占領政策《たんどくせんりょうせいさく》」が終わって、「連合国最高司令官総《そう》司令部」（ＧＨＱ）が解散、日本は「独立」を果たした。

同じ日、一九五二年四月二十八日、「日米安全保障《ほしょう》条約」が発効《はっこう》。この条約によって、小笠原諸島《おがさわらしょとう》、沖縄《おきなわ》・琉球諸島《りゅうきゅうしょとう》が日本から分離《ぶんり》され、アメリカが治《おさ》めることになった。その後、小笠原諸島は一九六八年に日本に「返還《へんかん》」はされたが、同条約によって、現在も通信施設《しせつ》などはアメリカ軍も使っている。

また、沖縄《おきなわ》・琉球諸島《りゅうきゅうしょとう》は一九七二年に「返還《へんかん》」はされたが、同じように「日米安全保障《ほしょう》条約」によって、現在もアメリカの軍事基地が存在している。

コラム

《講和当時、記念行事はさまざまあったが、ここには数年後の二つを挙《あ》げておく。》

《「講和桜《ざくら》」と「媾《こう》和桜之《わざくらの》碑《ひ》」》

東京都大田区の《ガス橋緑地公園》に「講和桜」という桜《さくら》並木がある。春、後に新たに植えられた「二十一世紀桜」の並木《なみき》とともに花のトンネルができ、都民に親しまれている。橋のたもと、交番の向かいにある「媾和桜之碑」（一九六二年七月、東《あずま》龍太郎《りゅうたろう》都知事らが建立《こんりゅう》）には、島村帰帆《しまむらきはん》氏の歌一首が刻《きざ》まれている。

たがために散りにし桜をしまれて名残《なごり》をしまん
多摩《たま》のつつみに

（★意味　だれのために散っていった桜であろうか、惜《お》しまれてならないことだ。（講和がなった今、）せめてこうして名残りを惜しんであげましょう、多摩川の堤《つつみ》に。）

（★戦死した兵士を桜の花になぞらえているのである。）

《平和の鳥居《とりい》》

神奈川県箱根《はこね》町の芦ノ《あし》湖《こ》畔《はん》にある箱根神社の大鳥居は、「平和の鳥居」と呼ばれている。日本の全権を務《つと》めた吉田茂《よしだしげる》氏揮《き》ごうの「平和」の額《がく》がかかっているからである。

（一九六四年十月）

第三章

この人を忘《わす》れないで

―ジャヤワルダナ氏と日本―

ジュニウス・リチャード・ジャヤワルダナ大統領（J·R·J·C 蔵）

一　ジャヤワルダナ氏とセイロン政府《せいふ》

ジャヤワルダナ氏は、一九四六年、「統一国民党《とういっこくみんとう》」結成に参加し、セイロン独立《どくりつ》の気運《きうん》が高まる中、四七年九月二十六日、四十一歳《さい》で下院議員に当選、すぐに財務大臣《ざいむだいじん》になった。

それからわずか四か月余《あま》り後の、翌《よく》一九四八年二月四日に、植民地《しょくみんち》セイロンはイギリス連邦自治領《れんぽうじちりょう》として独立《どくりつ》することになっていた。国名は「セイロン」。

四百五十年近くもの長い間、ポルトガル、オランダ、そしてイギリスと、西欧《せいおう》の植民地《しょくみんち》としてしいたげられ、いやいや従《したが》わされてきた苦しみと悔《くや》しさからの解放《かいほう》、つまり独立《どくりつ》は、国民からどんなにか喜ばれ、歓迎《かんげい》されたことだろう。

ジャヤワルダナ氏には、十四歳《さい》だった少年時代、日本の皇太子《こうたいし》（★後の昭和天皇《しょうわてんのう》）のお召《め》し艦《かん》を仰《あお》いで胸《むね》にいだいた、セイロンにとっては宗主国《そうしゅこく》であるイギリスと対等《たいとう》にお付き合いしている独立国《どくりつこく》日本の姿《すがた》への強いあこがれが、きっと思い出されていたに違《ちが》いない。

しかし、独立《どくりつ》すれば国民はすぐに平和で豊《ゆた》かな生活を手にするかといえば、決してそうではない。政治《せいじ》、経済《けいざい》、外交から、国民の衣・食・住、文化、教育、……と、国づくりはあらゆる方面におよぶから、特に、国の財政《ざいせい》の大元締《おおもとじ》めであるジャヤワルダナ財務大臣《ざいむだいじん》は、新しい国家の財政《ざいせい》を確立《かくりつ》するために、非常《ひじょう》に忙《いそが》しい毎日を過《す》ごしていた。

そのような中、さっそく手がけた一つが、独立後《どくりつご》三年五か月後の一九五一年七月十二日に発足した、有名な「コロンボ計画《プラン》」の準備《じゅんび》である。これは、正確《せいかく》には「南および東南アジアの共同経済《けいざい》開発のための計画」といい、ジャヤワルダナ財務大臣《ざいむだいじん》が考えだしたものである。この準備《じゅんび》会議というのが、サンフランシスコ講和《こうわ》会議でのジャヤワルダナ代表の演説《えんぜつ》にあった「一九五〇年一月の英連邦外相《えいれんぽうがいしょう》会議」だ。この外相《がいしょう》会議の席上《せきじょう》、セイロンのD・S・セナナヤケ首相は、次に見るように、セイロンの「対日賠償請求権《ばいしょうせいきゅうけん》」を放棄《ほうき》することを決めているのである。

（★「OUR FOREIGN POLICY　*Address to International Law Association*（*Ceylon Branch*）／*15th December 1954* のうち、Japan の項《こう》「我《わ》が国の外交政策《がいこうせいさく》　日本について」一九五四年十二月十五日」- ジャヤワルダナ氏の演説《えんぜつ》）

「〔部分・概要《がいよう》〕…日本を自由にするという問題は、コロンボ英連邦外相会議《えいれんぽうがいしょうかいぎ》でも議題になりましたが、そうすることをためらう国もいくつかありました。しかし我々《われわれ》（★セイロン）は、日本を自由にしようと強く思う立場でした。

八千万人の国民が、世界の平和への危機《きき》に直面せずに従属的《じゅうぞくてき》な状態にいるのは不可能《ふかのう》だというのが我々《われわれ》の見方だったので、会議では、日本を自由にするいくつかの手段《しゅだん》を打つべきだという結論《けつろん》になりました。

D・S・セナナヤケ指導下《しどうか》で、ロンドンでの彼《かれ》の代表団《だいひょうだん》は、コロンボでの英連邦外相会議《えいれんぽうがいしょうかいぎ》に同じ考えだということでしたし、また、なんといってもアメリカが同じ見解《けんかい》を示《しめ》して、日本との平和条約《じょうやく》を締結《ていけつ》するためのいくつかの手段《しゅだん》が取られたのです。

この平和条約《じょうやく》というのは、一九五一年九月にサンフランシスコ講和《こうわ》会議で上がったもので、また、D・S・セナナヤケ首相は、私《わたくし》に、セイロンを代表して賠償金《ばいしょうきん》を日本に求めず、また日本の自由のためにセイロンを代表して出席するよう指名しました。

首相は下院《かいん》で、日本を、ともに平和を目指す、そして日本を独立《どくりつ》国家にするための努力をしてきていたと言明《げんめい》したのでした。（以下略《りゃく》）」

つまり、サンフランシスコ講和《こうわ》会議でジャヤワルダナ代表が述《の》べたセイロンの「対日賠償請求権放棄《ばいしょうせいきゅうけんほうき》」の宣言《せんげん》は、決してジャヤワルダナ氏独《ひと》りが講和《こうわ》会議のその場で急に思いついたり考えたりしたことなのではなく、すでに、早くもその一年半前には、セイロン政《せい》府《ふ》は決めていた。その決定を、セイロン政府《せいふ》の声明《せいめい》として述《の》べたということになるのだ。

セイロン政府《せいふ》を代表した、ジュニウス・リチャード・ジャヤワルダナ氏の演説《えんぜつ》によって、日本は「戦後賠償《せんごばいしょう》」と「分割統治《ぶんかつとうち》」をまぬがれたと一般には考えられている。確《たし》かに、演説《えんぜつ》は、会議場の窓《まど》ガラスが割《わ》れるような歓声《かんせい》と拍手《はくしゅ》とで称《たた》えられたし、この演説《えんぜつ》によって、「賠償請求《ばいしょうせいきゅう》」を思いとどまった国もあっただろう。しかし、一国家の重要な声明・演《えん》説《ぜつ》を、ジャヤワルダナ氏個人がそこで突然《とつぜん》考えついたものだと考えるのでは一面的に過《す》ぎる。

日本のわたしたちは、ジャヤワルダナ氏の演説《えんぜつ》を決して忘《わす》れてはならないが、「対日賠償請求権放棄《ばいしょうせいきゅうけんほうき》」を決定し、日本の独立《どくりつ》を支持していたセイロン政府《せいふ》の立場や存在《そんざい》も、同じように、絶対《ぜったい》に忘《わす》れてはならないと思うのだ。

ジャヤワルダナ氏が日本の独立《どくりつ》に賛成《さんせい》する演説《えんぜつ》をしたのは、自国セイロンが独立《どくりつ》してわずか三年七か月後、まさに国じゅうが、未来への夢《ゆめ》と活気に満ちているときのことだった。

氏は、サンフランシスコから帰国後、一九五三年には、農業食糧《しょくりょう》大臣、統一国民党副総《とういつこくみんとうふくそう》裁《さい》、一九六〇年三月には、財務《ざいむ》大臣と地方自治・住宅担当《たんとう》の大臣になり、六五年には、大《だい》臣間《じんかん》の意見の調整を行う副首相格《ふくしゅしょうかく》の国務《こくむ》大臣、国防《こくぼう》大臣などの要職《ようしょく》についている。

二　首相・大統領《だいとうりょう》になる

独立《どくりつ》から二十四年後の一九七二年、新しく憲法《けんぽう》が制定《せいてい》され、国名が「スリランカ共和国」に改まった。それまでのセイロン総督《そうとく》（★植民地政治《しょくみんちせいじ》の最高の役職《やくしょく》）ウィリアム・ゴパッラワ氏がそのまま大統領《だいとうりょう》になり、首相にはシリマヴォ・R・D・バンダラナイケ氏がなった。この憲法《けんぽう》では、「仏教を準国教扱《ぶっきょうじゅんこっきょうあつか》いにする」とした。（★国教《こっきょう》＝国家が認《みと》めて、国民の信奉《しんぽう》すべき宗教《しゅうきょう》と定《さだ》め、担当《たんとう》の大臣《だいじん》をおいて保護《ほご》する宗教。準国教《じゅんこっきょう》の場合には、他の宗教も認める。）

五年後の一九七七年七月二十三日、ジャヤワルダナ氏は、バンダラナイケ氏の後任《こうにん》として首相になった。翌《よく》七八年二月四日、憲法《けんぽう》が再《ふたた》び改《あらた》められて、国名はスリランカ共和国《きょうわこく》から「スリランカ民主社会主義共和国《みんしゅしゅしゃかいしゅぎきょうわこく》」、政府《せいふ》が議院内閣制《ぎいんないかくせい》から大統領制《だいとうりょうせい》に変わり、首相だったジャヤワルダナ氏は、同日、大統領《だいとうりょう》になった。新憲法《けんぽう》のもとでは、初代大統領《だいとうりょう》である。

このことを、日本では、例えば朝日新聞が、二月二日、次のように報《ほう》じている。

> **ジャヤワルデネ氏が大統領《だいとうりょう》に**【ニューデリー支局一日】
>
> スリランカ政府《せいふ》は、四日から大統領制《だいとうりょうせい》を強化、行政権《ぎょうせいけん》を持った初代大統領にジャヤワルデネ首相が就任《しゅうにん》する。また大統領が指名する新首相にはプレマダサ氏が就任の予定《よてい》。
>
> 新大統領制は、昨年《さくねん》七月の総選挙《そうせんきょ》で大勝したジャヤワルデネ氏の与党《よとう》、統一国民党《とういつこくみんとう》の公約《こうやく》で、昨年《さくねん》十月、このための憲法改正《けんぽうかいせい》が行われた。これまでの大統領は首相によって指名される象徴的《しょうちょうてき》な存在《そんざい》だったが、新大統領は任期《にんき》六年、二代目から国民投票《こくみんとうひょう》によって選ばれ、行政権《ぎょうせいけん》を一手《いって》に握《にぎ》る。

大々的《だいだいてき》なニュースというよりは、一般的《いっぱんてき》な海外のニュースとして報《ほう》じられたようだ。

しかし、日本はすでに、一九五二年、つまりサンフランシスコ講和条約調印《こうわじょうやくちょういん》の翌年《よくねん》、いち早くセイロンと国交を結んでいる上に、一九五四年には「コロンボ計画」に加盟《かめい》し、経《けい》済的《ざいてき》・文化的交流を盛《さか》んにしているので、ジャヤワルダナ氏の大統領就任は、これらの事業に大きなはずみがつくことになっただろうことは容易《ようい》に想像《そうぞう》がつく。

また、その後、あとで見るように、今日に至《いた》るまでの両国関係の背景《はいけい》には、ジャヤワルダナ大統領《だいとうりょう》の存在《そんざい》がはっきりとあるから、大統領就任を、日本政府《せいふ》は、挙《あ》げて喜んだことだろうと思う。

民間でも、経済《けいざい》、文化、宗教等《しゅうきょうとう》の関係者がお祝《いわ》いの気持ちを表したことは、いろいろな行事や交流事業が盛《さか》んにあったことを通して想像できる。

コラム

ジャヤワルダナ大統領《だいとうりょう》の白い服

ジャヤワルダナ氏は、ぼくが見てきた限《かぎ》りでは、サンフランシスコ講和《こうわ》会議のとき以外、その写真、肖像画《しょうぞうが》は、いつでもどこででも、必ず、上下ともにまっ白な服を着ている。一九四七年の初当選、財務大臣《ざいむだいじん》になったときの写真もそうだ。

これには何かわけがありそうだと思えたので調《しら》べてみると、この服は、「ジャーティカ・エンドゥーマ」といって、セイロンが十六世紀の初めにポルトガルによって植民地《しょくみんち》にされたよりも前からセイロンの男性が着ていた伝統的《でんとうてき》な民族服《みんぞくふく》だった。

そうなると、国内ではもちろん、どこで行われる国際会議《こくさいかいぎ》でも、いつでもこれを着ることには、ジャヤワルダナ氏の、民族《みんぞく》に誇《ほこ》りを持っていることの強い気持ちの表現と、スリランカ国民と世界への、スリランカの訴《うった》え（メッセージ）、もしかすると、過去《かこ》の宗主国《そうしゅこく》勢力への、ささやかな抵抗《ていこう》の気持ちもあったのかもしれないと思えてくる。

そう思って見直してみると、同じようにジャーティカ・エンドゥーマをまとっている政治家《せいじか》は、一九四七年の大臣《だいじん》たちの集合写真にも何人かいるし、二〇一六年現《げん》在《ざい》の新大統領《だいとうりょう》、シリセナ氏が着ているのもこれだと気付く。

ぼくが六歳《さい》の冬、スリランカ訪問《ほうもん》の時にいただいたのとも同じものだった。

三　親日家・ジャヤワルダナ氏

㈠　皇室《こうしつ》との親交

◇

昭和天皇《しょうわてんのう》が皇太子《こうたいし》時代の一九二一（大正十）年、三月三日から九月三日まで、巡洋艦《じゅんようかん》『香取《かとり》』で欧州各国《おうしゅうかっこく》を訪《たず》ねてまわられた。この途上《とじょう》、三月二十八日から五日間、セイロンを公式にご訪問《ほうもん》された。二十八日にはコロンボ、二十九日には古都キャンディをご訪問《ほうもん》、当時は英国植民地《しょくみんち》下にあったので、英国総督《そうとく》の歓迎《かんげい》を受けられた。このとき、皇太子《こうたいし》のお世話をする係の一人に、ジャヤワルダナ少年のおじさんがいたという。

ジャヤワルダナ氏はこの時はまだ十四歳《さい》の少年だったが、コロンボ港に、『香取《かとり》』ご到《とう》着《ちゃく》の様子《ようす》を見に行っている。

そのときのことを、ジャヤワルダナ氏は、一九八一年、スリランカを訪問《ほうもん》された日本の皇太子《こうたいし》ご夫妻《ふさい》（現天皇皇后両陛下《げんてんのうこうごうりょうへいか》）をお迎《むか》えした晩《ばん》さん会と、第三回来日のときのスピーチで述《の》べている。

◇

ジャヤワルダナ氏が大統領《だいとうりょう》になる前のことだが、皇室《こうしつ》が関わった、こんなこともあった。

一九五六（昭和《しょうわ》三十一）年八月、三笠宮殿下《みかさのみやでんか》ご夫妻《ふさい》が、セイロン国開史《かいし》・仏陀入滅《ぶつだにゅうめつ》二五〇〇年祭の式典《しきてん》に参列《さんれつ》、これを記念して十一月、スリランカゾウ一頭が初めて日本の子どもたちに贈《おく》られた。そのゾウが、多摩《たま》動物公園《どうぶつこうえん》で今でも人気の「アヌーラ」である。そのとき、アヌーラの年齢《ねんれい》は三歳《さい》ぐらい、まだ、背中越《せなかご》しに向こうが見える、大人の肩《かた》の高さほどの子象《こぞう》だった。

それから五十年後の二〇〇六年五月には、「アヌー

子象《こぞう》　アヌーラ（毎日新聞 1956.11.8）

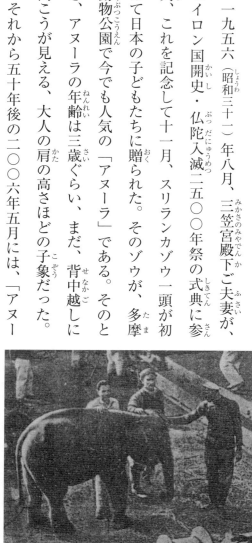

ラ来日五十年記念式典」が多摩動物公園《たまどうぶつこうえん》で開かれ、三笠宮殿下《みかさのみやでんか》ご夫妻《ふさい》、スリランカのバンダラナイケ大臣《だいじん》をお招《まね》きして、アヌーラの長寿《ちょうじゅ》を祝《いわ》ったという。

◇

一九八一（昭和《しょうわ》五十六）年三月、今上陛下《きんじょうへいか》（現天皇《げんてんのう》）が皇太子《こうたいし》のとき、妃殿下《ひでんか》とともに国際《こくさい》親善《しんぜん》のためスリランカをご訪問《ほうもん》、ジャヤワルダナ大統領《だいとうりょう》がお迎《むか》えした。

四日、コロンボで開催《かいさい》された晩《ばん》さん会で、大統領《だいとうりょう》は次のようにスピーチをしている。

「明仁皇太子殿下《あきひとこうたいしでんか》ならびに美智子妃殿下《みちこひでんか》、ようこそ、スリランカへおいでくださいました。今日、世界でも最も古くからあり、絶《た》えることのない皇室《こうしつ》を受け継《つ》がれる日本の皇太子殿下。貴国《きこく》（★相手の国を尊《そん》敬《けい》して指し示す言葉。「あなたのお国」ということ）は、他に例がほとんどない国です。スリランカも、古代から一九七二年に共和国になるまで、国王が国を治める国でした。

半世紀以上前にも、天皇陛下《てんのうへいか》が同じように皇太子殿下として歴史的な都市キャンディ市を訪問《ほうもん》されたことをうれしく思い出します。

皇太子殿下《こうたいしでんか》も真の友人として歓迎《かんげい》いたします。

アジア諸国《しょこく》が西欧《せいおう》諸国に植民地《しょくみんち》として支配《しはい》されていた間、日本だけが自由のたいまつを高くかかげ、貴国《きこく》の国民は、経済的《けいざいてき》にも政治的《せいじてき》にも西欧諸国に対等《たいとう》に並《なら》んでいました。

第二次世界大戦の結果、貴国《きこく》の経済《けいざい》は、すっかり壊《こわ》されてしまいました。私《わたし》自身も、一九五一年にサンフランシスコで開催《かいさい》された対日講和《こうわ》会議に行く途中《とちゅう》、その様子《ようす》を東京《とうきょう》で目《ま》の当たりにしました。

自由を取り戻《もど》した後、日本の復興《ふっこう》は早く、一九六〇年代以降《いこう》は、世界の豊《ゆた》かな先進工業国のなかでも上位五位に位置《いち》づけられております。

日本とスリランカには、多くの違《ちが》った点もありますが、多くの共通点も持っています。

両国とも、島国です。国民の多数が、仏陀《ぶっだ》をそれぞれのやり方で信仰《しんこう》しています。第二次世界大戦以《い》降《こう》、両国は平和と安定を三十五年間、大切に受け継《つ》いできました。両国は、民主主義《みんしゅしゅぎ》をしっかりと守り続けてきています。

スリランカは、今年で普通選挙権《ふつうせんきょけん》が施行《しこう》されてから五十年を迎《むか》えます。スリランカ国民は、家族《かぞく》を大事にして、両親や年長者を敬《うやま》います。子供を愛して大事にします。

両国民は、多くの点で異《こと》なってもおります。スリランカは、いまだに、発展途上国《はってんとじょうこく》であり、比較的貧《ひかくてきまず》しい人々《ひとびと》で構成《こうせい》されています。スリランカは、小さな国であり、人口も少ない国です。スリランカが、もし貴国民《きこくみん》のように規律正《きりつただ》しくあれば、もっと早く発展《はってん》して、もっと豊かになることができるでしょう。私《わたし》たちが発展できるまで、先進国の手助けが必要です。スリランカ国民は、いただいている援助《えんじょ》に感《かん》謝《しゃ》しております。日本は、特に、病院、港、農業用水計画で援助《えんじょ》してくださいました。殿下《でんか》にも、両国民がいっしょに完成させたもののいくつかを見ていただきました。

（★このとき、日本の建設《けんせつ》会社がスリランカの国会議事堂《こっかいぎじ》を建築中《けんちくちゅう》で、両殿下《りょうでんか》が視察《しさつ》されている。）

両国民の友情がこれからも続きますように。両国の幸福と世界の平和がますます強まりますように。天皇皇后両陛下《てんのうこうごうりょうへいか》のご健康とご多幸《たこう》、皇太子同妃両殿下《こうたいしどうひりょうでんか》のご健康とご多幸《たこう》、日本政府《せいふ》の成功と日本国民の繁栄《はんえい》とご多幸《たこう》、両国間に永《なが》く続く友情と協力を願《ねが》って乾杯《かんぱい》しましょう。」

四日、両殿下《りょうでんか》はキャンディのペラディニア植物園に「イェロートランペット」を記念植樹《しょくじゅ》された。この木は、今はとても大きくなり、十二月には、

イェロー トランペット

その名のとおり、トランペットの形をした真《ま》っ黄色《きいろ》の花を木いっぱいに咲《さ》かせるという。（口絵写真）

帰国された皇太子殿下夫妻《こうたいしでんかふさい》は、四月九日付で大統領《だいとうりょう》あてのお礼状《れいじょう》を書かれている。

別の機会《きかい》にではあるが、昭和天皇《しょうわてんのう》も親書（★天皇《てんのう》から下されるお手紙）を出されている。

◇

次は、ジャヤワルダナ氏が大統領職《だいとうりょうしょく》を終えた後のことだが、氏と皇室《こうしつ》との関わりである。

一九九二（平成四）年十一月、日本・スリランカ国交樹立《じゅりつ》四十周年にあたり、秋篠宮文仁殿下《あきしののみやふみひとでんか》ご夫妻《ふさい》がスリランカをご訪《ほう》問《もん》、式典《しきてん》にご出席された。そして、ペラディニア植物園に、「スパニッシュ チェリー」を記念に植えられた。

Yellow Trumpet Tree
Tabebuia serratifolia
Bignoniaceae
West Indies, Brazil
Planted by their imperial highness Crown Prince Akihito and Crown Princess Michiko of Japan on 05th March 1981.

皇太子殿下夫妻記念植樹のプレート

Spanish Cherry
Mimusops elengi
Sapotaceae
Sri Lanka, India, Burma, Malaysia
Planted by His Imperial Highness Prince Akishino of Japan on 07th November 1992.

秋篠宮《あきしののみや》さま記念植樹のプレート

少年時代から日本と日本の皇室《こうしつ》を敬愛《けいあい》してやまなかったジャヤワルダナ大統領《だいとうりょう》であったから交流もこのように親しく行われたのだと思う。

(二)　七回の来日

「親日家《しんにちか》」（日本に対して特別に親しみを持っている人）として知られているジャヤワルダナ氏は、生涯《しょうがい》のうち七回、日本に来ている。その時どきの目的、日本でだれに会い、どんなことがあったかなどについて、ここでそのあらましを見ておくことにする。

回	年月日	年齢	目的・主な出来事
①	一九五一（昭和《しょうわ》二十六）年八月 二十九日～九月二日	44歳《さい》	初来日　このとき財務大臣《ざいむだいじん》　サンフランシスコ講和《こうわ》会議 に行く途上《とじょう》（夫人も） 吉田茂首相《よしだしげるしゅしょう》、ＧＨＱ要人《ようじん》、経済界要人《けいざいかいようじん》、鈴木大拙《すずきだいせつ》ほか 仏教《ぶっきょう》関係者に会う。 鎌倉大仏参拝《かまくらだいぶつさんぱい》
②	一九六八（昭和《しょうわ》四十三）年五月	61歳《さい》	このとき国務《こくむ》大臣　公賓《こうひん》（夫人も）仏教関係者に会う。

③ 一九七九（昭和《しょうわ》五十四）年九月	72歳《さい》	このとき大統領《だいとうりょう》　国賓《こくひん》（夫人も）親善訪問《しんぜんほうもん》
十日		文化遺跡保存《いせきほぞん》・首都に新病院建設《けんせつ》・テレビ放送局開設《ほうそうきょくかいせつ》等について援助《えんじょ》の協議
十一日		昼食会　大平正芳総理大臣《おおひらまさよしそうりだいじん》が主催《しゅさい》 宮中晩《きゅうちゅうばん》さん会（両陛下《へいか》・大平総理大臣夫妻《ふさい》ほか）
十二日		経団連《けいだんれん》と会談 返礼晩《へんれいばん》さん会を主催《しゅさい》（両陛下・大平総理大臣を招待《しょうたい》）
十三日		全日本仏教会《ぶっきょうかい》に出席
十四日		鳥羽視察《とばしさつ》
十五日		離日《りにち》 「日本・スリランカ共同声明《せいめい》」
④ 一九八四（昭和《しょうわ》五十九）年五月　二十五〜二十七日	78歳《さい》	このとき大統領《だいとうりょう》　非公式《ひこうしき》（夫人も）中国《ちゅうごく》・韓国《かんこく》を訪問《ほうもん》の合い間に来日 二十六日　中曽根康弘首相《なかそねやすひろしゅしょう》と会談

⑤ 一九八九（平成《へいせい》元）年二月 二十五日	83歳《さい》	このとき前大統領《ぜんだいとうりょう》 国賓《こくひん》（夫人も） 昭和天皇大喪《しょうわてんのうたいそう》の礼《れい》に参列《さんれつ》 天皇に謁見《えっけん》
二十六日		東京都八王子市《とうきょうとはちおうじし》の天海山雲龍寺《てんかいざんうんりゅうじ》を訪問《ほうもん》
⑥ 六月 十二日		このとき前大統領《ぜんだいとうりょう》（孫《まご》と） 非公式《ひこうしき》 （帝国《ていこく》ホテル貴賓室《きひんしつ》での記録写真の日付から『禅僧《ぜんそう》と福祉《ふくし》』 足利正明《あしかがしょうめい》 平成《へいせい》二十六年）
⑦ 一九九一（平成《へいせい》三）年四月 二十三日	84歳《さい》	元大統領《もとだいとうりょう》（夫人も） 福岡《ふくおか》から、広島《ひろしま》・大阪《おおさか》・奈良《なら》・京都《きょうと》・鎌倉《かまくら》。（日本仏教《ぶっきょう》 関係者の招待《しょうたい》。） 広島原爆慰霊碑《ひろしまげんばくいれいひ》・平和記念資料館訪問《しりょうかんほうもん》 京都《きょうと》・佛教《ぶっきょう》大学で講演
二十八日		鎌倉顕彰碑除幕式《かまくらけんしょうひじょまくしき》 佐藤密雄《さとうみつお》 中村元《なかむらはじめ》 他
三十日		天皇皇后両陛下《てんのうこうごうりょうへいか》に謁見《えっけん》（非公式賓客《ひこうしきひんきゃく》）

右のうち、氏のいくつかのスピーチやエピソード等から、親日家ぶりと日本への想いを、また、日本国民との交流等の様子《ようす》から、氏への感謝《かんしゃ》と報恩《ほうおん》の気持ちを探《さぐ》ってみたい。

◇

初来日（一九五一（昭和《しょうわ》二十六）年八月二十九日〜九月二日　四十四歳《さい》　財務大臣《ざいむだいじん》）

禅《ぜん》の仏教学者《ぶっきょうがくしゃ》・鈴木大拙《すずきだいせつ》氏に会う。

ジャヤワルダナ氏自身の記録（★『Visit To U・S・A & U・K.1951』ジャヤワルダナセンター蔵《ぞう》）には、次のようにある。

「八月二十九日から九月二日まで東京《とうきょう》に滞在《たいざい》。最高司令官リッジウェイ氏（★マッカーサーの後任《こうにん》）、米国下院議員《ぎいん》シーボルト氏（★駐日大使《ちゅうにちたいし》）、日本国総理大臣吉田《そうりだいじんよしだ》氏、それに日本の仏教者《ぶっきょうしゃ》（数人）に会う。鎌倉《かまくら》を訪問《ほうもん》し、ブッダの大きな銅像《どうぞう》（★大仏《だいぶつ》）を見る。芸者《げいしゃ》の舞《ま》いを見る。英国大使館《えいこくたいしかん》で夕食《ゆうしょく》。」

ジャヤワルダナ氏は、早くから深く仏教《ぶっきょう》を信仰《しんこう》し研究もしていたので、スリランカと同じ仏教国《ぶっきょうこく》の日本を訪問《ほうもん》したいと、いつも思っていた。だから、サンフランシスコ講和《こうわ》会議への出席は絶好《ぜっこう》の訪日《ほうにち》の機会《きかい》だったと言えると思う。

講和《こうわ》会議の全権《ぜんけん》なので、来日したときに、占領軍《せんりょうぐん》や日本政府《せいふ》関係者に会うというのは当然といえばそうだろうが、大仏《だいぶつ》に参拝《さんぱい》するたくさんの日本人を見、また、ここで数人の仏教者《ぶっきょうしゃ》、中でも世界的に有名な禅《ぜん》の仏教学者《ぶっきょうがくしゃ》・鈴木大拙《すずきだいせつ》氏に会って話をしたことは、初めは個人的《こじんてき》な関心からだったのかもしれないが、ジャヤワルダナ氏のこれまでの考え方を大きく揺《ゆ》り動かし、サンフランシスコ講和《こうわ》会議での演説《えんぜつ》に大きな影響《えいきょう》をもたらしたと思う。

それは、第三回目の来日の宮中晩餐会《きゅうちゅうばんさんかい》でのスピーチからも言えることだ。

そこでは、次のように言っている。

「一九五一年、私《わたし》は、故《こ》D・S・セナナヤケ首相から、サンフランシスコ対日講和《にちこうわ》会議に参加するよう指名されました。私《わたし》は、書物で読んだことのある日本の仏教《ぶっきょう》の指導者《しどうしゃ》に会うために日本を旅行しようと思い立ちました。貴国《きこく》は、いまだに戦争の災禍《さいか》に苦しんでいました。ある市街《しがい》は完全に破壊《はかい》されて、東京《とうきょう》は、その半分以上が破壊《はかい》されていました。

（★宿泊《しゅくはく》の帝国《ていこく》ホテルは日本人立ち入り禁止《きんし》だったので）日本の人とはホテルの外で会ったのですが、仏教界《ぶっきょうかい》の指導者《しどうしゃ》の何人かともお会いし、幾《いく》つかのお寺《てら》も訪問《ほうもん》し、仏教《ぶっきょう》について意見交換《こうかん》をしました。

禅宗《ぜんしゅう》の世界的権威《けんい》として知られていた鈴木教授《すずききょうじゅ》とお会いしたときのことを思い出します。

私《わたし》は、日本で信仰《しんこう》されている大乗仏教《だいじょうぶっきょう》とスリランカで信仰《しんこう》されている小乗仏教《しょうじょうぶっきょう》との違《ちが》いについて尋《たず》ねました。すると鈴木教授《すずききょうじゅ》は、「なぜ違《ちが》いを重要視《じゅうようし》しようとされるのか。逆《ぎゃく》に、共通点について考えられてはいかがか。三宝《さんぼう》（★仏＝仏陀《ぶっだ》、法＝仏陀《ぶっだ》の教《おし》え、僧《そう》＝僧団《そうだん》）は、両国で盛《さか》んであるし、一切皆苦《いっさいかいく》や無我《むが》につながる八正道《はっしょうどう》などは、両国で信奉《しんぽう》されているではありませんか。」と諭《さと》されました。

私は、そのとき、仏教国《ぶっきょうこく》日本と仏教国《ぶっきょうこく》スリランカを結び付ける大変に強いきずながあることを感じとりました。およそ千五百年前に、偉大《いだい》な伝道者《でんどうしゃ》菩提達磨《ぼだいだるま》によって日本に仏教《ぶっきょう》がもたらされ、そこで創造《そうぞう》された日本の文化に対する大きな影響《えいきょう》にも気がつきました。

私がサンフランシスコで貴国《きこく》のために演説《えんぜつ》をしたとき、私は、心の底から訴《うった》え、私たちが信じる仏陀《ぶっだ》の教えの言葉を引用しました。」

（★以下、第三回来日の折《お》りの宮中晩《きゅうちゅうばん》さん会でのスピーチ・一六四ページの＊印に続く。）

ジャヤワルダナ氏は、鈴木大拙《すずきだいせつ》氏に右のように言われて初めて、日本の大乗仏教《だいじょうぶっきょう》とスリランカの小乗仏教《しょうじょうぶっきょう》の、違《ちが》いにではなく共通点について考えることになったのだろう。

言われてみればたしかに、もともとは一つだったブッダの教えが大きく二つ、大乗《だいじょう》と小乗《しょうじょう》に分かれたのだから、共通しているところに目を向ければ、ブッダの初めの教えとはどのようなものかもよく解《わか》ることになるのだろうと思う。

当時八十一歳《さい》と高齢《こうれい》だった鈴木大拙《すずきだいせつ》氏の日記には、この日のことは「サンフランシスコ講和会議に行く仏教徒《ぶっきょうと》のシンハラ人の大使《たいし》が会いに来た」とだけで、ジャヤワルダナという名前も、語った内容《ないよう》も記されていないということだ。鈴木大拙《すずきだいせつ》氏にとっては、さして気に留《と》めるような出来事ではなかったのかも知れない。

しかし、父と息子《むすこ》ほども年齢《ねんれい》に差のある四十四歳《さい》のジャヤワルダナ氏には、たぶん予想《よそう》すらしていなかった鈴木大拙《すずきだいせつ》氏の答えに、たいへんな衝撃《しょうげき》を受けたのではないか。だから「諭《さと》された」（★諭《さと》す＝目上の者が目下の者に教え導《みちび》くこと）と言っているのだ。そして、この出来事が、講和《こうわ》会議での演説《えんぜつ》に重大な影響《えいきょう》を与《あた》えたのではないかと思う。

ジャヤワルダナ氏は、講和会議での声明《せいめい》と演説をどのように組み立てて話したらよいか、ずっと考えていたにちがいない。そんなとき、敗戦で打ちひしがれ、だからこそ純粋《じゅんすい》に大仏《だいぶつ》にお参《まい》りする大勢の日本人を見、また鈴木大拙《すずきだいせつ》氏に会って、大きなヒントを得《え》た。つまり、サンフランシスコ講和《こうわ》会議で、「(仏教《ぶっきょう》は)幾《いく》百年にもわたる共通の文化と遺産《いさん》で、日本とスリランカを結びつけてきた。この共通の文化は今も存在《そんざい》しているということを、私《わたし》は、日本を訪問《ほうもん》して見出した。両国には仏教《ぶっきょう》に根ざした共通の文化と遺産《いさん》があり、日本はこれからも仏教の教えに従《したが》おうとしている。」と言っていた。これが、まさにこのことだと思うのだ。

◇

第二回来日　(一九六八(昭和四十三)年五月十八日～二十五日　六十一歳《さい》　副首相格《ふくしゅしょうかく》の国務大臣《こくむだいじん》　公賓《こうひん》)

左は、この来日の印象《いんしょう》を思い出して語った、第三回来日の時のスピーチである。日本の「発展《はってん》」をどう考えたらよいか、わたしたちに教えてくれているところがあると思う。

「一九六八年に再び来日いたしました。貴国《きこく》は、一変《いっぺん》、物質的《ぶっしつてき》な繁栄《はんえい》の中にありました。今日では、日本の復興《ふっこう》の奇跡《きせき》が国を豊《ゆた》かにして、経済的《けいざいてき》には、世界の先進国の一つになっています。

（しかし）私《わたし》が考えるところでは、物質的、経済的繁栄だけでは、文明と呼《よ》ぶことはできません。

私たちの周りの、人間が建築《けんちく》した大建造物《だいけんぞうぶつ》が跡形《あとかた》もなく消滅《しょうめつ》した時（に初めて）、私がちょうど二十八年前にサンフランシスコで行ったスピーチで引用した仏陀《ぶっだ》の言葉に気付くことでしょう。

日本でも、世界の他の国と同じように、おごりたかぶって偉《えら》そうにしていた権力《けんりょく》がやがて必然《ひつぜん》の終わりにいたると（そのときになってやっと）、かつて寺《てら》から広まった理想《りそう》、僧侶《そうりょ》の瞑想《めいそう》や僧侶《そうりょ》によって表現される信心深い言葉に気付き、思い出されて、子、孫《まご》の世代の人類の生命を形作ることになります。」


（★以下、第三回来日の折《お》りの宮中晩《きゅうちゅうばん》さん会でのスピーチ・一六四ページの＊＊印に続く。）


これは、一九五一年の初来日のときに目にしたもの、鈴木大拙《すずきだいせつ》氏らに会って得《え》た日本の仏教精神《ぶっきょうせいしん》等への好印象《こういんしょう》や、そのときにいだいたであろう将来《しょうらい》への期待とはおよそかけはなれて違《ちが》ってしまっている「日本の変貌《へんぼう》ぶり」に驚《おどろ》き、嘆《なげ》いているようなスピーチだと思う。

一九六八年といえば、東京オリンピックの四年後、日本は、すさまじい勢《いきお》いで経済発展《けいざいはってん》し、翌《よく》六九年には「エコノミック・アニマル」と、世界から皮肉《ひにく》られるほどの経済《けいざい》大国になっていたときだ。
日本が、失《うしな》ってはならない大切なことをどんどん捨《す》てていったのもこのころからだ。
きっと、ジャヤワルダナ大臣《だいじん》も、このとき来日してすぐに、そう直感《ちょっかん》したのだろう。

◇

第三回来日（一九七九（昭《しょう》和五十四）年九月十日　七十二歳《さい》　大統領《だいとうりょう》　国賓《こくひん》）

十一日、大平総理大臣《おおひらそうりだいじん》主催《しゅさい》の午《ご》さん会《かい》（昼食会《ちゅうしょくかい》）で、次のようなスピーチをした。

「大平総理大臣閣下《おおひらそうりだいじんかっか》、令夫人閣下《れいふじんかっか》、皆様《みなさま》
貴国《きこく》によって示されたお気持ちを大変に光栄《こうえい》に存《ぞん》じます。私《わたし》たちに示された友好やおもてなしに対して、私《わたし》自身、妻《つま》、代表団《だいひょうだん》からお礼申《れいもう》し上げます。（中略《ちゅうりゃく》）
日本とスリランカは、常にとても良好な関係を保《たも》ってきました。両国間で特に現在《げんざい》の政権《せいけん》の下に、経《けい》済《ざい》や、その他の分野での協力がさらに進むことを期待いたしております。スリランカは、経済政策《けいざいせいさく》をもっと外向きにしなおそうとしております。日本とスリランカの関係は、もちろん、経済協力《けいざいきょうりょく》の分野ばかりでなく、多くの形態《けいたい》をとっており、両国に共通の宗教上《しゅうきょうじょう》の遺産《いさん》があることから、はるか昔《むかし》から続いております。

宗教上《しゅうきょうじょう》での交流は、昨年の日本の仏教徒《ぶっきょうと》による平和の仏塔《ぶっとう》の建設の例のように、近年、盛《さか》んになっています。スリランカの聖《せい》なる山であるアダムスピークに建てられて（★一九七八年、日本山妙法寺《にっぽんさんみょうほうじ》がスリランカの聖地《せいち》スリ・パーダに建立《こんりゅう》した平和塔《へいわとう》（Peace Pagoda）のこと。）私《わたし》自身も光栄《こうえい》にも落慶法要《らっけいほうよう》（お寺などが出来上がった時の式典《しきてん》）に参加しております。日本とスリランカの相互交流《そうごこうりゅう》や協力は、これからも、引き続き盛《さか》んになると確信《かくしん》しております。（中略《ちゅうりゃく》）

今日私たちが直面している大きな問題の一つは、軍備縮小《ぐんびしゅくしょう》の問題です。最も破壊力《はかいりょく》のある武器がさらに高機能になり、その拡散《かくさん》という大きな危険《きけん》がおきています。現在《げんざい》、私たちは、全人類の歴史においても特徴的《とくちょうてき》な状況《じょうきょう》に直面しており、それは、人類を絶滅《ぜつめつ》させる核兵器《かくへいき》によ

妙法寺《みょうほうじ》が建てた平和塔《へいわとう》（2016・1　山口文雄《やまぐちふみお》氏撮影）

る大虐殺《だいぎゃくさつ》の可能性《かのうせい》です。

私《わたし》が、訪日中《ほうにちちゅう》にこのことについてお話しするのは大切なことだと思います。それは、日本が世界でもただ一つ核戦争《かくせんそう》の恐怖《きょうふ》を実際《じっさい》に経験《けいけん》した国であるからです。日本は、国際的にも優《すぐ》れた模範的《もはんてき》な行為《こうい》をしており、その恐《おそ》るべき経済力《けいざいりょく》を何らの乱用《らんよう》もしてはおりません。

スリランカでは、非同盟《ひどうめい》（★軍事同盟《ぐんじどうめい》を結ばないで平和を保《たも》とうとする中立主義《ちゅうりつしゅぎ》の国々《くにぐち》）が、イデオロギーやその他の区分に関《かか》わらず、国の真の独立《どくりつ》や国家間の関係の平等、世界のすべての国の間の平和的な共存《きょうぞん》に基《もと》づいて、国際関係のより良い秩序《ちつじょ》に対する希望を与《あた》えると信じています。日本は平和な世界への約束《やくそく》に関《かか》わっており、スリランカの私たちも、このような努力にさらに協力するつもりです。

大平総理大臣閣下《おおひらそうりだいじんかっか》ご夫妻《ふさい》のご健勝とご成功《せいこう》、日本の国民の皆様《みなさま》の健康と繁栄《はんえい》、日本とスリランカの友好と協力がさらに強まることを祈念《きねん》いたします。」

次は、右に同じ九月十一日、昭和天皇《しょうわてんのう》・皇后両陛下《こうごうりょうへいか》が主催《しゅさい》された宮中晩さん会《きゅうちゅうばんさんかい》での大統領《だいとうりょう》のスピーチである。この晩《ばん》さん会《かい》には、昼の大平内閣総理大臣《おおひらないかくそうりだいじん》も列席《れっせき》している。

「私《わたし》は、多くの面で古代から日本と似《に》ている国から、国民を代表してまいりました。

スリランカの国民は、一八一五年までの二千三百年の間、仏教《ぶっきょう》という同じ宗教《しゅうきょう》を実践《じっせん》して、シンハラ語という同じ言葉を話して、全島が独立《どくりつ》した国として、暮《く》らしておりました。その後、イギリスの君主《くんしゅ》制《せい》の統治者《とうちしゃ》が、征服《せいふく》ではなく、人々《ひとびと》が同意によって取り決められた王朝《おうちょう》に取って代わりました。

イギリスの王ジョージ三世とその子孫《しそん》のもと、イギリス政府《せいふ》は、スリランカの国会を無視《むし》して、一九四八年までスリランカを植民地《しょくみんち》として支配《しはい》しました。スリランカは、紀元前《きげんぜん》五四四年から途《と》切れることのない王朝によって統治《とうち》されていましたが、一九七二年まで、植民地《しょくみんち》として、また、イギリスの自治領《じちりょう》として支配《しはい》されることとなりました。

外国によって支配《しはい》されて、国民の信条《しんじょう》、言語、慣習《かんしゅう》は、ほとんどすたれました。このため、スリランカのみでなく、西欧《せいおう》の帝国主義《ていこくしゅぎ》のもと同様《どうよう》の運命に悩《なや》まされていたすべてのアジア諸国《しょこく》は、日本を尊敬《そんけい》していました。過去《かこ》八十年間、日本は、アジアで独立国《どくりつこく》として際立《きわだ》っておりました。西欧《せいおう》の列強《れっきょう》が軍事力や営利《えいり》企業《きぎょう》で世界中を支配《しはい》していた時に、日本は彼等《かれら》と戦い、同じ力量を持ち、しばしば、彼等《かれら》を打ち負かしました。

陛下《へいか》が一九二〇年代に皇太子《こうたいし》としてスリランカを訪問《ほうもん》された時、陛下《へいか》が航海《こうかい》された船を見るために誇《ほこ》らしい思いで港を訪《おとず》れたのを覚《おぼ》えております。

私《わたし》は、戦争や暴力《ぼうりょく》を肯定《こうてい》するものではありません。しかしながら、一九三九年の戦争（★第二次大戦のこと）は、イギリスの帝国《ていこく》主義を終わらせて、スリランカが自由になると感じました。一九四〇年代には、私《わたし》の友人で同僚《どうりょう》であり、独立《どくりつ》後最初の首相の子息《しそく》である故《こ》ダドリー・セナナヤケ元首相とともに、在《ざい》スリランカ日本領事《りょうじ》とでさえ、彼等《かれら》がスリランカに上陸した場合、スリランカが自由を手にするために日本がどのように手助けしてくれることができるかを、話し合っておりました。幸いに、侵略時《しんりゃくじ》の流血《りゅうけつ》の事態《じたい》は免《まぬが》れることができましたが。

＊（★ここに、初来日の項《こう》で引用したスピーチの、「一九五一年、…引用しました。」が入る。）

「憎《にく》しみは、憎《にく》しみによってやまず、慈悲《じひ》のみによってやむ。日本の国民を許《ゆる》そう。日本に罰《ばつ》を与《あた》えるべきではない。」と。

貴国《きこく》の偉大《いだい》な首相、故吉田《こよしだ》氏は、私《わたし》の言葉をどんなに有難《ありがた》く思ったかを私宛《わたしあて》に手紙に書いてこられました。また、日本へご招待《しょうたい》いただきましたが、大変残念《ざんねん》なことに、ご存命中《ぞんめいちゅう》に、訪日《ほうにち》することはできませんでした。

＊＊（★ここに、第二回来日の項で引用した、「一九六八年に…形作ることになります。」が入る。）

陛下《へいか》の政府《せいふ》は、私《わたし》がとても大切に思っている国と国民を訪問《ほうもん》するために私《わたし》をご招待《しょうたい》くださいました。皆様《みなさま》は大変に礼儀《れいぎ》正しく、ご親切です。スリランカ政府《せいふ》ならびに国民を代表して、陛下《へいか》にお礼《れい》を申《もう》し上げ、また、日本政府《せいふ》ならびに日本国民の将来《しょうらい》に繁栄《はんえい》と幸福がもたらされますよう祈念《きねん》させてください。天皇皇后両陛下《てんのうこうごうりょうへいか》のご健勝《けんしょう》、日本国民の皆様《みなさま》のさらなる発展《はってん》とご多幸《たこう》、両国間の友好関係がますます強められることを祈念《きねん》いたします。」

長くつらかった植民地《しょくみんち》時代からの脱出《だっしゅつ》、独立《どくりつ》は、戦争を肯定《こうてい》するのではないが、日本が希望の星として国民の支《ささ》えになった時期があったこと、平和は、ブッダの教えに従《したが》えばきっと実現《じつげん》することをにおわせているスピーチだと思う。

そして次は、九月十二日に、天皇皇后両陛下《てんのうこうごうりょうへいか》をお迎《むか》えして、ジャヤワルダナ大統領夫妻《だいとうりょうふさい》が主催《しゅさい》した返礼晩《へんれいばん》さん会《かい》でのスピーチである。晩《ばん》さん会《かい》には、両陛下《りょうへいか》、各皇族方《かくこうぞくがた》、大平首相夫妻《おおひらしゅしょうふさい》ら百五人が出席した。

「天皇皇后両陛下《てんのうこうごうりょうへいか》、大平内閣総理大臣閣下《おおひらないかくそうりだいじんかっか》ご夫妻《ふさい》、皆様《みなさま》
私《わたし》の離日《りにち》の日がせまってまいり、このように皆様《みなさま》を歓迎《かんげい》させていただく機会《きかい》がありますことをうれしく思います。また、天皇皇后両陛下《てんのうこうごうりょうへいか》ならびに日本政府《せいふ》より、私《わたし》および今回の訪日《ほうにち》の随行員《ずいこういん》に対して、友情やおもてなしをいただき感謝《かんしゃ》いたしております。

今回の来日中には、日本政府《せいふ》のリーダー、職員《しょくいん》ならびに日本の国民の皆様《みなさま》から、私共《わたしども》に対して親善《しんぜん》や友好を示《しめ》してくださいました。

私の来日は、大変に心地《ここち》のよいものであるばかりでなく、大変に有益《ゆうえき》なものでございました。天皇陛下《てんのうへいか》に歓迎《かんげい》していただき、誠《まこと》に光栄《こうえい》に存じました。また、日本政府《せいふ》の代表の方々《かたがた》と意見交換《いけんこうかん》をする機会《きかい》がありました。これらの話し合いから、日本とスリランカの素晴《すば》らしい関係を確認《かくにん》することができ、両国間の理解《りかい》と友好の絆《きずな》はさらに強められると感じております。スリランカ政府《せいふ》は、私のこの訪日後《ほうにちご》、スリランカと日本の間でさらに交流がおこなわれ、両国間の協力のための可能性《かのうせい》が十分に実現《じつげん》されることにつながることを願っております。

スリランカは、現在《げんざい》、新しい政策《せいさく》を採用《さいよう》・実行《じっこう》して、経済《けいざい》・社会変革《へんかく》をもたらそうとしております。とりわけ、スリランカは、経済《けいざい》の自由化をもたらし、外国に目を向けることを確実《かくじつ》にする措置《そち》をとりま

した。すなわち、日本のような国との協力の機会《きかい》が以前にもまして大きくなっております。他国との経《けい》済関係《ざいかんけい》が、スリランカの経済《けいざい》の満足のいく発展《はってん》をもたらすのに強い要因《よういん》であることが証明《しょうめい》され、今回の訪日《ほうにち》は、経済関係の領域《りょういき》では、日本とスリランカの間の交流には多くの余地《よち》があることを確信《かくしん》しました。

私共の話し合いでは、国際政治情勢《こくさいせいじじょうせい》に関して共通の見方があるということが示《しめ》されました。日本もスリランカも平和に対して深く関《かか》わっており、真《しん》に平和で、協力的な国際秩序《こくさいちつじょ》をもたらすのは困難《こんなん》であることを認識《にんしき》しております。両国は地理的には近くはありませんが、日本もスリランカも共にアジアの国であり、このことから両国間の絆《きずな》が形成されております。スリランカは、より良い国際関係をもたらすため、あらん限《かぎ》りの方法で日本と協力してゆきたいと思っております。

私は、あと数日この国におりますが、短い訪問《ほうもん》でさえ誰《だれ》をも印象づけずにはおかない日本の実績《じっせき》をさらに見たいと願っております。私の日本での滞在《たいざい》の残りの日々《ひび》が大変に快適《かいてき》なものとなり、私と代表団《だいひょうだん》の人々《ひとびと》が、日本訪問《ほうもん》の思い出をいつも懐《なつ》かしむこととなるだろうことを本心から申《もう》し上げます。

天皇皇后両陛下《てんのうこうごうりょうへいか》のご健勝《けんしょう》ならびにご成功《せいこう》、大平内閣総理大臣閣下《おおひらないかくそうりだいじんかっか》ご夫妻《ふさい》のご健勝《けんしょう》ならびにご成功《せいこう》、日本国民のご健勝《けんしょう》と繁栄《はんえい》、両国の友情と協力がさらに強められますように。

（★以上、おおむね在日スリランカ大使館および島田真徳氏訳《やく》をもとにしている。）

日本の、政治《せいじ》・経済《けいざい》・文化・宗教《しゅうきょう》・伝統《でんとう》・そして平和の問題等、幅広《はばひろ》く関心を寄せ、特に日本が世界にただ一つの原爆《げんばく》による被爆国《ひばくこく》であることに、大きな問題意識《もんだいいしき》を持ってのぞもうとしていることが解《わか》るスピーチを多くしていると思う。

この訪日期間中《ほうにちきかんちゅう》に、後でくわしく述《の》べる「スリ・ジャヤワルダナプラ総合病院《そうごうびょういん》」の建設《けんせつ》が約束《やくそく》されている。

◇

第四回来日　（一九八四（昭和《しょうわ》五十九）年五月二十五～二十七日　七十七歳　大統領非公式）

中国・韓国《かんこく》を訪問《ほうもん》した合間をぬってのこと。

二十六日に、中曽根首相《なかそねしゅしょう》が宿泊先《しゅくはく》のホテルに表敬訪問《ひょうけいほうもん》し、三十分間会談している。大統領《だいとうりょう》はこの時、「両国の航空協定《こうくうきょうてい》が結ばれ国営航空《こくえいこうくう》エアランカが七月から日本に乗り入れる。すべての国との友好関係のなかでもインド、中国、日本との友好関係を望んでいる。」と

述《の》べたということだ。（★一九八四（昭和《しょうわ》五十九）年五月二十六日の朝日新聞夕刊）

◇

第五回来日（一九八九（平成《へいせい》元）年二月　八十二歳　前大統領　国賓《こくひん》　昭和天皇大喪《しょうわてんのうたいそう》の礼《れい》に参列《さんれつ》）

一九八九（平成《へいせい》元）年一月七日、日本で天皇《てんのう》がなくなったとき、ジャヤワルダナ氏は退《たい》任《にん》（★一月二日）の五日後だった。

少年時代から、長く皇室《こうしつ》に特別な敬意《けいい》と親しみの気持ちを抱《いだ》いていたジャヤワルダナ氏は、新しく替《か》わったばかりのプレマダサ大統領《だいとうりょう》の代わりに、二月二十四日の「昭和天皇大《しょうわてんのうたい》喪《そう》の礼《れい》」に参列《さんれつ》したいと名乗り出、夫人とともに来日した。

一九八九年（平成《へいせい》元年）二月二十四日の朝日新聞は、次のように報《ほう》じている。

スリランカが国民服喪《ふくも》

【コロンボ二十三日＝ＡＦＰ時事】スリランカは二十三日公式声明《せいめい》を発表し、日本の昭和天皇《しょうわてんのう》の大喪《たいそう》の礼《れい》が行われる二十四日を国民服喪《こくみんふくも》の日とすることを宣言《せんげん》した。これに伴《ともな》い、同国の政府《せいふ》および公的機関《こうてききかん》は二十四日には半旗《はんき》を掲《かか》げ、弔意《ちょうい》を表する。

スリランカからは、ジャヤワルデネ前大統領夫妻《だいとうりょうふさい》が東京《とうきょう》で行われる大喪《たいそう》の礼《れい》に参列《さんれつ》する。

ある国の「国葬《こくそう》」に対して他国が「国民服喪《こくみんふくも》の日」として国を挙《あ》げて弔意《ちょうい》を表す例はほかにもあるようだが、このことからも、ジャヤワルダナ大統領《だいとうりょう》個人だけではなく、スリランカ政府《せいふ》から国民までが親日的で、二国の関係をとても大切にしていることが解《わか》ると思う。

大喪《たいそう》の礼《れい》の翌々日《よくよくじつ》、二月二十六日、ジャヤワルダナ氏は、東京都八王子市《とうきょうとはちおうじし》の雲龍寺《うんりゅうじ》を訪問《ほうもん》している。このことについては、あとで詳《くわ》しく述《の》べる。

◇

第六回来日　（一九八九（平成元《へいせい》）年六月　八十二歳）

〔このときは、ジャヤワルダナ氏は政界《せいかい》から身を引いていて全くの自由な立場にあったためか、この来日について、外務省《がいむしょう》も在日《ざいにち》スリランカ大使館《たいしかん》もはあくしていない。しかし、『禅僧《ぜんそう》と福祉《ふくし》　足利正明《あしかがしょうめい》の生涯《しょうがい》』（同書編《へん》集委員《しゅういいん》会編　二〇一四・十二）の口絵写真【帝国《ていこく》ホテルの貴賓室《きひんしつ》にて】の日付に「89 6 12」とあり、また、氏の死去《しきょ》を報《ほう》じた「読売新聞」（一九九六年十一月二日）が、「…八九年の大喪《たいそう》の礼《れい》に参列《さんれつ》するなど訪日《ほうにち》は非公《ひこう》式《しき》を含め七回に及《およ》び、…。」とあることから、これを一回の来日と数えた。〕

この時のエピソードが、興味《きょうみ》深く、またジャヤワルダナ氏の平和への考えを推《お》し量《はか》る上で非常《ひじょう》に重要であると思われるので、同書から紹介《しょうかい》しておきたい。

「…また、大統領《だいとうりょう》の訪日《ほうにち》の際《さい》にはいつも帝国《ていこく》ホテルの貴賓室《きひんしつ》によばれ、お茶を楽しみ、私《わたし》（★本文筆者三十八世住職足利正哲師《せじゅうしょくあしかがしょうてつし》）も常《つね》に同行させて頂《いただ》きました。

ある訪日《ほうにち》の際《さい》、大統領《だいとうりょう》の秘書官《ひしょかん》から電話で、大統領《だいとうりょう》のお孫《まご》さんが日本刀《にほんとう》を見たがっているとのお願《ねが》いに、父（★当時の雲龍寺《うんりゅうじ》三十七世住職足利正明師《せじゅうしょくあしかがしょうめいし》）はすぐに骨董屋《こっとうや》から鑑定書《かんていしょ》つきのものを取り寄《よ》せ、私《わたし》と二人で帝国《ていこく》ホテルの貴賓室《きひんしつ》に赴《おもむ》きました。入り口前の大男のスリランカ警備官《けいびかん》の前を通り、部屋の中に通されました。（中略《ちゅうりゃく》）そして、部屋の中では、お孫《まご》さん（F1レーサーだったそうです）が日本刀《にほんとう》を抜《ぬ》き、構《かま》えて見せました。大統領《だいとうりょう》の前ですよ。この時、大統領《だいとうりょう》は父に、貴方《あなた》から以前に鎧《よろい》を頂《いただ》いた。あれも戦う武器《ぶき》です。今回は刀《かたな》を頂《いただ》き、世界中の武器を私《わたし》のところに集めてしまえば、世界から戦争が無くなる、と仰《おっ》しゃっていました。常《つね》に平和を考えていらっしゃるのだなと思いました。」（同書九〇～九一ページ）

◇

第七回来日　一九九一（平成《へいせい》三）年四月　八十四歳《さい》　元大統領《だいとうりょう》　非公式賓客《ひこうしきひんきゃく》（夫人も）

（日本仏教《ぶっきょう》関係者の招待《しょうたい》による）

二十三日　広島平和記念資料館訪問《ひろしまへいわきねんしりょうかんほうもん》

二十八日　鎌倉顕彰碑除幕式《かまくらけんしょうひじょまくしき》に参加

〔この来日についても、後の「民間の報恩《ほうおん》・援助《えんじょ》活動・交流等」でくわしく述《の》べる。〕

以上のように、ジャヤワルダナ氏が、財務大臣《ざいむだいじん》や大統領《だいとうりょう》という要職《ようしょく》にあるときではなくても、日本政府《せいふ》、仏教《ぶっきょう》関係者が「日本国の大切な恩人《おんじん》、お客様」として心をこめて接《せっ》していることが解《わか》る。
以下では、それらについてくわしく見ていくことにする。

㈢ 日本政府《せいふ》の援助《えんじょ》

最初は、講和《こうわ》会議に出席した日本全権の、吉田茂《よしだしげる》首相が、帰国後、ジャヤワルダナ財務《ざいむ》大臣《だいじん》に送った手紙（英文）だ。一九七九年九月、三回目来日の宮中晩《きゅうちゅうばん》さん会で氏が話題にしていたものである。

首相官邸《かんてい》　東京《とうきょう》　　九月二十日　一九五一年

閣下《かっか》、

わたくしは、貴殿《きでん》が、サンフランシスコ講和《こうわ》会議の席上《せきじょう》、自由に対するアジア諸国《しょこく》の切なる願望について演説《えんぜつ》された内容《ないよう》と、日本に対するセイロン政府《せいふ》の寛大《かんだい》な見解《けんかい》に、いたく感動いたしました。このことを、心からの感謝《かんしゃ》をもってお伝えするものであります。

わたくしは、すべての日本国民が、貴殿《きでん》の気高《けだか》いお話にひとしく感銘《かんめい》を受けましたことを、お伝えするものであります。

平和条約《じょうやく》が署名《しょめい》されました今日、日本が、全アジアの平和と自由の維持《いじ》、安定性と進歩の促進《そくしん》に向けてその近隣諸国《きんりんしょこく》とともに自由にして完全に協同できるようになること、それが、わたくしの心からの願いであります。

吉《よし》田《だ》茂《しげる》

J・R・ジャヤワルダナ閣下《かっか》

セイロン政府《せいふ》 財務大臣《ざいむだいじん》

吉田茂《よしだしげる》首相は、次の年、一九五二年にも同じような内容の手紙を送っている。

ジャヤワルダナ氏の演説《えんぜつ》の内容が、日本にとってどれほどありがたいものであったかが解《わか》る手紙だが、戦後賠償請求権《せんごばいしょうせいきゅうけん》を放棄《ほうき》した、「日本に対するセイロン政府《せいふ》の寛大《かんだい》な見解《けんかい》」、というように、「セイロン政府《せいふ》」と言っていることを心に留《と》めておかなければならない。

（★二通の手紙は、J・R・ジャヤワルダナセンター蔵《ぞう》）

大戦中は世界各国と国交断絶状態《だんぜつじょうたい》にあった日本が、戦後最初に国交を結んだのはスリランカで、それは一九五二年、つまり、サンフランシスコ講和会議《こうわ》の翌年《よくねん》であり、右の二通の手紙の時期と重なっていることだと気づく。

また、この翌々年《よくよくねん》の一九五四年十月六日、日本は、「コロンボ計画《プラン》」に加盟《かめい》して、セイロンをはじめとする加盟《かめい》国間との共同経済《けいざい》活動を積極的《せっきょくてき》に行うことになった。

この加盟《かめい》を記念《きねん》して、日本ではこの日、十月六日を「国際協力の日」と定めている。

このようなわけで、日本はスリランカに対して、政府《せいふ》と民間挙《あ》げて無償《むしょう》（★お金をもらわない・ただであるということ）援助《えんじょ》や技術《ぎじゅつ》協力を早くから行い、外務省《がいむしょう》の記録によると、空港・港湾《こうわん》・河川《かせん》・高速道路（★スリランカ初めての高速道路。途中《とちゅう》のサービスエリアには、「道の駅」と漢字《かんじ》で書かれたお店もある。）・医療《いりょう》・電気・通信・農業・工業・教育・文化、…、と、あらゆる分野・領域《りょういき》に数え切れないほどの支援《しえん》をしている。

吉田茂《よしだしげる》全権《ぜんけん》が浮《う》かべたという涙《なみだ》と、「日本の知己《ちき》ここにあり。」という感動《かんどう》と感謝《かんしゃ》の言葉を思い出すことができる。

日本政府《せいふ》は、スリランカへの援助《えんじょ》・交流については、とてもよくやっていると思う。これからも長くこうあってもらいたいものだ。

このようにたくさんある政府《せいふ》の援助《えんじょ》だが、ここでは、二つにしぼって書くことにする。

(1)　スリ・ジャヤワルダナプラ総合《そうごう》病院の建設《けんせつ》

スリ・ジャヤワルダナプラ総合《そうごう》病院は、日本の政府《せいふ》開発援助《えんじょ》（ＯＤＡ　総額《そうがく》八十五億《おく》円）によって、一九八〇年から工事が始まり、四年後の八三年九月に完成した、スリランカの最《さい》先端《せんたん》医療《いりょう》を担《にな》う病院である。

玄関《げんかん》ホール入り口の壁《かべ》にある大きな記念プレートには、日本語・シンハラ語・タミル語で次のように書いてある。

「スリ・ジャヤワルダナプラ総合病院《そうごうびょういん》　卒《そつ》後研修《ごけんしゅう》センターはジューニアス・リチャード・ジャヤワルダナ大統領閣下《だいとうりょうかっか》の発議により日本国とスリランカ民主社会主義共和国《みんしゅしゃかいしゅぎきょうわこく》との間の友好及《およ》び協力のあかしとして日本国政府《せいふ》よりスリランカ民主社会主義共和国《みんしゅしゃかいしゅぎきょうわこく》政府《せいふ》に寄贈《きぞう》された

１９８３」

この総合病院《そうごうびょういん》の開院式《かいいんしき》（★一九八四年九月十七日）のリーフレットに、「ジャヤワルダナ大統領《だいとうりょう》の望み―日本のあかし」と題《だい》して、もう少し詳《くわ》しく、次のように書かれている。

一九七九年九月、ジャヤワルダナ大統領閣下《だいとうりょうかっか》が日本を訪問《ほうもん》した折《おり》に、時の内閣総理大臣《ないかくそうりだいじん》（★大平正芳氏）が、日本との平和条約締結《じょうやくていけつ》・署名《しょめい》のための講和《こうわ》会議―一九五一年九月　米国サンフランシスコ―でのジャヤワルダナ大統領《だいとうりょう》の偉大《いだい》な声明《せいめい》を高く評価《ひょうか》・想起《そうき》されて、日本国民の感謝《かんしゃ》の気持ちを表すために、大統《だいとう》領《りょう》とスリランカのための援助《えんじょ》のプロジェクトを申《もう》し出られたのである。

閣下《かっか》のお言葉（一九八一年十一月四日の定礎式《ていそしき》でのスピーチから）、

「…私《わたし》は、（★日本の総理大臣《そうりだいじん》からそう言われた時、）大会議場《だいかいぎじょう》にしようか、大競技場《だいきょうぎじょう》がいいか、複合議事《ふくごうぎじ》堂《どう》を建てていただこうかと、いろいろ考えていたそのときに、大ブッダの言葉が私《わたし》の心の中に夜明けの光のようにさしてきました。

《わたしに従《したが》いついて来ようとする僧《そう》は、きっと病《や》める者のところにも行くであろう。》

（★病人に手を差しのべることは大きな功徳《くどく》である、ということ。）
そこで、私《わたし》は、日本の総理大臣《そうりだいじん》に、千と一室のある病院―それは、日本がタイに建てた病院を上回る最大規模《さいだいきぼ》のもの―をいただきたいと申《もう》し出たのでした。…」

今日、大統領《だいとうりょう》の要望と、日本国政府《せいふ》および日本国民の気高《けだか》さのあかしは、スリ・ジャヤワルダナプラ総合病院《そうごうびょういん》の開院式《かいいんしき》をもって、スリランカ国民への恩恵《おんけい》という形で実現した。

リーフレットには、日本の総理大臣《そうりだいじん》（★中曽根康弘《なかそねやすひろ》氏）がメッセージでこう述《の》べている。

「ジャヤワルダナ大統領《だいとうりょう》のお誕生日《たんじょうび》というおめでたい日にこの病院が開《かい》院《いん》することを、日本政府《せいふ》と日本国民を代表してお祝《いわ》い申《もう》し上げる。…こ

病院正面（『開院《かいいん》30周年記念誌《きねんし》』より）

の病院が、二国間の友情と協力の関係の新しい象徴《しょうちょう》として記憶《きおく》されるであろうことを確信《かくしん》している。」
（★ジャヤワルダナ大統領《だいとうりょう》の誕生日《たんじょうび》は九月十七日）

「千と一室」の「一室」というのは、政府要人《せいふようじん》（★大統領《だいとうりょう》や大臣《だいじん》）の入院のときのためのもので、護衛官《ごえいかん》や、身辺《しんぺん》の世話一切《せわいっさい》をとり仕切《しき》り看病《かんびょう》に携《たずさ》わる人たちの宿直室《しゅくちょくしつ》などが付いた大規模《だいきぼ》なもののようで、実際《じっさい》にそのように使われていると聞いた。

調査《ちょうさ》・取材《しゅざい》のインタビューに応じてくれた病院の女性秘書官《じょせいひしょかん》は、「この建物は非常に堅牢《けんろう》（がんじょうでしっかりしていて壊《こわ》れにくいさま）にできていて、建築《けんちく》以来三十二年経《た》つが、木製《せい》のドアもその蝶番《ちょうつがい》（ドアの開閉のためにドアと柱との間に取り付ける金具）も、流し台も蛇口《じゃぐち》も、一つとして傷《いた》んだり壊《こわ》れたりしたものはなく、交換《こうかん》したことがない。とてもすばらしく、ありがたいことだ。」と言っていた。

この病院の向かい側には、やはり日本のＯＤＡによって、大統領《だいとうりょう》の没後《ぼつご》二年半経《た》った一九九九年五月に完成した「スリ・ジャヤワルダナプラ国立看護《かんご》学校」があって、看護師《かんごし》を志《こころざ》すたくさんの学生が学んでいる。この学校についての「無償《むしょう》資金協力に係《かか》る事後評価《じごひょうか》票《ひょう》」（担当《たんとう》・在《ざい》スリランカ日本国大使館《たいしかん》）に、病院のことが次のように載《の》っている。

一九八〇－八五年に我《わ》が国の無償資金《むしょうしきん》協力によって建設《けんせつ》されたスリ・ジャヤワルダナプラ総合病院《そうごうびょういん》は当国で最高水準《さいこうすいじゅん》を誇《ほこ》る医療機関《いりょうきかん》であることから、建設《けんせつ》十周年や二十周年等の節目《ふしめ》には当国政府《せいふ》により盛大な式典が行われている。本看護学校《ほんかんごがっこう》は、同総合病院《どうそうごうびょういん》等とは運営管理《うんえいかんり》上は別の機関であるも、相互《そうご》に密《みっ》接《せつ》な連携《れんけい》・協力を行ってきていることから、上記の式典においては本看護学校《ほんかんごがっこう》も同時に紹介《しょうかい》されている。

調査《ちょうさ》・取材《しゅざい》は病院《びょういん》にだけで、看護学校《かんごがっこう》には行かなかったけれど、病院の中には、そこの学生らしい制服《せいふく》と白い看護師《かんごし》の帽子《ぼうし》を戴《いただ》いた若《わか》い女性がたくさんいて、みんなにこにこ生き生きしていて、頼《たの》もしく思った。

(2) スリランカの国会議事堂の建設《けんせつ》

首都スリ・ジャヤワルダナプラ・コッテに、「Japan Sri Lanka Friendship Rd.」（日本スリランカ友好道路）という道路標識《どうろひょうしき》の立った立派《りっぱ》な道路がある。日本が造《つく》った道路である。大きな湖を右手に見ながらこの道路を行くと、その湖に浮《う》かぶようにして、大きな建物が現《あらわ》れる。スリランカの国会議事堂である。

京都《きょうと》の清水寺《きよみずでら》の舞台《ぶたい》を低くしたようなどっしりした美しい姿《すがた》だが、スリランカ国民に最もよく知られている「仏歯寺《ぶっしじ》」をモデルに、スリランカの世界的な建築設計家《けんちくせっけいか》ジェフリー・バワが設計、日本の建設会社《けんせつがいしゃ》が建てたものだ。

わたしが小学校の教員《きょういん》をしていたとき、学級に、「お父さんがスリランカの国会議事堂を建てることになったので」と、コロンボ日本人学校に転校していった細野君《ほそのくん》という男の子がいた。オオオニバスのような葉っぱにその子が乗った写真とはがきをもらったことを思い出す。

スリランカの首都は長い間コロンボだったが、ジャヤワルダナ大統領《だいとうりょう》は、現在《げんざい》の議会は狭《せま》くてどうにもならぬので、これを現在地《げんざいち》より南東に約十マイル離《はな》れたコッテという所に移したい、同所は一五〇三年初めてポルトガル人がやって来た折《おり》にその本拠地《ほんきょち》を置いたところで（★一五世紀にはここに「コッテ王朝」があった。）、今記念の碑《ひ》が建てられている由緒《ゆいしょ》の土地である。議会が移《うつ》れば引続いて中央官庁《かんちょう》も移《うつ》ることになろう。この地には以前よりジャヤワルダナ・プラ（市）という名があり、ジャヤワルダナという語は、increasing victory（勝利をもたらす）という意味である。

といって、歴史的な町「コッテ」に国会議事堂を建て、一九八五年一月、ここ、スリ・ジャヤワルダナプラ・コッテに首都を移した。（『南太平洋のあけぼの』野田卯一《のだういち》による。）

「スリ」はスリランカの「スリ」と同じで「光り輝《かがや》く」、「ジャヤワルダナ」とは、「勝利をもたらす」という意味、

国会議事堂

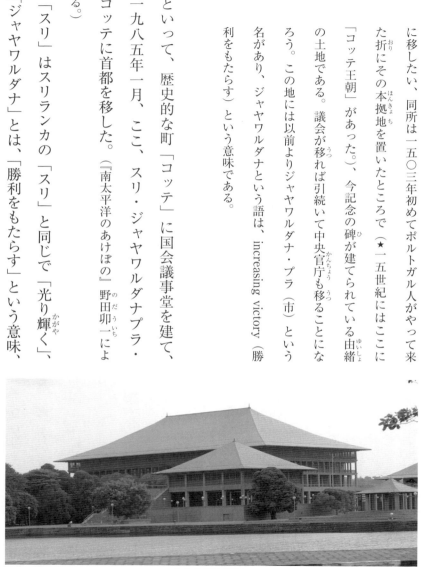

「プラ」は「町・市」、「コッテ」は昔《むかし》あった王朝名にちなんでいる。

このようなわけで、「ジャヤワルダナ」という言葉はあるが、首都の名と大統領《だいとうりょう》の名前とには、直接の関係はない、偶然《ぐうぜん》のことのようだ。

その地を治《おさ》める者が自分の名前を地名や施設《しせつ》に残すことは、昔《むかし》から日本にも外国にも多かったと思うが、この場合にはあてはまらない。

日本政府《せいふ》のたくさんの援助《えんじょ》に伴《ともな》って、いくつもの日本の会社、企業《きぎょう》、工場、団体等《だんたいなど》がスリランカに進出し、お互《たが》いの発展《はってん》と利益《りえき》のために尽《つ》くし合っているのだ。その中の一つ、日本のどの家にもきっとある「亀《かめ》の子たわし」は、百パーセント、スリランカ産だと聞いている。

(四) 民間の報恩《ほうおん》・援助活動《えんじょかつどう》・交流等

(1) ジュピター・コーポレーションのいちご栽培《さいばい》事業

日本政府《せいふ》や日本企業《きぎょう》の進出とは別の、もう少し個人的な思いからの事業、プロローグで触《ふ》れた藤村義朗《ふじむらよしろう》さんのいちご栽培《さいばい》は、ほとんど知られていない。

◇

大戦中、海軍の武官《ぶかん》（軍の仕事にたずさわる役人）で、アメリカに戦争をやめるように必死に働きかけた藤村義朗《ふじむらよしろう》さんという人が、ドイツにいた。外交官《がいこうかん》でありながら戦争に賛成《さんせい》しなかった杉原千畝《すぎはらちうね》という人がいたということを、わたしは伝記や映画《えいが》で知っていたけれど、武官《ぶかん》にもそういう人がいて、しかもその人は千葉県《ちばけん》に住み、二度、観音堂に訪《たず》ねて来ていたとは驚《おどろ》きだった。この藤村《ふじむら》さんのお話とは、こうだ。

藤村《ふじむら》さんは、戦後、武官《ぶかん》をやめて、ジュピター・コーポレーションという貿易会社《ぼうえきがいしゃ》を創業《そうぎょう》して社長になった。そして、そのころには大統領《だいとうりょう》になっていたジャヤワルダナ氏のスリランカに、日本を救《すく》ってくれた恩返《おんがえ》しをしたいと思い立った。

ではどうしたらよいか―、といろいろ考えた末、「スリランカではお茶を栽培《さいばい》している。これは加工《かこう》して紅茶《こうちゃ》にしているが、もとはと言えば日本でも栽培《さいばい》しているのと同じお茶《ちゃ》の木だ。そのうえ、どちらの国にもかんきつ類《るい》（みかんの仲間《なかま》）がとれるのだから、スリランカの気候《きこう》は日本の静岡県《しずおかけん》に似《に》ているということだろう。静岡県《しずおかけん》では、お茶、みかん、石垣《いしがき》いちごが有名だから、スリランカでもきっといちごの栽培《さいばい》ができるに違《ちが》いない。」、そう思い付いたのだという。

しかも、この事業は恩返《おんがえ》しだから、必ずスリランカ人をたくさんやとう。収穫《しゅうかく》したいちごは、自分たちが食べるのではなく、貿易会社《ぼうえきがいしゃ》らしくアラビア方面に輸出《ゆしゅつ》して外貨《がいか》をかせぎ、スリランカの経済発展《けいざいはってん》に貢献《こうけん》する――。こういう提案《ていあん》を、一九八一年、日本／東京商工会議所《とうきょうしょうこうかいぎしょ》、日本スリランカ経済委員会《けいざいいいんかい》を通して、スリランカ政府《せいふ》に申《もう》し出たのだそうだ。

この提案《ていあん》には、後に農業大臣《のうぎょうだいじん》になったバンダラ農業省次官《のうぎょうしょうじかん》をはじめ、運輸《うんゆ》・通産《つうさん》・外務《がいむ》の各大臣《かくだいじん》、政《せい》府要人《ふようじん》たちも大賛成《だいさんせい》で、もう翌日《よくじつ》から、「基本計画《きほんけいかく》」が話し合われた。

日本からは白城圭治《しらきけいじ》という二十歳《さい》の青年が行くことになった。栽培《さいばい》するいちごの苗《なえ》は、わたしが住んでいる千葉県《ちばけん》の農業試験場で開発に成功《せいこう》した「麗紅《れいこう》」という新品種だ。

最初、栽培候補地《さいばいこうほち》はキャンディ地区のマハベリ川流域《りゅういき》だったが、ここは大きなダムを建設《けんせつ》するという理由で使えなくなり、そこで、一九八三年一月中ごろ、かつてイギリスが植民地時代《しょくみんちじだい》に娯楽《ごらく》のために造《つく》った、ヌワラエリヤ高原の競馬場《けいばじょう》の一角と、ラハンガラという町に、ひとまず一万株《まんかぶ》ずつ植えることにした。

ところが、この年は世界的な異常気象《いじょうきしょう》、スリランカの高原一帯は、半年もの間、日照《ひで》りと水不足に悩《なや》まされた。が、白城青年《しらきせいねん》が井戸《いど》水をバケツに汲《く》んで毎日やり続けたおかげで見事ないちごが収穫《しゅうかく》でき、三月二十五日、わずか四箱《よんはこ》ではあったが、ジャヤワルダナ大統領《だいとうりょう》にさし上げることができた。

「このような大粒《おおつぶ》のいちごが我《わ》が国にできるとは、夢《ゆめ》にも思わなかった。」と、大統領《だいとうりょう》は非常《ひじょう》に驚《おどろ》き、また喜ばれて試食《ししょく》、「おいしい!」と、にっこりされたということだ。

スリランカ国産いちごの成功《せいこう》は、大統領《だいとうりょう》ばかりか、政府要人《せいふようじん》、財界《ざいかい》、関係者に大きな感動を与《あた》え、日本と日本人に対する強くてかたい信頼感《しんらいかん》を植えつけることにもなった。

その後、大統領《だいとうりょう》にお願いして千百エーカー(★四・四五平方キロメートル)の土地を借《か》りることができたが、今度は四か月も続く強風と大雨に悩《なや》まされたり肥料《ひりょう》の変更《へんこう》に迫《せま》られたりと、苦労《くろう》は絶《た》えることがなかったという。

また、せっかく実ったいちごを、収穫《しゅうかく》するそばから、かごには入れないで自分の口に入れてしまう労《ろう》働者《どうしゃ》が多いことにも悩《なや》まされた。栽培《さいばい》はスリランカの国のためだと説明《せつめい》しても、また厳《きび》しく見張《みは》っても、効《き》き目はなかった。が、あるとき、藤村《ふじむら》さんは、「これは、日本人は『やとう者』、スリランカ人は『やとわれる者』、という対立に似《に》た関係があることに原因《げんいん》があるのではないか」と考え、日本人もみんなが農園に出ていっしょに働くように仕組《しく》みを変えたところ、つまみ食いをする者はいなくなったという。

一九八六年四月、最適地《さいてきち》はヌワラエリヤの競馬場跡地《けいばじょうあとち》という結論に達《たっ》し、本格的《ほんかくてき》な開墾《かいこん》、栽培《さいばい》活動の結果、翌《よく》八七年二月には生産開始、四月十六日、「第一回いちごパーティ」を成功させた。

初めの計画通り輸出《ゆしゅつ》にも手がけ、ドバイ、アブダビ（★どちらもアラブ首長国連邦《しゅちょうこくれんぽう》の大都市）などの中東方面《ちゅうとうほうめん》に市場を開くことにも成功、わずかではあったが、外貨《がいか》を大統領《だいとうりょう》に献納《けんのう》できた。

「第二回いちごパーティ」は一九八八年六月、百五十名のお客さんに、約一トンの採《と》れたてのいちごがさまざまに加工《かこう》されて提供《ていきょう》されたそうだ。

このころには、三十三棟《とう》のパイプハウス、株数《かぶすう》八万、毎月三〜四トンの大粒《おおつぶ》で良質のいちごが収穫《しゅうかく》され、次第《しだい》に、ドバイ、アブダビ、サウジアラビア、シンガポール、ヨーロッパ、香港《ホンコン》などにも輸出《ゆしゅつ》されるようになった。他にも、日本から持っていったオレンジ、みかん、ぽんかん、マンダリン（★どれもかんきつ類）、現地《げんち》で調達《ちょうたつ》したパパイヤの栽培《さいばい》と輸出《ゆしゅつ》、あらたに開拓《かいたく》した市場への、紅茶《こうちゃ》、マンゴー、マンゴスチンなどの輸出《ゆしゅつ》も図《はか》られるようになったということだ。

この間、ジャヤワルダナ大統領《だいとうりょう》も一貫《いっかん》して特別の理解《りかい》を示《しめ》し、さまざまな協力と配慮《はいりょ》を惜《お》しまなかったという。（★藤村義朗《ふじむらよしろう》氏のお話と「ロータリークラブ」での講演記録（一九八八年九月）による。）

いちごのつまみ食いがなくなったことについてのわたしの考えはこうだ。四百年以上も西欧列強《せいおうれっきょう》の植民地下《しょくみんちか》にあって代々《だいだい》支配《しはい》されていれば、その間に『わたし』と『あなた』、あえて言葉悪く言えば『おれたち』と『あいつら』というような敵対感覚《てきたいかんかく》が生じて形に現《あらわ》れるのも無理はない。しかしそれは、そもそもスリランカの人々《ひとびと》には合わない感覚《かんかく》、つまり「心」だから、日

第２回パーティ　右から、大統領夫人《だいとうりょうふじん》、大統領《だいとうりょう》、藤村義朗《ふじむらよしろう》氏、藤村《ふじむら》夫人、油谷《あぶらや》ＪＣ社長（篠崎幹雄氏《しのざきみきおし》提供）

本人が共に働き出したことで、『わたしもあなたもみんないっしょ』という、敵対関係《てきたいかんけい》のない暮《く》らしの文化、もしかすると仏教的《ぶっきょうてき》な思いのようなものがよみがえって、気持ちが通じたのではないだろうか。

その後、内戦の勃発《ぼっぱつ》をはじめさまざまな理由から、いちご事業はスリランカから引き揚《あ》げることになるのだが、二〇一五年、わたしは現地《げんち》の調査《ちょうさ》に行って、その当時を知っている、またはそこで働いていたというヌワラエリヤの町の人たちの話を聞いてきた。

今は広い陸上競技場《りくじょうきょうぎじょう》とサッカー場になっているいちご栽培跡地《さいばいあとち》を眺《なが》めながら、その人たちは、いろいろ記憶《きおく》をたどり、思い出して、あれはとてもいい仕事だった、今でもよく仲《なか》間《ま》と話が出る、ミスター・フジムラもJ・R・ジャヤワルダナ大統領《だいとうりょう》もすばらしい人だった、などと、懐《なつ》かしそうに話してくれた。

右の取材《しゅざい》を終えての帰り道、高原の広大な紅茶畑《こうちゃばたけ》の斜面《しゃめん》の一角《いっかく》に、いちご屋の看板《かんばん》を見つけたので寄《よ》ってみた。ポツンと一軒家《いっけんや》、後ろの山には大きな滝《たき》の落ちる、しゃれた感じの建物だ。入ってみると、なんと店長は、ジュピター・コーポレーションのいちご栽培《さいばい》に関わっていたという。

以下、店長の話をまとめてみるとこうだ。

・スリランカにいちごがあったことは、「ラーマーヤナ」（★二世紀末ごろの古代インドの文学）にも出てくるから古くからのことだが、栽培《さいばい》されて盛《さか》んになったのは、ジャヤワルダナ大統領《だいとうりょう》のとき、ジュピター・コーポレーションが始めたときからだ。

・今では、スリランカには、いちご事業を展開《てんかい》している会社がいくつかある。

・わたし（店長自身）は、（名刺《めいし》の裏《うら》を示《しめ》して）これだけのことしかやってはいないが、それでも誇《ほこ》りを持っている。それは、このいちご屋の利益《りえき》の多くを、近隣《きんりん》の子どもたちの奨学《しょうがく》と生活向上のために寄《き》付《ふ》していることと、その子たちのための本も執筆中《しっぴつちゅう》だからだ。

・テーブルセンターを障害児《しょうがいじ》、障害者《しょうがいしゃ》に作らせて、利益《りえき》を彼らに還元《かんげん》している。

ヌワラエリヤのいちご屋

・ジュピター・コーポレーションが引き揚《あ》げた後、その意思《いし》は自分の会社が受け継《つ》いでいる。それが証《しょう》拠《こ》に、今日は障害者《しょうがいしゃ》のための会議《かいぎ》があって、これから出かけようとしているところへお二人（我々《われわれ》のこと）が見えたので、会議の時間を遅《おく》らせるよう連絡《れんらく》をして、こうしてお相手《あいて》をしているのだ（と笑《わら》っていた）。

注文した「いちごヨーグルト」は、さわやかでほんのりとすっぱく、いちごの香《かお》りたっぷりでとてもおいしかった。いちごは、日本でふだん見、食べるものほど大きくも柔《やわ》らかくもなかったが、これがスリランカに適《てき》した品種《ひんしゅ》なのだろう。

代金を支払《しはら》おうと千ルピー出したが、「歓迎《かんげい》の気持ちだ」と言って受け取らない。テーブルセンターを「記念に」ともらってもいるので、「では、この子どもたちのために」と言ったがそれでも受け取らない。

そしてとうとう、「帰る道々《みちみち》、お金が必要そうに見える人がいたらその人にやってくれ。」と言われてしまい、やむな

テーブルセンター

く引っ込《こ》めることになった。
店長の、「自分の会社は、ジュピター・コーポレーションの掲《かか》げた精神を受け継《つ》いでいる。」という話は、はったりでも嘘《うそ》でもなく、確《たし》かにここにこうして引き継《つ》がれ、生きていると、感動してお店を後にした。

高原をキャンディに向かって降《お》りながら、これからは、ヌワラエリヤのコスモス奨学生《しょうがくせい》やサン・シプラ学校を訪問《ほうもん》したときには、みんなできっとこのお店に寄《よ》ることにしましょうと、メルビンさんと話した。

(2) 仏教界《ぶっきょうかい》・仏教者《ぶっきょうしゃ》との交流

世界仏教徒連盟《ぶっきょうとれんめい》日本センター代表がジャヤワルダナ代表に「感謝《かんしゃ》の礼状《れいじょう》」を送った(一九五一年九月)ことや、日本山妙法寺《にっぽんざんみょうほうじ》がスリランカの聖地《せいち》に仏舎利塔《ぶっしゃりとう》を建立《こんりゅう》した(一九七八年)ことは、前に紹介《しょうかい》したとおりだが、仏教界《ぶっきょうかい》では、他にも大きな交流事業等を行っている。

◇

日本国内には、ジャヤワルダナ大統領《だいとうりょう》への心からの感謝《かんしゃ》を表し、偉業《いぎょう》を顕彰《けんしょう》（たたえて広く知らせる）するものがあるので、次に三つ紹介《しょうかい》してみたい。

① 東京《とうきょう》―天海山雲龍寺《てんかいざんうんりゅうじ》の銅像《どうぞう》〈ジャヤワルダナ氏夫妻が訪問《ほうもん》〉

天海山雲龍寺《てんかいざんうんりゅうじ》は、東京《とうきょう》の八王子《はちおうじ》（東京都《とうきょうと》八王子《はちおうじ》市《し》山田町《やまたまち》一六八八―二）にあるお寺である。この境内《けいだい》に、写真のような銅像《どうぞう》がある。

銅像《どうぞう》の足元には、（★以下、横書き。）

日本国独立《どくりつ》の恩人《おんじん》
翠峦《スリラン》華《カ》国大統領謝和甾天寧《ジャワワルデネ》閣下像

とあり、

大統領《だいとうりょう》銅像
（掲載許可《けいさいきょか》 平成27年6月2日）

台座の銘鈑には、

BENEFACTOR IN JAPANESE INDEPENDENCE
PRESIDENT OF SRI LANKA
Dr J.R.JAYEWARDENE
日本独立《どくりつ》の恩人《おんじん》
翠巒《スリラン》華《カ》国大統領《こくだいとうりょう》　謝得和甾天寧《ジャエワルデネ》博士閣下《はくしかっか》

とある。

建立《こんりゅう》は一九八七（昭和六十二《しょうわ》）年十月、施主《せしゅ》（★建立《こんりゅう》した人）は雲龍寺《うんりゅうじ》の住職《じゅうしょく》足利正明師《あしかがしょうめいし》で、次のような考えで建立《こんりゅう》されたのだった。ここには、「日本救民《きゅうみん》の恩人《おんじん》・諾楽摩訶薩元帥閣下《ダグラスマッカーサーげんすいかっか》　日本再興《さいこう》の恩人《おんじん》・蒋中正大総統《チャン・チョンヂェンだいそうとう》　日本独立《どくりつ》の恩人《おんじん》・ジャヤワルデネ大統領閣下《だいとうりょうかっか》」の三像《ぞう》が並《なら》んであり、紹介《しょうかい》の銘板《めいばん》の碑文《ひぶん》には、

日本再建《さいけん》ノ三大恩人銅像建立報恩之記《おんじんどうぞうこんりゅうほうおんのき》

日　本　亡《ぼう》　国《こく》

一、九三一（昭和六《しょうわ》）年九月十八日。日本は中国に難癖《なんくせ》つけ兵火を開き、侵略拡大《しんりゃくかくだい》十一年。彼我疲弊《ひがひへい》の極《きわみ》、無謀《むぼう》にも、'四一年極《ごく》月八日、釋尊成道《しゃくそんじょうどう》の日、米国真珠湾《べいこくしんじゅわん》に無通告爆撃《むつうこくばくげき》の暴挙《ぼうきょ》。鬼畜米英蘭支《きちくべいえいらんし》に正義《せいぎ》膺懲《ようちょう》の開戦《かいせん》とラジオが天皇詔勅《てんのうしょうちょく》を怒鳴《どな》る。更《さら》に東洋諸国《とうようしょこく》に無差別侵攻《むさべつしんこう》。爾来《それより》四年。相手国立直《あいてこくたちなお》り、不意《ふい》打《うち》、緒戦《はじめ》の勝利夢《かちゆめ》と消え、陸海空《りくかいくう》三軍は詐称《ごまかし》転進、敗退《はいたい》を続《つづ》け、遂《つい》に全土灰燼《ぜんどかいじん》に帰《き》す。

'四五（昭和廿《しょうわにじゅう》）年盂蘭盆《うらぼん》八月十五日、敵《てき》五十五ヶ国連合軍《こくれんごうぐん》に無条件降伏《むじょうけんこうふく》せりと天皇《てんのう》ラジオ放送。二千六百年神州不滅《しんしゅうふめつ》と誇《ほこ》った大日本帝国遂《だいにっぽんていこくつい》に滅亡《めつぼう》。天皇《てんのう》、政府《せいふ》、人民《じんみん》、国土《こくど》。戦勝国軍政下《せんしょうこくぐんせいか》に入り、明日の運命分らぬ民草《たみぐさ》のみ残る。

とある。

三人各々《おのおの》の銅像《どうぞう》の碑文《ひぶん》の前書きにあたるものだが、日本の戦争の初めから終わりまでを、短いがとても解《わか》りやすく記していると思う。

ジャヤワルダナ大統領《だいとうりょう》の碑文《ひぶん》は、

謝《ジャ》和《ワ》得《エル》天《デ》寧《ネ》大《だい》統《とう》領《りょう》

’五一（昭和廿六《しょうわにじゅうろく》）年九月四日。米国桑港《べいこくサンフランシスコ》にて戦勝《せんしょう》五十一ヶ国が日本処分《にほんしょぶん》の媾和《こうわ》会議である。戦中、日本にゴム等物資を奪取《だっしゅ》され苦《くるし》んだ錫蘭《セイロン》（翠巒華《スリランカ》）国代表、謝和得天寧《ジャワエルデネ》（現大統領《げんだいとうりょう》）博士《はかせ》は、堂々佛陀《どうどうぶっだ》の教《おしえ》を説《と》き、「報レ怨以レ恨《うらみにむくゆるにうらみをもってしては》、恨永劫不尽《うらみはえいごうにつきず》。忘レ恨報二慈悲一《うらみをわすれぢひもてむくいん》。」「狂気《きょうき》の戦《たたか》いは終《おわ》つた。彼我倶《ひがとも》に疲弊《ひへい》の今、日本に即時独立《そくじどくりつ》を許《ゆる》し、賠償等求《ばいしょうとうもと》めまい。日本は昔《むかし》の通り亜細亜《アジア》の兄、亜細亜《アジア》の光となつてくれ。」吉田茂日本代表《よしだしげるにほんだいひょう》は感泣《かんきゅう》し、米国《べいこく》は深考《しんこう》。ソ連圏《れんけん》は脱退《だったい》し、四十八ヶ国の調印《ちょういん》で、日本は分割《ぶんかつ》から免《まぬか》れた。」

である。

内容は史実《しじつ》と少し異《こと》なるけれど、当時の日本国民の声を代表するものとして、この銅像《どうぞう》が建立《こんりゅう》された意義《いぎ》はとても大きいと思う。

雲龍寺《うんりゅうじ》には、昭和天皇《しょうわてんのう》の大喪《たいそう》の礼《れい》（★一九八九（平成《へいせい》元）年二月二十四日）に参列したジャヤワルダナ前大統領《ぜんだいとうりょう》が、二十六日、夫人とともに訪問《ほうもん》、銅像《どうぞう》の前で白鳩《しろはと》を放鳥《ほうちょう》した。

このとき、雲龍寺《うんりゅうじ》が開設している保育園《ほいくえん》ほかの園《えん》児《じ》が参列《さんれつ》したのでスピーチを依頼《いらい》すると、千人近くの子どもたちに向かって、

「みなさん。世界中に戦争がなく本当に平和になるためには、こうして、人と人が直接会って、お話をすることが大事なのですよ。」

とだけ話されたという。

白鳩《しろはと》を放《はな》つ前大統領《だいとうりょう》（J・R・J・C蔵《ぞう》）

急なお願いではあったが、当意即妙《とういそくみょう》のお話に、子どもたちはもちろんのこと、大人もみな心を打たれたということだ。

「国際紛争《こくさいふんそう》」の解決《かいけつ》は、武力ではなく話し合いでするという、「日本国憲法《けんぽう》」にも通じるいちばん大切なことをスピーチしたと思う。

（★『禅僧《ぜんそう》と福祉《ふくし》　足利正明《あしかがしょうめい》の生涯《しょうがい》』平成二十六年　および平成二十八年五月八日足利正哲《あしかがしょうてつ》氏談）

なお、「日本再建《さいけん》三大恩人《おんじん》の銅像《どうぞう》」は、長野県千曲市《ながのけんちくまし》の城泉山観音寺《じょうせんざんかんのんじ》（善光寺大本願別院《ぜんこうじだいほんがんべついん》・雲龍寺公園《うんりゅうじこうえん》）にもある。

② 神奈川《かながわ》―高徳院大仏殿《こうとくいんだいぶつでん》の顕彰碑《けんしょうひ》〈ジャヤワルダナ氏夫妻が除幕式《じょまくしき》に出席〉

神奈川県鎌倉市《かながわけんかまくら》にある高徳院《こうとくいん》の大仏《だいぶつ》は、「鎌倉《かまくら》の大仏《だいぶつ》」として、日本人なら誰《だれ》でも知っている。しかし、この境内《けいだい》に、ジャヤワルダナ大統領《だいとうりょう》をたたえる《顕彰碑《けんしょうひ》》が建っていることは、ほとんど知られていない。

顕彰碑《けんしょうひ》は、大仏《だいぶつ》に向かって左側の回廊《かいろう》を外側に回るとある。それは、「高さ約二メートル、幅〇・八メートル、厚さ〇・四メートルのベンガル産赤御影石《さんあかみかげいし》で、直径《ちょっけい》約〇・五メートルのブロンズ製《せい》円形レリーフには前大統領《ぜんだいとうりょう》の肖像《しょうぞう》。」（★一九九一（平成《へいせい》三）年四月二九日　神奈川《かながわ》新聞《しんぶん》）という大きなものなので、行けばすぐにそれと判《わか》る。

表の《碑文《ひぶん》》は、左のようにある。（★以下、横書き）

ジャヤワルデネ前スリランカ大統領《だいとうりょう》

人はただ愛によってのみ
憎《にく》しみを越《こ》えられる
人は憎《にく》しみによっては
憎《にく》しみを越《こ》えられない

法句経《ほっくきょう》五

顕彰碑《けんしょうひ》
（掲載許可《けいさいきょか》　平成29年4月3日）

このあと、シンハラ語で二行あり、次に英語で、次のようにある。

Hatred ceases not by hatred,
but by love.

これは、サンフランシスコ講和《こうわ》会議で述《の》べた演説《えんぜつ》のうちの、「ブッダの言葉」である。

また、この文字は、コロンボのJ・R・ジャヤワルダナ　センターにある大統領直筆《だいとうりょうじきひつ》の文字を写《うつ》したものと思われる。その下のシンハラ文字・英字の署名《しょめい》もそうだ。

顕彰碑《けんしょうひ》の背面《はいめん》の碑誌《ひし》には、次のように書かれている。

J・R・ジャヤワルデネ前スリランカ大統領《だいとうりょう》
顕彰碑誌《けんしょうひし》

この石碑《せきひ》は、1951年（昭和《しょうわ》26年）9月、サンフランシスコで開かれた対日講和《こうわ》会議で日本と日本国民に対する深い理解《りかい》と慈悲心《じひしん》に基《もと》づく愛情を示《しめ》された、スリランカ民主社会主義共和国《みんしゅしゅしゃかいしゅぎきょうわこく》のジュニアス・リチャード・ジャヤワルデネ前大統領《ぜんだいとうりょう》を称《たた》えて、心からなる感謝《かんしゃ》と報恩《ほうおん》の意を表するために建てられたものです。

ジャヤワルデネ前大統領《ぜんだいとうりょう》は、この講和会議《こうわかいぎ》の演説《えんぜつ》に表記碑文《ひょうきひぶん》のブッダの言葉を引用されました。

そのパーリ語の原文に即《そく》した経典《きょうてん》の完訳《かんやく》は次の通りであります。

『実にこの世においては、怨《うら》みに報《むく》いるに怨《うら》みを以《もっ》てしたならば、ついに怨《うら》みの息《や》むことがない。怨《うら》みをすててこそ息《や》む。これは永遠《えいえん》の真理《しんり》である。』

（『ダンマパダ』5）

ジャヤワルデネ前大統領《ぜんだいとうりょう》は、講和《こうわ》会議出席各国《かっこく》代表に向かって日本に対する寛容《かんよう》と愛情を説《と》き、日本に対してスリランカ国（当時セイロン）は賠償請求《ばいしょうせいきゅう》を放棄《ほうき》することを宣言《せんげん》されました。

さらに「アジアの将来《しょうらい》にとって、完全《かんぜん》に独立《どくりつ》した自由な日本が必要である」と強調《きょうちょう》して一部の国々《くにぐに》の主張《しゅちょう》した日本分割案《ぶんかつあん》に真《ま》っ向《こう》から反対して、これを退《しりぞ》けられたのであります。

今から40年前のことですが、当時、日本国民はこの演説《えんぜつ》に大いに励《はげ》まされ勇気づけられ、今日の平和と繁栄《はんえい》に連《つら》なる戦後復興《ふっこう》の第一歩を踏《ふ》み出したのです。

今、除幕式《じょまくしき》の行なわれるこの石碑《せきひ》は、21世紀の日本を創《つく》り担《にな》う若《わか》い世代に贈《おく》る慈悲《じひ》と共生《きょうせい》の理想を示《しめ》す碑《ひ》でもあります。この原点から新しい平和な世界が生まれ出ることを確信《かくしん》します。

1991年（平成《へいせい》3年）4月28日
ジャヤワルデネ前スリランカ大統領《だいとうりょう》
顕彰碑建立推進委員会《けんしょうひこんりゅうすいしんいいんかい》
東京大学名誉教授《とうきょうだいがくめいよきょうじゅ》
東方学院院長《とうほうがくいんいんちょう》　中村《なかむら》 元《はじめ》　謹誌《きんし》

続いてこの英訳文がある。（略《りゃく》）

この文章は、だれにもよく解《わか》るものだ。

特に「これは大事だ」と思えるのは、最後の、「21世紀の日本を創《つく》り担《にな》う若《わか》い世代に贈《おく》る慈悲《じひ》と共生《きょうせい》の理想を示《しめ》す碑《ひ》でもあります。この原点から新しい平和な世界が生まれ出ることを確信《かくしん》します。」の文だ。この文は、これを読む若者に直接呼《ちょくせつよ》びかけているからだ。

ところで、この顕彰碑《けんしょうひ》が、鎌倉大仏《かまくらだいぶつ》のあるお寺《てら》、高徳院《こうとくいん》に建てられたのはなぜだろうか。

そのいきさつは次のようであった。（★「中外日報《ちゅうがいにっぽう》」平成《へいせい》三年（一九九一年）五月十三日）

「この建立《こんりゅう》計画がアジア文化交流協会事務局長の上坂元一《かみさかもとかず》人《と》氏から佐藤密雄《さとうみつお》会長に提案《ていあん》され、佐藤会長《さとうかいちょう》も感動《かんどう》して快諾《かいだく》、野田卯一《のだういち》元建設大臣《もとけんせつだいじん》を名誉会長《めいよかいちょう》、佐藤会長《さとうかいちょう》を推進委員長《すいしんいいんちょう》として実現《じつげん》のはこびとなった。」

なるほど、確《たし》かに、右に挙《あ》げた碑文《ひぶん》の後《あと》の「建立《こんりゅう》プロジェクト賛同参画団体篤志者名録《さんどうさんかくだんたいとくししゃめいろく》」、「顕彰碑制作関係者《けんしょうひせいさくかんけいしゃ》」に、

顕彰碑《けんしょうひ》・肖像《しょうぞう》レリーフ制作《せいさく》：法元六郎《ほうがろくろう》
碑文揮毫《ひぶんきごう》：佐藤密雄《さとうみつお》
碑誌撰文《ひしせんぶん》：中村元《なかむらはじめ》

とあり、また、「顕彰碑建立推進委員会《けんしょうひこんりゅうすいしんいいんかい》」にも「佐藤密雄《さとうみつお》　推進委員長《すいしんいいんちょう》　大仏殿高徳院住《だいぶつでんこうとくいんじゅう》職《しょく》」とあるから、推進委員長《すいしんいいんちょう》のお寺《てら》、大仏殿高徳院《だいぶつでんこうとくいん》に建てられたということになる。

でも、それだけではない、さらに別の理由もあるようだ。

それは、講和《こうわ》会議でのジャヤワルダナ氏の演説《えんぜつ》にあったように、氏は、会議に行く途中《とちゅう》日本に立ち寄《よ》って、鎌倉《かまくら》の大仏《だいぶつ》に参拝《さんぱい》しているということだ。そのような縁《ゆかり》もあって、鎌《かま》倉大仏《くらだいぶつ》の境内《けいだい》が選《えら》ばれたに違《ちが》いない。

この石碑《せきひ》の除幕式《じょまくしき》に、ジャヤワルダナ氏夫妻《ふさい》が、日本の多くの仏教《ぶっきょう》関係者やアジア文化交流協会などの団体《だんたい》によって招待《しょうたい》されて来日した。除幕式典《じょまくしきてん》のあいさつの中で、ジャヤワルダナ氏は、「講和《こうわ》会議に先立ち大仏《だいぶつ》に立ち寄《よ》った時、日本を救《すく》わねば、と決意した。見《み》事《ごと》な発展《はってん》ぶりに驚《おどろ》いている。」（★「神奈川新聞《かながわしんぶん》」一九九一年（平成《へいせい》三年）四月二九日）などと述《の》べている。

いま、改《あらた》めて考えると、鎌倉大仏《かまくらだいぶつ》の境内《けいだい》にこれがある意味はとても大きいと思う。

なぜなら、ここには、鎌倉《かまくら》の修学旅行《しゅうがくりょこう》に来る日本の小学生、中学生、高校生がきっと多い。そして、「21世紀の日本を創《つく》り担《にな》う若《わか》い世代に贈《おく》る慈悲《じひ》と共生《きょうせい》の理想を示《しめ》す碑《ひ》」というのは、ここに来る小・中学生、高校生に言っていることだからだ。

では、ここに来る学校の『修学旅行《しゅうがくりょこう》の〈しおり〉』に、顕彰碑のことが書いてあるだろうか。これは、境内《けいだい》の現場《げんば》で〈しおり〉を一つひとつ見せてもらって調べるしかないだろう。

たぶん鎌倉市《かまくらし》などの小学生は、社会科や総合的《そうごうてき》な学習の時間に、この顕彰碑について調べたり報告《ほうこく》し合ったりしているだろうと思う。現《げん》に、この碑《ひ》の近くにあるおみやげ屋（★五十嵐商店《いがらししょうてん》さん）のお話では、時々《ときどき》小学生のグループが来て、ノートに取ったり写真に撮《と》ったりしているということだ。せっかくそのようにしているのなら、その学習の内容や成果を、学校のホームページなどに載《の》せて、全国に発信してもらえたらいいのにと思う。

ちなみに、鎌倉市教育委員会《かまくらしきょういくいいんかい》が作っている三年生社会の副読本《ふくどくほん》『かまくら』と神奈川県《かながわけん》教育委員会《きょういくいいんかい》が作っている三、四年生用の副読本《ふくどくほん》『わたしたちの神奈川県《かながわけん》』（★鎌倉市立図書館《かまくらしりつとしょかん》蔵《ぞう》）には、顕彰碑についてのページは無かった。

私《わたくし》、特に宗教関係者《しゅうきょうかんけいしゃ》が中心になって私費《しひ》を投《とう》じて造《つく》ったものは、それがどんなに意味《いみ》・

価値《かち》のあるものでも、公《おおやけ》がその名において価値《かち》を認《みと》め紹介《しょうかい》したり大切《たいせつ》にしたりすることは、憲法《けんぽう》第二十条に触《ふ》れるかもと恐《おそ》れられて、まずめったにあることではないのではないか。もしそうなら、日本の平和に関わることだけに、なおさら残念《ざんねん》なことだと思う。

それから、これはたぶん中学生・高校生向けだと思うのだが、神奈川県《かながわけん》が作った体験学習《たいけんがくしゅう》のガイドパンフレット『見る!感じる!学ぶ!体験学習《たいけんがくしゅう》なら神奈川県《かながわけん》!』（2015）にも、顕彰碑《けんしょうひ》を紹介《しょうかい》するページもコラムもなかった。このパンフレットの8ページ目には、「⑤平和学習　平和について考える戦争の遺跡《いせき》見学と軍港めぐり」と題して、写真入りで、「要塞《ようさい》の島で戦争遺跡《せんそういせき》を体感　横須賀《よこすか》ならではの自衛隊軍港《じえいたいぐんこう》めぐり」とはあるのに。

ついでに、自衛隊《じえいたい》の基地《きち》を「軍港《ぐんこう》」と言っていいのかなと、ふと思う。

さらに、いろいろな観光会社《かんこうがいしゃ》が出しているの鎌倉《かまくら》のガイドブックを調べてみた。すると、買い物、食べ物の記事がほとんどで、「見どころ」の案内《あんない》も、お寺《てら》、花、海などはいくらでもあったが、顕彰碑《けんしょうひ》についての記事は、ただの一冊《さつ》も、一ページも無かった。

そうならばなおさらのこと、学校の先生方にはがんばってもらって〈しおり〉に載《の》せ、修学旅行生《しゅうがくりょこうせい》のだれもが、必ずこの顕彰碑を訪《たず》ね、背面《はいめん》の碑文《ひぶん》も写真に撮《と》って、友達と話し合い、家族にも報告《ほうこく》し、大切にしてほしいと思う。推進委員《すいしんいいん》の人たちみなさんが、ジャヤワルダナ元大統領《もとだいとうりょう》と一緒《いっしょ》に写真に写る「あなた」に、あのように呼《よ》びかけているのだから。

なお、肖像《しょうぞう》レリーフ制作者《せいさくしゃ》、法元六郎《ほうがろくろう》氏は彫刻家《ちょうこくか》、碑誌《ひし》を撰文《せんぶん》（★文章を書くこと）した中村元《なかむらはじめ》氏は、インド思想・仏教学《ぶっきょうがく》の世界的な権威《けんい》で、出身地の島根県松江市《しまねけんまつえし》には《中村元《なかむらはじめ》記念館《きねんかん》》がある。

二〇一五（平成《へいせい》二十七）年五月十五日、鎌倉《かまくら》でこの顕彰碑を調査《ちょうさ》しているとき、数人の青少年がオリエンテーリングをしているかのようにやって来て、手元の資料《しりょう》と照らし合わせて、「あった、あった。これだ、これだ。」と喜んでいた。

うれしくなったわたしが、みなさんはどこから来たのかと尋《たず》ねると、横浜《よこはま》のある作業所から来たということだった。みんなでこの碑《ひ》を囲《かこ》んで写真を撮《と》ってから、次の探索《たんさく》のために移動《いどう》して行った。このように、前もって資料《しりょう》で予習《よしゅう》をして、実際《じっさい》に現地で確《たし》かめて写真に撮《と》り、帰ってから写真を見ながら復習《ふくしゅう》をする。こういう活動がたくさんあってほしい。

そういえば、もう一つ思い出したことがある。

二〇一〇年の夏、スリランカのアマラワンサお坊《ぼう》さんが日本においでになったとき、コスモス奨学金《しょうがくきん》の十人ほどで鎌倉《かまくら》をご案内したのだが、この顕彰碑《けんしょうひ》を囲《かこ》んでわいわい話をしていると、四人の少女が親しげに近づいてきて、わたしたちの話を聞いているようだった。そこで、わたしが、ジャヤワルダナ像《ぞう》を指して、誰《だれ》だか知っているか聞いたが、みんな、知らなかった。簡単《かんたん》にだったが説明《せつめい》すると、ずいぶん感動した様子《ようす》でうなずいていた。そこで、みんなでいっしょに写真を撮《と》った。どこの学校か聞くと、東京のある女子大学附属《じょしだいがくふぞく》小学校《しょうがっこう》の六年生だと答えていた。

別れぎわに、「このこと、一生懸命《いっしょうけんめい》に勉強してみてね。」と言うと、「はあい。」と、うれしそうに走って行ったのだった。

二〇一六年七月、我《わ》が家に七週間滞在《たいざい》していたアメリカ、ノースカロライナ大学の留学生《りゅうがくせい》、オースティン・カーターさんを鎌倉に案内した。大仏を仰《あお》いでから顕彰碑の英語の碑文《ひぶん》を読んでもらうと、「すばらしい！感動した！」と叫《さけ》んだ。見てもらってよかった。

③ 広島《ひろしま》―広島平和記念資料館《ひろしまへいわきねんしりょうかん》・原爆死没者慰霊碑《げんばくしぼつしゃいれいひ》 〈ジャヤワルダナ氏夫妻《ふさい》が訪問《ほうもん》〉

鎌倉《かまくら》の顕彰碑除幕式《けんしょうひじょまくしき》の前、四月二十二・二十三日、ジャヤワルダナ夫妻《ふさい》は、被爆地広島《ひばくちひろしま》を初めて訪問《ほうもん》し、「原爆死没者慰霊碑《げんばくしぼつしゃいれいひ》」に献花《けんか》した。訪問《ほうもん》への強い希望は早くからあったのだが、多くの仏教《ぶっきょう》関係者によるご招待《しょうたい》で、やっと実現《じつげん》したのだ。

「広島平和記念資料館《ひろしまへいわきねんしりょうかん》」本館の出口近くには、「平和へのメッセージ」というコーナーがあって、広島《ひろしま》を訪《おとず》れた各国要人《かっこくようじん》のメッセージが展示《てんじ》されている。ジャヤワルダナ氏のメッセージは次ページのとおりである。この中の「アヒムサー」とは、「不殺生《ふせっしょう》・不傷害《ふしょうがい》のことで、あらゆる生物《せいぶつ》を傷《きず》つけたり殺《ころ》したりしないこと。インドの宗教《しゅうきょう》・倫理道徳《りんりどうとく》のもとになる思想《しそう》。」（★『佛教《ぶっきょう》語大辞典《ごだいじてん》』）で、「インドの諸宗教《しょしゅうきょう》、ジャイナ教などにも共通の特色。シナ・日本の仏教《ぶっきょう》もこの影響《えいきょう》を強く受けている。」

原爆死没者慰霊碑《げんばくしぼつしゃいれいひ》に献花《けんか》する夫妻《ふさい》
（J・R・J・C蔵）

という。ちなみに、インド独立《どくりつ》の父マハトマ・ガンジーの主張《しゅちょう》の一つ、「非暴力《ひぼうりょく》」は、この「アヒムサー」である。

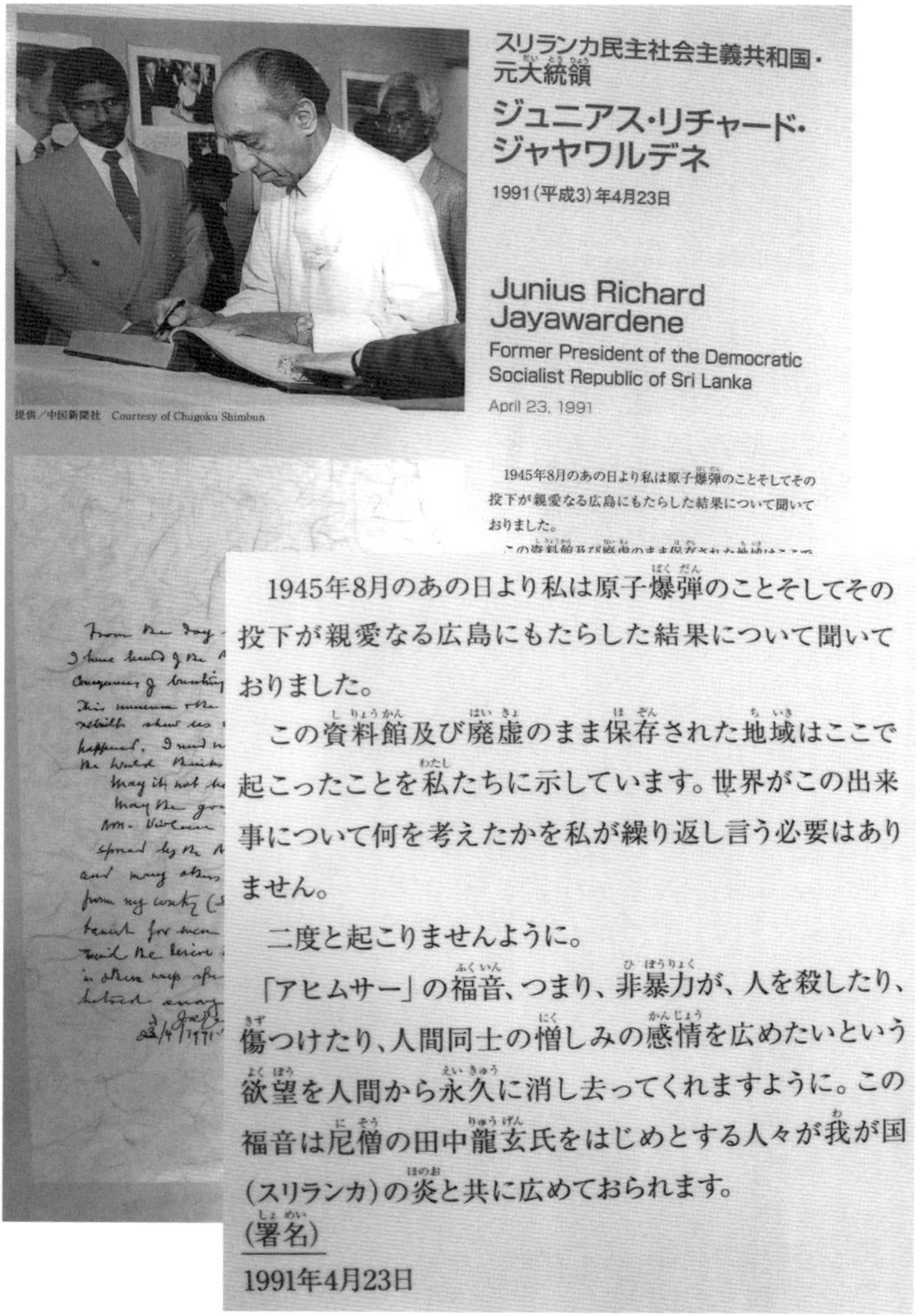

1945年8月のあの日より私は原子爆弾《ばくだん》のことそしてその投下が親愛なる広島にもたらした結果について聞いておりました。

この資料館《しりょうかん》及び廃虚《はいきょ》のまま保存《ほぞん》された地域《ちいき》はここで起こったことを私《わたし》たちに示しています。世界がこの出来事について何を考えたかを私が繰り返し言う必要はありません。

二度と起こりませんように。

「アヒムサー」の福音《ふくいん》、つまり、非暴力《ひぼうりょく》が、人を殺したり、傷《きず》つけたり、人間同士の憎《にく》しみの感情《かんじょう》を広めたいという欲望《よくぼう》を人間から永久《えいきゅう》に消し去ってくれますように。この福音は尼僧《にそう》の田中龍玄《りゅうげん》氏をはじめとする人々が我《わ》が国（スリランカ）の炎《ほのお》と共に広めておられます。

（署名《しょめい》）

1991年4月23日

ジャヤワルダナ氏のメッセージ
（「記念館《きねんかん》」蔵《ぞう》　掲載許可《けいさいきょか》　平成27年8月9日）

④　愛知《あいち》―法光山明通寺《ほうこうざんみょうつうじ》の顕彰記念碑《けんしょうきねんひ》〈駐日《ちゅうにち》スリランカ大使《たいし》が除幕式《じょまくしき》に出席〉

愛知県愛西市《あいちけんあいさいし》（日置町本郷《へきちょうほんごう》一二四八番地1）の明通寺《みょうつうじ》に、二〇一六年十月九日、ジャヤワルダナ元大統領《もとだいとうりょう》の顕彰記念碑《けんしょうきねんひ》が建立《こんりゅう》され、除幕式《じょまくしき》には、スリランカ大使《たいし》も出席《しゅっせき》された。

碑文は、

> じつに　この世においては
> 憎しみに　報いるに
> 憎しみを以てしたならば
> ついに　憎しみの止むことなし
> 憎しみを　超えてこそ　止む
> これは　永遠の真理である
> （ブッダの言葉「法句経5」）

である。

顕彰記念碑
（掲載許可　平成29年5月2日）

「顕彰碑誌《けんしょうひし》」は次のようだ。（★原文は横書き。）

J・R・ジャヤワルダナ前スリランカ大統領《だいとうりょう》

顕彰碑誌《けんしょうひし》

この碑《ひ》は、1951年（昭和26年）9月、サンフランシスコで開かれた対日講和条約《こうわじょうやく》で、日本と日本国民に対する深い理解《りかい》に基《もと》づく愛《あい》情を示されたスリランカ民主社会主義共和国《みんしゅしゅぎきょうわこく》の、ジュニアス・リチャード・ジャヤワルダナ大統領《だいとうりょう》を称《たた》えて、心からなる感謝《かんしゃ》と報恩《ほうおん》の意を表すために、主に愛知県内《あいちけんない》の有縁《うえん》の皆《みな》さまによって建てられたものです。

J・R・ジャヤワルダナ元大統領《もとだいとうりょう》は、この講和《こうわ》会議において仏陀《ブッダ》の言集を引用され、「憎《にく》しみは憎《にく》しみによって止まず、愛によってのみ止む」と、講和《こうわ》会議出席各国《かっこく》代表に向かって日本に対する寛容《かんよう》と愛情を説《と》かれました。そして、日本に対してスリランカ国（当時セイロン）は、賠償請求権《ばいしょうせいきゅうけん》を放棄《ほうき》することを宣言《せんげん》されました。

さらに「アジアの将来《しょうらい》にとって、完全《かんぜん》に独立《どくりつ》した自由な日本が必要である」と強調《きょうちょう》して一部の国々《くにぐに》の主張《しゅちょう》した日本分割案《ぶんかつあん》に真《ま》っ向《こう》から反対して、これを避《さ》けられたのであります。当時、日本がこの演説《えんぜつ》に大いに励《はげ》まされ、勇気づけられ、今日の平和と繁栄《はんえい》に連なる戦後復興《せんごふっこう》の第一歩を踏《ふ》み出したことを、日本人は決して忘《わす》れてはなりません。

本日、除幕式《じょまくしき》の行われるこの記念碑《きねんひ》は、今日も、日々《ひび》、絶《た》えない争いの唯一《ゆいいつ》の解決法《かいけつほう》として〝共生〟の理想を示す碑《ひ》でもあります。

この原点からこそ、真に平和な世界が生まれることを願って。

２０１６年（平成28年）10月９日

ジャヤワルダナ元スリランカ大統領《だいとうりょう》

顕彰記念碑建立実行委員会《けんしょうきねんひこんりゅうじっこういいんかい》

このあと、英訳《やく》文があり、続いて、「法句経《ほっくきょう》5の言葉」が、シンハラ語、日本語で書かれている。

憎《にく》しみによって憎《にく》しみを消すことはできず、慈《いつく》しみによって憎《にく》しみは消される。

碑誌《ひし》の内容は、鎌倉《かまくら》のそれに共通するところもあるが、建立《こんりゅう》したのが「主に愛知県《あいちけん》内の有縁《うえん》の皆《みな》さま」であるということと、「法句経5」の訳文《やくぶん》、「憎《にく》しみによって憎《にく》しみを消すことはできず、慈《いつく》しみによって憎《にく》しみは消される。」は、鎌倉《かまくら》のとはちょっと異《こと》なっている。

この顕彰記念碑除幕式《けんしょうきねんひじょまくしき》の『記念冊子《きねんさっし》』にある建立実行委員会《こんりゅうじっこういいんかい》の「ごあいさつ」は、次の言葉で結《むす》んでいる。

「本日を始まりとして、多くの方々《かたがた》がここへ足を運び、顕彰碑《けんしょうひ》・石碑《せきひ》の前で佇《たたず》まれて、顕彰版《けんしょうばん》により、この史実《しじつ》が皆《みな》さまに語り継《つ》がれ、又、石碑《せきひ》のブッダの言葉を、胸《むね》に刻《きざ》んでいただき、平和への願いの機《き》縁《えん》としていただく事こそ、私共《わたくしども》の願うところでございます。」

この結《むす》びは「顕彰碑誌《けんしょうひし》」の末尾《まつび》に共通《きょうつう》して、しかも、鎌倉《かまくら》と思いは同じであることが解《わか》る。

石碑背面《せきひはいめん》の銘板《めいばん》には、次のようにある。

ＪＲジャヤワルダナ顕彰記念碑建立《けんしょうきねんひこんりゅう》プロジェクト

この石碑《せきひ》及《およ》び顕彰碑《けんしょうひ》は、民間の発意と多くの賛同《さんどう》をもとに、二〇一五年暮《く》れから一年をかけて準備《じゅんび》いたしました。

当時、明通寺《みょうつうじ》をお預《あず》かりしている者達《ものたち》と、金城正守《かねしろまさもり》が中心になり、明通寺総代会《みょうつうじそうだいかい》のご協力のもと、当寺ご門徒《もんと》の服部夏奈《はっとりかな》様、また、明通寺《みょうつうじ》の門徒方《もんとがた》以外《いがい》にも、有縁《うえん》の刈谷《かりや》の大須賀守《おおすがまもる》様、伊賀上野《いがうえの》の稲垣正昭《いながきまさあき》様をはじめ、百名を超える有縁《うえん》の皆《みな》さまのご賛同《さんどう》を得て、感謝《かんしゃ》の気持ちを込め建立《こんりゅう》させていただきました。

石碑《せきひ》の言葉は、ブッダの言葉ですが、宗教《しゅうきょう》、思想、国、民族《みんぞく》などあらゆる壁《かべ》を超《こ》えて、人々《ひとびと》が、共に穏《おだ》やかに暮《く》らすため、争いを解決《かいけつ》する永遠不滅《えいえんふめつ》の真理として、本当に自分たちのものにしていく不断《ふだん》の努力を願っております。

ジャヤワルダナ顕彰記念碑建立実行委員会《けんしょうきねんひこんりゅうじっこういいんかい》

石碑制作施工《せきひせいさくせこう》：いせや庭石《にわいし》（株）

顕彰記念碑制作施工《けんしょうきねんひせいさくせこう》：（有）協明社《きょうめいしゃ》

二〇一六年十月九日

この石碑《せきひ》・顕彰碑《けんしょうひ》は、お寺《てら》の境内《けいだい》に建立《こんりゅう》されてはいるが、碑誌《ひし》とこの銘板《めいばん》の初めにもあるように、民間の発意と多くの賛同《さんどう》をもとに出来上がったものだ。その点、鎌倉《かまくら》の碑《ひ》の賛《さん》同《どう》者にも個人《こじん》はいたが、多くが仏教寺院《ぶっきょうじいん》、政界人《せいかいじん》、財界人《ざいかいじん》だったこととは大きくちがっている。言ってみれば、「草《くさ》の根《ね》運動」（★「社会の底辺をなす民衆・庶民《しょみん》の運動。」「草の根民主主義」は、「地域住民の日常生活に根をおろし、育まれた民主主義。民衆《みんしゅう》の自発性に基づき、自治・分権・直接的行動をめざすもの。」（広辞苑《こうじえん》））として広がったことになるのだ。戦後70年にしてやっとこうだというのでは遅いと思うのだが、それでもこれは最も大事なところだと思う。

これまで、ジャヤワルダナ氏への感謝《かんしゃ》・報恩《ほうおん》の気持ちを表す銅像《どうぞう》・顕彰碑を見てきた。これらは、記念して、つまり、大切な事がらを心（念）に記して、永《なが》く後世《こうせい》に伝えるためのものであるから、これを建立して終わりなのではない。

むしろ、建立したことを出発点にして、また、後世のわれわれが、それらを仰《あお》ぎ見て、銅像・記念碑が訴《うった》えかけてくること、伝わってくるものを出発点にして、われわれ一人ひとりが、自分にできること、自分がやるべきことを見つけ、そういう人々と知恵と力を出し合い、取り組んでいく。こうすることこそが、ジャヤワルダナ氏へ感謝・報恩なのではないだろうか。

四　ジャヤワルダナ氏の死去《しきょ》

(一)　日本の報道《ほうどう》と葬儀《そうぎ》、遺言《ゆいごん》

一九九六年十一月一日、ジャヤワルダナ氏は九十歳《さい》で亡《な》くなった。左は、このことを報《ほう》じた日本の新聞である。

・スリランカ初代大統領《だいとうりょう》　ジャヤワルデネ氏死去《しきょ》

【ニューデリー1日　小島一夫《こじまかずお》】　スリランカからの報道《ほうどう》によると、同国の初代大統領《しょだいだいとうりょう》で統一国民党《とういつこくみんとう》の元総裁《そうさい》ジュニアス・リチャード・ジャヤワルデネ氏＝写真（略《りゃく》）＝が1日、しゅようによる腸《ちょう》へいそくのためコロンボ市内の病院で死去《しきょ》した。90歳《さい》だった。

1906年9月、コロンボの名門家庭に生まれ、弁護士《べんごし》などを経《へ》て30年代初めに政治活動《せいじかつどう》に入った。

51年9月、米国サンフランシスコで開かれた対日講和《こうわ》会議にセイロン（当時）代表として出席《せき》。「憎《にく》しみは憎《にく》しみによってやまず、愛によってのみやむ」という仏陀《ぶっだ》（ブッダ）の慈悲《じひ》の教えを引用して、日本を国際社会の一員に迎《むか》えるよう訴《うった》え、さらに対日賠償請求権《ばいしょうせいきゅうけん》を放棄《ほうき》した。吉田茂全権代表《よしだしげるぜんけんだいひょう》（首相）は「日本の知己《ちき》ここにあり、の思いを禁《きん》じ得《え》なかった」と回顧録《かいころく》に記《しる》している。

73年、党総裁《とうそうさい》に就任《しゅうにん》。77年7月総選挙《そうせんきょ》で圧勝《あっしょう》し首相に就任《しゅうにん》した。憲法《けんぽう》を改正《かいせい》し、78年2月、初代大統領《しょだいだいとうりょう》に就任《しゅうにん》した。83年、再選《さいせん》。89年に政界引退《せいかいいんたい》するまで12年にわたってスリランカの最高指導者《さいこうしどうしゃ》だった。

親日家として知られ、大統領在任中《だいとうりょうざいにんちゅう》は両国投資保護協定《とうしほごきょうてい》、航空協定《こうくうきょうてい》を締結《ていけつ》し友好親善《しんぜん》に努めた。天皇《てんのう》陛下《へいか》は31日、お見舞《みま》いの電報《でんぽう》を打っていた。

（「毎日新聞」一九九六年十一月二日）

・スリランカ初代大統領《しょだいだいとうりょう》　ジャヤワルデネ氏死去《しきょ》　日本の国際社会復帰訴《ふっきうった》え

【ニューデリー　1日＝島崎雅夫《しまざきまさお》】　スリランカの初代大統領《しょだいだいとうりょう》を務《つと》めたジューニアス・リチャード・ジャヤワルデネ氏が一日、コロンボの病院で死去《しきょ》した。九十歳《さい》だった。一九五一年の米サンフランシスコでの対日講和《こうわ》会議の演説《えんぜつ》で、ブッダの「憎《にく》しみは憎《にく》しみによってやまず、愛によってやむ」との言葉を引用し、対日賠償請求権《ばいしょうせいきゅうけん》の放棄《ほうき》を宣言《せんげん》したことでも知られる大の親日家だった。

同氏は四七年に下院議員《かいんぎいん》に初当選《はつとうせん》し、蔵相《ぞうしょう》、農相《のうしょう》などを歴任《れきにん》。統一国民党《とういつこくみんとう》（UNP）総裁《そうさい》として戦った七七年の総選挙《そうせんきょ》で大勝し、首相に就任《しゅうにん》。

七七年の憲法改正《けんぽうかいせい》による大統領制《だいとうりょうせい》の導入《どうにゅう》で、翌《よく》七八年二月、政治権限《せいじけんげん》を保持する初代大統領《しょだいだいとうりょう》に就任《しゅうにん》。新憲法公布《けんぽうこうふ》で、国名をセイロンから現在《げんざい》のスリランカに改《あらた》めた。八九年一月まで大統領《だいとうりょう》を二期務《つと》めた。

八九年の大喪《たいそう》の礼《れい》に参列《さんれつ》するなど訪日《ほうにち》は非公式《ひこうしき》を含《ふく》め七回に及《およ》び、両国友好関係の基礎《きそ》を築《きず》いた。

セイロン代表（当時蔵相《ぞうしょう》）として臨《のぞ》んだ講和《こうわ》会議での演説《えんぜつ》では日本に完全な自由、独立《どくりつ》を保障《ほしょう》し、日本を国際社会の一員に復帰《ふっき》させる必要性を訴《うった》えた。当時の吉田茂全権代表《よしだしげるぜんけんだいひょう》（首相）は回想録『回想十年』で、「『日本の知己《ちき》ここにあり』という思いを禁《きん》じ得《え》なかった」と書いている。

（「読売新聞」一九九六年十一月二日）

他の各紙とも、サンフランシスコ講和《こうわ》会議での氏の功績《こうせき》をたたえて、死《し》を悼《いた》んでいる。

葬儀《そうぎ》は、国葬《こくそう》（★国の大切《たいせつ》な行事として国の費用《ひよう》で行う葬儀《そうぎ》）で行われた。日本からは、「日本スリランカ協会」理事長《りじちょう》を務《つと》めていた衆議院議員《しゅうぎいんぎいん》・福田《ふくだ》康夫《やすお》氏が、総理大臣特使《そうりだいじんとくし》として参列《さんれつ》した。

ジャヤワルダナ氏は、遺言《ゆいごん》で、自分の死後、キャラニア河のほとりで火葬《かそう》し、遺灰《いはい》は河に流すように言い置いていた。また、「形に残るものは一切残してはならない」という遺志《いし》があって、そのために、国内には、銅像《どうぞう》もお墓もないという。

スリランカの人々《ひとびと》の話では、銅像《どうぞう》やお墓《はか》がないどころか、財産《ざいさん》も、もともと多くあったのではないけれど、家も家財道具《かざいどうぐ》も、すべてを国に寄付《きふ》し、子々孫々《ししそんそん》、「元大統領《もとだいとうりょう》」と言うようなこともあってはならないと言っていたという。大統領《だいとうりょう》の死後《しご》、夫人は、「元《もと》大統領夫人《だいとうりょうふじん》」と言わせなかったとも聞いた。そういうところまで徹底《てってい》した人だったのだ。

ジャヤワルダナ氏のご遺体
（J・R・J・C蔵）

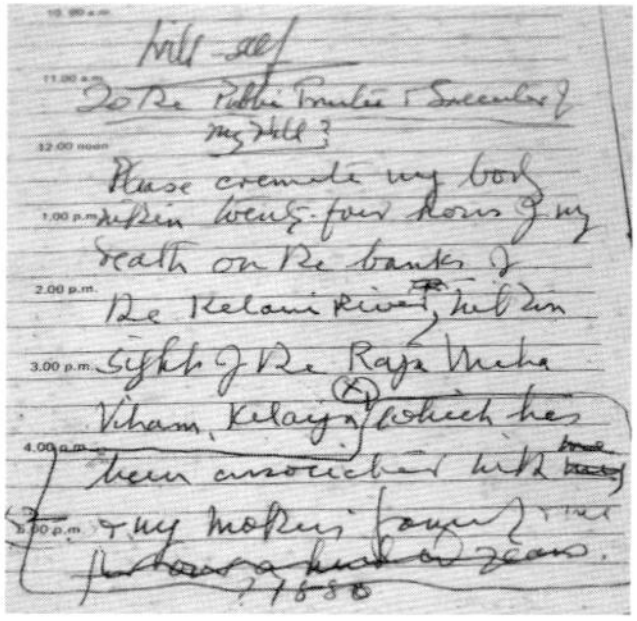
Please cremate my body
death on the banks of
the Kelani River
sight of the Raja Maha
Viharа, Kelaniya which has
been associated with

ジャヤワルダナ氏の遺言
（部分）（「24時間以内にキャラニア河畔で火葬すること」などと見える。）（J・R・J・C蔵）

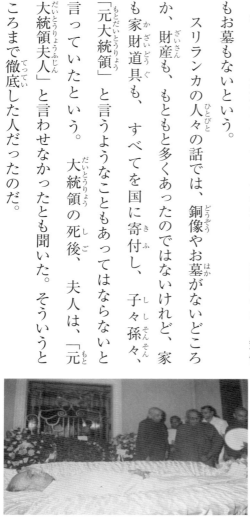

㈡ 献《けん》 眼《がん》 ――ジャヤワルダナ氏の角膜提供《かくまくていきょう》

ジャヤワルダナ氏死去《しきょ》の二日後の十一月三日、朝日新聞が、とても小さいながら、次のように報《ほう》じている。

> **元大統領《だいとうりょう》の角膜提供《かくまくていきょう》**
>
> 【コロンボ2日＝AFP時事】一日死去《しきょ》したスリランカのジャヤワルデネ元大統領《だいとうりょう》の眼球が二日、角膜《かくまく》移植《いしょく》のため日本に向け発送された。地元のアイバンク協会が明らかにしたもので、親日家だった大統領《だいとうりょう》は生前、日本の目の不自由な人のために役立ててほしいと遺言《ゆいごん》していたという。
>
> 医師団《いしだん》によれば、ジャヤワルデネ氏は九十歳《さい》と高齢《こうれい》だったが、角膜移植《かくまくいしょく》は可能《かのう》で、もう一方の眼球も移植手術《いしょくしゅじゅつ》を待つスリランカ人のために活用されるという。

それからおよそ三年後の一九九九年八月、ジャヤワルダナ氏の角膜《かくまく》は、群馬県《ぐんまけん》の女性に移植《いしょく》された。左は、そのことを報《ほう》じた新聞記事である。（「上毛新聞《じょうもうしんぶん》」一九九九年八月二十四日）

便物認可）

89歳女性 佐波 の右目に光

スリランカ元大統領の角膜移植

桐生の研究所

百瀬皓理事長

桐生市梅田町の臨床眼科研究所（百瀬皓理事長・所長）は二十三日、同研究所で三年前から保存していた、スリランカのジュニアス・リチャード・ジャヤワルデネ元大統領の角膜を、佐波郡内の女性（八九）の右目に移植したと発表した。手術は二十一日に行われた。経過は順調で、視力は三週間ほどで回復するという。

ジャヤワルデネ元大統領は一九九六年十一月一日に九十歳で死去。大の親日家で、医学博士の百瀬理事長が同国のアイバンク協会設立に尽力した上、元大統領夫人の緑内障を手術するなど個人的にも親交があったため、元大統領が「一つはスリランカ人に、もう一つは日本のモモセ博士に」と遺言。角膜は、その意向通り、死後三日後に百瀬理事長の元へ届けられた。

しかし、保存角膜はすべての角膜を取り替える全層角膜には向かず、一部分だけ移植する層状移植によく、それに適合する患者自体が少なく、「大統領の遺志を尊重するため、成功の可能性が高い患者に使いたい」という百瀬理事長の意向もあって、なかなか機会がなかった。

今回、手術した女性は今月十七日に同研究所を訪れ、栄養障害性角膜かいようと診断された。右目角膜に直径一ミリほどの穴が空き、視力を失っていた。診断の結果、最も奥の角膜の層が残っており、元大統領の角膜を利用するのにふさわしいと判断された。

手術は、百瀬理事長が執刀した。顕微鏡を見ながら薄いフィルム状の角膜の表面部分、五分の三程度を削り、元大統領の角膜を移植、約一時間で終えた。保存角膜を半分使用し、同じような症状なら、あと一眼球分使えるという。

女性は、手術当日に帰宅し通院している。百瀬理事長が手術翌日、角膜が元大統領のものだったことを家族に伝えた。女性の長男は「一国の大統領の角膜を移植したと聞いて驚きました。母には長生きしてもらいたい」と話している。

右の中に、「保存角膜《ほぞんかくまく》を半分使用し、同じような症状《しょうじょう》なら、あと一眼球分使えるという。」とある。その残した半分はどうなったかについては、次の記事によって分かった。

2年（平成14年）2月9日　（土曜日）　上

スリランカ元大統領の角膜

県内2女性に移植

遺言受け桐生の百瀬さん

百瀬皓所長

桐生市梅田町の臨床眼科研究所（百瀬皓所長）で、

一九九六年に死去したスリランカのジャヤワルデネ元大統領の角膜が、大間々町内の女性（六七）に移植されていたことが八日までに分かった。手術をしたのは百瀬所長（七三）で、経過は良好という。同所長は九九年にも、元大統領の角膜を佐波郡内の女性に移植する手術を成功させており、大統領の角膜が二人の日本人のひとみに光をともしたことになる。

手術は四日、栄養障害性角膜潰瘍（かいよう）で角膜の一部が破損している女性に対して行われた。角膜の一部に元大統領の角膜を移植した。百瀬所長は九九年八月、同様の症状を持つ佐波郡内の女性の手術に角膜の半分だけを使い、もう半分を保存していた。

元大統領はセイロン代表（当時蔵相）として五一年のサンフランシスコ講和会議に出席し、「憎悪は憎悪によってではなく、愛によってやむ」と演説、対日賠償請求権放棄を表明したことで有名。大の親日家で、百瀬所長がスリランカのアイバンク協会設立に尽力した上、夫人の緑内障を手術するなど、個人的な親交もあったため、「角膜の一つはスリランカ人に、もう一つは日本のモモセ博士に」と遺言していた。

百瀬所長は「大統領に感謝している。今年は日本とスリランカの国交五十周年にあたり、それを記念するのにふさわしい手術ができたと思う」と話している。

（「上毛《じょうもう》新聞」二〇〇二年二月九日）

こうして、角膜《かくまく》は日本（群馬県《ぐんまけん》）の二人の女性に移植《いしょく》され、ジャヤワルダナ元大統領《だいとうりょう》の遺志《いし》は果《は》たされたのだ。

ところで、角膜《かくまく》の提供《ていきょう》は、ジャヤワルダナ元大統領《だいとうりょう》一人だけのことではない。右の記事に「百《もも》瀬所長《せしょちょう》がスリランカのアイバンク協会設立《せつりつ》に尽力《じんりょく》した」とあったが、これは、百瀬氏《ももせ》が一九七二年、スリランカのアイバンク運動（★角膜移植《かくまくいしょく》用の眼球《がんきゅう》を提供《ていきょう》する運動）の先駆者《せんくしゃ》、ハドソン・シルバ博士《はかせ》と知り合い、その後、毎度《まいど》スリランカを訪《おとず》れて、眼《がん》科《か》医療《いりょう》の指導《しどう》やアイバンク運動の推進《すいしん》に協力してきたということだ。

百瀬《ももせ》氏、シルバ博士《はかせ》、そしてジャヤワルダナ氏の、個人《こじん》的関係を超《こ》えた、非常《ひじょう》に大きくて濃《こ》いつながりが早くからあったことが分かるのだ。現在《げんざい》ではさらに多くの眼球、角膜《かくまく》がスリランカから日本に来ているのだろうと想像《そうぞう》される。

右から、シルバ博士、ジャヤワルダナ大統領、百瀬氏
（金子恵子氏提供）

◇献眼者《けんがんしゃ》の供養碑《くようひ》

日本スリランカ協会事務局長《じむきょくちょう》の高崎邦雄《たかさきくにお》氏から、群馬県桐生市《ぐんまけんきりゅうし》の梅田山西方寺《ばいでんざんさいほうじ》の境内《けいだい》に「献眼者《けんがんしゃ》の供養碑《くようひ》」があるとうかがったので行ってみた。

それは、次のようなものだった。

・碑《ひ》の名前　角膜移植《かくまくいしょく》のための眼球提供者《がんきゅうていきょうしゃ》の供養碑《くようひ》

（★前面上部に「IN HONOR OF DONORS OF EYES」と英語で書かれている。）

・揮毫《きごう》　日本スリランカ協会会長　衆議院議員《しゅうぎいんぎいん》　福田康夫《ふくだやすお》　氏

（★福田氏はジャヤワルダナ氏の国葬《こくそう》に参列《さんれつ》している。）

・建立者《こんりゅうしゃ》　財団法人《ざいだんほうじん》　臨床眼科研究所《りんしょうがんかけんきゅうじょ》　理《り》事長《じちょう》・所長《しょちょう》　百瀬皓《ももせあきら》　氏

・高さ　台座《だいざ》ともで約三メートル

供養碑背面《くようひはいめん》に、「眼球提供者《がんきゅうていきょうしゃ》」の芳名録《ほうめいろく》の箱《はこ》を納《おさ》めるところがあるのだが、鍵《かぎ》がかかっていて芳名録《ほうめいろく》を拝見《はいけん》することはできなかっ

眼球提供者《がんきゅうていきょうしゃ》の供養碑《くようひ》
掲載許可（平成28年2月7日）

た。この碑《ひ》の除幕式《じょまくしき》に列席《れっせき》した高崎邦雄《たかさきくにお》氏によると、「スリランカから日本に送られてくる角膜《かくまく》はすべて百瀬博士《ももせはかせ》の下《もと》に届《とど》き、必要な眼科医院《がんかいいん》に再配送《さいはいそう》されるようになっていた。」というから、「芳名録《ほうめいろく》」にはきっとジャヤワルダナ氏をはじめ、多くのスリランカの提供者《ていきょうしゃ》の名前もあるにちがいないと思う。

スリランカの子どもたちの眼《め》、瞳《ひとみ》は、だれもがきらきらと輝《かがや》いていた。どうしてあんなに輝《かがや》いているのだろう。とても、日本の子どもたちはかなわない。そして、大人の目も、ものごとの奥《おく》深くをじっと見つめているように見える。

ジャヤワルダナ氏は、少年のときから、同じように澄《す》み切った眼で、明治《めいじ》以来の日本を見、一九五一年にはサンフランシスコに行く途上《とじょう》、敗戦国《はいせんこく》日本を見、復興《ふっこう》日本の未来を予《よ》見《けん》したからこそ、日本の独立《どくりつ》を望んで歴史的な演説《えんぜつ》をした。そして大《だい》の親日家になっていった。そして同じ澄《す》み切った眼で、一九六八年の日本を見、変貌《へんぼう》ぶりを批判的《ひはんてき》に語った。

スリランカの人たちのあの眼は、子どもも大人も純粋《じゅんすい》で、ものごとの本質を見分ける。そういう眼でじっと見ているのだと思う。そういうのは「見る」ではなく「観《み》る」というのだと思う。そのようなスリランカの人の角膜《かくまく》が、この日本に贈《おく》られ、日本人に移植《いしょく》されて、日本を、わたしたちを、じっと観《み》ているということなのだ。

わたしたちの眼は生まれながらわたしたちの眼だが、そう考えると、とてもうかうかしていられなくなる。もっとしっかり勉強して、ものごとの本質を見分け、聞き分け、心を正して、あの人たちと同じように澄《す》み切った眼を持つようにしていかなければならないと思う。

五　ジャヤワルダナ氏の仏道《ぶつどう》と平和観《へいわかん》

(一)『ダンマパダ　五』をめぐって――「愛」と「慈悲《じひ》」

ここで、サンフランシスコ講和《こうわ》会議の演説《えんぜつ》でジャヤワルダナ氏が引用した仏陀《ブッダ》の言葉、「ダンマパダ　五」の詩句《しく》について、少し詳《くわ》しく見ておきたいと思う。

演説《えんぜつ》は英語で行われた。その詩句《しく》は、鎌倉《かまくら》の顕彰碑《けんしょうひ》にも見たように、

「Hatred ceases not by hatred , but by love.」であり、意味《いみ》（意訳《いやく》）は、
「人はただ愛によってのみ憎《にく》しみを越《こ》えられる
人は憎《にく》しみによっては憎《にく》しみを越《こ》えられない」である。

顕彰碑誌《けんしょうひし》を撰文《せんぶん》した中村元《なかむらはじめ》氏は、この英文にも、一般《いっぱん》に知られている訳文《やくぶん》、「憎《にく》しみは憎《にく》しみによっては止《や》まず、ただ愛によってのみ止む。」にも、そしてこの碑文《ひぶん》の意訳《いやく》にも、十分理解《じゅうぶんりかい》はしつつも、なおあえて、顕彰碑背面《けんしょうひはいめん》では「パーリ語の原文《げんぶん》に即《そく》した経典《きょうてん》の完訳《かんやく》は次の通りであります。」と言って、わざわざあのように記したのではないかと思う。

碑文《ひぶん》の「法句経《ほっくきょう》　五」（ダンマパダ　五）を、正しい読み方を加えながら示《しめ》すと、
「実《じつ》にこの世《よ》においては、怨《うら》みに報《むく》いるに怨みを以《もっ》てしたならばついに怨《うら》みの息《や》むことがない。怨《うら》みをすててこそ息《や》む。これは永遠《えいえん》の真理《しんり》である。」
である。碑文《ひぶん》の英語は次のように示《しめ》されている。

「Hatreds never cease by hatreds in this world.

By love alone they cease. This is an ancient Low.

(Dhammapada 5)」

この詩句《しく》については、中村元《なかむらはじめ》氏による解《わか》りやすい解説《かいせつ》がある。ちょっと長くなるが、ジャヤワルダナ氏の演説《えんぜつ》のいちばん大切《たいせつ》なところに直接関係《ちょくせつかんけい》するので、ここに掲《かか》げてみる。

(★これは、一九八五年四~九月のＮＨＫラジオ講座《こうざ》《こころをよむ　仏典《ぶってん》　講師《こうし》／中村元《なかむらはじめ》》のテキスト(45~46ページ)で、そのころ、わたしが聞いていたものである。)

「　第六章　真理《しんり》のことば――『法句経《ほっくきょう》』

ダンマパダ　ダンマとは人間の真理《しんり》という意味で「法」と訳《やく》され、パダは「ことば」という意味。原題名には「経《きょう》」にあたる字はないが、「ダンマパダ」が経典《きょうてん》として扱《あつか》われていたので、漢訳《かんやく》では『法句経《ほっくきょう》』となった。全体は二十六章、四百二十三の詩《し》から成る。仏教《ぶっきょう》の実践《じっせん》を教えた、おそらく最も著名《ちょめい》な、また影響力《えいきょうりょく》のある聖典《せいてん》である。わが国では大正《たいしょう》年間に翻訳《ほんやく》が幾《いく》つか著《あらわ》され、昭和《しょうわ》になってから盛《さか》んに読まれるようになった。(★以上、頭注)

（★以下、本文　太字は引用者）

人生の指針《ししん》とでもいうべき句を集めた書として『ダンマパダ』（法句経《ほっくきょう》）は特に南アジア諸国《しょこく》で尊《とうと》ばれていたが、今日では世界諸国《せかいしょこく》の言語に翻訳《ほんやく》されている。

（★第一・二句　略《りゃく》）

「かれは、われを罵《ののし》った。かれは、われを害した。かれは、われにうち勝った。かれは、われから強奪《ごうだつ》した」という**思いをいだく人**には、怨《うら》みはついに息《や》むことがない。（★三）

「かれは、われを罵《ののし》った。かれは、われを害した。かれは、われにうち勝った。かれは、われから強奪《ごうだつ》した」という**思いをいだかない人**には、ついに怨《うら》みが息《や》む。（★四）

実《じつ》にこの世においては、怨《うら》みに報《むく》いるに怨《うら》みを以《もっ》てしたならば、ついに怨《うら》みの息《や》むことがない。**怨《うら》みをすててこそ**息《や》む。これは永遠《えいえん》の真理《しんり》である。（★五）」

第五句の冒頭《ぼうとう》「実《じつ》に」は意味上前を受けるはたらきをしていると考えられるので、四句、三句とさかのぼってみた。つまり、この三句を一つのまとまりとすると解《わか》りやすいのだ。

このことは、『ブッダの真理《しんり》のことば　感興《かんきょう》のことば』（中村元訳《なかむらはじめやく》　岩波文庫《いわなみぶんこ》）によって確《たし》かめられる。つまり、この句は「第一章　ひと組ずつ」に収《おさ》められているもので、なるほど、一・二で対、三・四で対《つい》になって、これらを受け、まとめる形で「五」があるのだ。

このことを念頭《ねんとう》に戦争というものを考え、講和《こうわ》会議でのジャヤワルダナ氏の演説《えんぜつ》に重ねてみると、そこには、とてつもなく大きな「思想」があることに気付かされる。つまり、

思いをいだく人（――こだわる人）　怨《うら》みを持ち続けることになる。

思いをいだかない人（――こだわらない人）　怨《うら》みを持たないか、持ってもこれをすぐに捨《す》て去ることができる。

怨《うら》みをすててこそ（――さとれる人）　報復《ほうふく》、仕返《しかえ》し、怨《うら》み返しという思いがない。

ということだ。

このように言われたら、だれもが、自分の考えていること、しようとしていることについて、はっと目覚《めざ》めさせられるに違《ちが》いない。講和《こうわ》会議の各国《かっこく》代表の中にもきっとそういう人もいたのではないだろうか。

ここで気がかりなのは、「love」を「愛」と和訳《わやく》することが適切《てきせつ》であるかということだ。「怨《うら》みをすててこそ息《や》む。」に対応《たいおう》する個所《かしょ》は「By love alone they cease.」だが、ジャヤ

ワルダナ氏の演説《えんぜつ》の詩句《しく》は、さらに圧縮《あっしゅく》した「,but by love.」だ。

ジャヤワルダナ氏は若《わか》いころにキリスト教から改宗《かいしゅう》した仏教徒《ぶっきょうと》であったことを考えると、氏の演説《えんぜつ》の「,but by love.」の心、本意《ほんい》は、キリスト教でいうような「愛によって」ではなく、ブッダのいう「怨《うら》みをすててこそ」だったのではないだろうか。

この考えを裏《うら》づけてくれるように、中村《なかむら》氏は、次のように述《の》べている。


(★『中村元《なかむらはじめ》「仏教《ぶっきょう》の真髄《しんずい》」を語る』 麗澤大学出版会《れいたくだいがくしゅっぱんかい》 平成《へいせい》十三年九月 87~93ページ)

慈悲《じひ》と愛

それは、「人に対して温かい心を持って接《せっ》すること。『我《われ》も人の子、彼《かれ》も人の子』という思いやりを持つこと」です。そこで「慈《いつく》しみ」ということが特に尊《とうと》ばれるのです。

この「慈《いつく》しみ」は、漢訳仏典《かんやくぶってん》では「慈悲《じひ》」という言葉を使います。慈悲《じひ》の「慈《じ》」というのは、慈《いつく》しむことです。これは友という意味のミトラから作られた「マイトリー」という言葉で、本当の友人の間の純粋《じゅんすい》の友情、真実の友情、友に由来《ゆらい》する心情を意味し、それを中国で「慈《じ》」という字を当てて訳《やく》したものです。

慈悲《じひ》の「悲」は、「カルナー」という言葉に「悲」という漢字を当てたもので、「憐《あわ》れみ」ということです。人が悲しんでいるときには自分も悲しむ、心を同じうするということで、純粋《じゅんすい》の同情を意味します。この気持ちが世の中では最も大事だというのです。

ところで「慈悲《じひ》」と「愛」はどのように違《ちが》うかと申《もう》しますと、いわゆる「**愛**」は感性的《かんせいてき》なものであって、人間はややもすれば醜《みにく》いものよりも美しいものの方をより多く愛するようになります。

（――脚注《きゃくちゅう》　**愛**　仏教《ぶっきょう》で「愛」という場合は、「欲《ほっ》すること」「願い」「愛執《あいしゅう》」「執着《しゅうちゃく》」というように煩《ぼん》悩《のう》の一つとみなされている。）

これは、人間について一般《いっぱん》に認《みと》められる現象《げんしょう》で、人間が感情をもつ以上、やむをえないことでしょう。しかし慈悲《じひ》の立場に立つならば、これは許《ゆる》されないことです。少なくとも慈悲《じひ》を実践《じっせん》しようとするならば、私《わたし》たちは感性的《かんせいてき》な好悪《こうお》を超越《ちょうえつ》して、あまねく人びとを愛さなければならないのです。

また人間の愛には、親疎《しんそ》の差別があります。つまり自分の身にとって親しいもの、身近なものに対しては余分《よぶん》に愛情を注《そそ》ぐが、これに反して、自分に疎《うと》いもの、自分から遠い人びとのことは疎《うと》んじる傾向《けいこう》にあります。このことは、我《われ》われの日常体験《にちじょうたいけん》を少し反省《はんせい》してみるならば、誰《だれ》でも容易《ようい》に思い当たることですね。

しかし慈悲《じひ》の立場はこれを超《こ》えなければ成り立ちません。つまり慈悲《じひ》の心は親しき者から始まって親しからざる者に至《いた》るまで、すべて平等に及《およ》ぼさねばならないのです。

しかも慈悲《じひ》は、人間をも超《こ》えて、一切《いっさい》の生きとし生けるものにまで及《およ》ぶことを理想とするのです。いわゆる愛は人間のみに限《かぎ》られた現象《げんしょう》です。動物愛護《どうぶつあいご》ということも説《と》かれますが、それは西洋では近世になって人間に対する愛とともに付随《ふずい》して説《と》かれたものにすぎません。しかし慈悲《じひ》は、人間をも超《こ》えて、禽獣《きんじゅう》にまで及《およ》ぼされるのです。ところで人間は「禽獣《きんじゅう》」といって動物《どうぶつ》を軽蔑《けいべつ》するのですが、欲望《よくぼう》にとらわれ、利益《りえき》に向って動かされているという点では、人間と動物《どうぶつ》にどれだけの差があるでしょうか。仏教《ぶっきょう》ではこの点を強く反省《はんせい》を求めます。

もちろん禽獣《きんじゅう》にまで慈悲《じひ》を及《およ》ぼすということは、人間としては容易《ようい》に実行できないことでしょう。しかし理想としてはそこまで思いを致《いた》すというところに、人間としての心情の美しさがあるのではないでしょうか。

このように、人間の愛には差別があるが、慈悲《じひ》は無差別《むさべつ》であり、平等なのです。

ですから、「愛」はそのまま「慈悲《じひ》」にはなりません。人間における愛の現象《げんしょう》についてみるに、もしも愛している相手に裏《うら》切られた場合には、愛は激《はげ》しい憎《にく》しみに転ずることがあるからです。これは世間において実際《じっさい》に認《みと》められる事実です。愛はつねに憎《にく》しみに転じ得《え》る可能性をもつのです。しかし慈悲《じひ》は、愛憎《あいぞう》の対立《たいりつ》を超《こ》えた絶対《ぜったい》の愛です。人を憎《にく》むということがないのです。

エロースとアガペー

一方、古代ギリシアにおいても、二種の愛が区別して考えられておりました。つまり感性的《かんせいてき》な愛は「**エロース**」といわれました。これに対して、キリスト教徒《きょうと》の説《と》いた宗教的《しゅうきょうてき》な愛は「**アガペー**」といいました。ところが近代西洋においては、両者を一つの観念《かんねん》のうちにおさめて、これを「愛」と称《しょう》するに至《いた》ったのです。ここに、我《われ》われは、近代西洋思想の人間中心的な態度《たいど》を認《みと》めることができるのです。これに対して、慈悲《じひ》は、人間を超《こ》えてしかも人間のうちに実現《じつげん》さるべき、実践《じっせん》の究極的《きゅうきょくてき》な理想として説《と》かれるのです。

つまり慈悲《じひ》は人間を超《こ》えたものではあるけれども、人間において実現《じつげん》されるものですから、慈悲《じひ》の実践《じっせん》はまた愛のかたちをとって表れるというわけです。しかも慈悲《じひ》は普遍的《ふへんてき》な無差別《むさべつ》の愛でなければなりません。

この精神《せいしん》を表す西洋の言葉は「博愛《はくあい》」です。「博愛《はくあい》」という語は西洋の（philanthropy）の訳《やく》ですが、漢籍《かんせき》のうちにこの用例の典拠《てんきょ》があるかどうか不明ですが、大乗経典《だいじょうきょうてん》の『**大無量寿経**《だいむりょうじゅきょう》』の中では特《とく》に強調《きょうちょう》されています。すなわち浄土教《じょうどきょう》の実践道徳《じっせんどうとく》を説《と》くところでは、次のように教えております。

「聖《せい》を尊《とうと》び、善《ぜん》を敬《うやま》い、仁慈《じんじ》ありて、博《ひろ》く愛せよ」

他人を献身的《けんしんてき》に愛するということは、他人の苦しみを己《おの》が身に引き受けるということに至《いた》って極《きわ》まるのです。このような意味の慈悲行《じひぎょう》は大乗仏教《だいじょうぶっきょう》において殊《こと》に強調《きょうちょう》されました。

（――脚注《きゃくちゅう》 **エロース** 本来、エロースには理性《りせい》的エロースと情念《じょうねん》的エロースの両面があったとされるが、後世《こうせい》においてはもっぱら後者《こうしゃ》が強調《きょうちょう》された。）

（――脚注《きゃくちゅう》 **アガペー** （神愛《しんあい》）キリストの受肉《じゅにく》による人間の連帯《れんたい》を成立させている神からのはたらきかけをいう。）

（――脚注《きゃくちゅう》 **大無量寿経《だいむりょうじゅきょう》** 阿弥陀仏《あみだぶつ》を中心とする浄土教《じょうどきょう》の根本経典《きょうてん》。浄土三部経（『大無量寿経』『観無量寿経』『阿弥陀経』）の一つ。『無量寿経』ともいう。

このようなわけで、わたしの結論《けつろん》は、ジャヤワルダナ氏が演説《えんぜつ》で引用した「love」を、日本人、仏教者《ぶっきょうしゃ》は、「愛」ではなく「慈悲《じひ》」と訳《やく》し、行うべきだということだ。外務省《がいむしょう》の『サン・フランシスコ会議議事録』の訳者《やくしゃ》（★たぶん、同時通訳者《どうじつうやくしゃ》）には、そのところを「愛」ではなく「慈悲《じひ》」と訳《やく》してほしかったと、とても残念《ざんねん》でならない。同じ時、日本の新聞が「兄弟愛」と言ったのも残念《ざんねん》だと思う。

コロンボの日本人墓地《ぼち》で見た越智啓介大使《おちけいすけたいし》の碑文《ひぶん》には、（★スリランカ国民の「愛」を記念しと、）愛の字に「　」（かぎ）が付いていた。これはきっと、「サンフランシスコ講和《こうわ》会議でジャヤワルダナ氏が述《の》べた「あの愛」（★つまり「慈悲《じひ》」に通じている）」という思いがあってのことだった、本当は「慈悲《じひ》」と言いたかったのではないだろうかと思う。

鎌倉《かまくら》の碑《ひ》の除幕式《じょまくしき》当日に中村元《なかむらはじめ》氏が行ったスピーチでは、

「閣下《かっか》は『怨《うら》みに報《むく》ゆるに怨《うら》みを以《もっ》てしてはならぬ』というダンマパダの精神《せいしん》を以《もっ》て、戦後絶望《ぜつぼう》に陥《おちい》っていたわれわれ日本国民を温かく、慈悲《じひ》の心を以《もっ》て抱擁《ほうよう》されました。」

と述《の》べている。（★「中外日報」平成《へいせい》3年5月13日）

このスピーチは英語で行われたのだから、もしかすると「love」という語を使ったかもしれないが、日本語の原文《げんぶん》では「慈悲《じひ》の心」と言い、碑誌《ひし》でも「慈悲心に基《もと》づく愛情」と言っていることに注目《ちゅうもく》しておきたい。

世界仏教徒連盟《ぶっきょうとれんめい》日本センター代表の椎尾師《しいおし》の礼状《れいじょう》には「日本のために慈悲心《じひしん》あふれる平

和を…」とあったし、雲龍寺銅像《うんりゅうじどうぞう》の碑文《ひぶん》も「忘恨報慈悲《うらみをわすれぢひもてむくいん》」だった。明通寺《みょうつうじ》の碑誌《ひし》には「慈《いつく》しみによって憎《にく》しみは消される。」とあった。「ダンマパダ」の解釈《かいしゃく》や解説《かいせつ》はほかにもたくさんあるが、どれも「慈悲《じひ》」だ。これらは「love」の意味を仏教的《ぶっきょうてき》に正しく解釈《かいしゃく》しているのだと考える。

ヌワラエリヤのいちご事業で「つまみ食い」がなくなったのも、「『我《われ》も人の子、彼《かれ》も人の子』という思いやり」、「慈《いつく》しみ」の心が通じ合ったからだったのだろうと、改《あらた》めて思う。

◇

二〇一五年八月の終わりごろ、家族で旅行に出かけたとき、ホテルの部屋に、聖書《せいしょ》とは別に、『和英対照仏教聖典《ぶっきょうせいてん》』があった。仏典《ぶってん》があるのは珍《めずら》しいと、めくっていったところ、本文の初めが、「ダンマパダ５」なので驚《おどろ》いた。

よく見ると、その言葉は、英語も日本語も、これまで見てきたものとは異《こと》なっていて、とても興味深《きょうみぶか》いと思えたので、ここに掲《かか》げてみる。

「 DHAMMAPADA 5

Hatreds never cease by hatreds in this world. By love alone they cease.
This is an ancient Low.
法句経《ほっくきょう》　5
怨《うら》みは怨《うら》みによって果《は》たされず、忍《にん》を行《ぎょう》じてのみ、よく怨《うら》みを解《と》くことを得《え》る。
これ不変《ふへん》の真理《しんり》なり。」
（★『和英対照仏教聖典《ぶっきょうせいてん》』　財仏教伝道協会《ざいぶっきょうでんどうきょうかい》発行　平成《へいせい》七年　第８５０版）

英語では、同じように「love」だが、日本語訳《やく》の「忍《にん》を行《ぎょう》じて」がそこに当たるなら、「忍行《にんぎょう》」、つまり、「自分の中にある怨《うら》みや怒《いか》りの気持ちにじっと耐《た》えて心を安らかに保《たも》つこと」（★『佛教語大辞典《ぶっきょうごだいじてん》』「忍辱《にんにく》の行《ぎょう》」「瞋恚《しんい》」などから）と、「忍《にん》を行《ぎょう》じる」という動詞《どうし》にしているところに意味があるのだろう。

さきほど、中村元《なかむらはじめ》氏の解説《かいせつ》に見た、大乗経典《だいじょうきょうてん》の中で特《とく》に強調《きょうちょう》されている浄土教《じょうどきょう》の実践道《じっせんどう》徳《とく》、「聖《せい》を尊《とうと》び、善《ぜん》を敬《うやま》い、慈悲《じひ》ありて、博《ひろ》く愛せよ」というのは、「慈悲行《じひぎょう》」であり、これは大乗仏教《だいじょうぶっきょう》において殊《こと》に強調《きょうちょう》されたというところをしっかりとおさえたいと思う。

つまり、「忍行《にんぎょう》」は「慈悲行《じひぎょう》」という「行い」、「実践《じっせん》」に通じること、さらには、ここにはあの鈴木大拙《すずきだいせつ》氏の言った「大乗仏教《だいじょうぶっきょう》と小乗仏教《しょうじょうぶっきょう》の共通するところ」がはっきり見えるということである。

(二) ジャヤワルダナ氏の仏道《ぶつどう》

サンフランシスコ講和《こうわ》会議でのジャヤワルダナ氏の演説《えんぜつ》について、野田卯一《のだういち》氏（★元建設《けんせつ》大臣《だいじん》・日本スリランカ協会会長などを務《つと》めた。）は、次のように書いている。

「……日本民族《みんぞく》は永遠《えいえん》に忘《わす》れることは出来ません。あの演説《えんぜつ》は読み返せば読み返す程《ほど》深い深い哲学《てつがく》を感じます。仏陀《ぶっだ》の精神《せいしん》で日本を救《すく》って下さいました。」

続けて、

「また、マハベリ川開発計画をはじめ、すべての計画において私《わたし》はジャヤワルダナ大統領《だいとうりょう》の言われていること、なされていることを聴《き》いたり視《み》たりして、仏陀《ぶっだ》の身代《みが》わりとして政治《せいじ》をして居《お》られるように感じます。ジャヤワルダナ大統領《だいとうりょう》のおやりになることは仏陀《ぶっだ》のやられることのように考え、全力《ぜんりょく》を挙《あ》げて協力したいと思います。」（★『南太平洋のあけぼの』「南に光をもとめて」1979）

大統領《だいとうりょう》が、スリ・ジャヤワルダナプラ総合病院《そうごうびょういん》を建てようと決めたのは、大統領《だいとうりょう》の心に大ブッダの言葉、《わたしに従《したが》い来ようとする僧《そう》は、きっと病《や》める者のところにも行くであろう。》が夜明けの光のようにさしてきたからだった。

この言葉には、いろいろな言い方があるようだけれど、仏教《ぶっきょう》の《慈悲《じひ》の教え》を行ううえで非常《ひじょう》に大切《たいせつ》な教えだということだ。大統領《だいとうりょう》は、病院建設《びょういんけんせつ》の動機《どうき》もこの「慈悲《じひ》」の実践《じっせん》に求めたということになるのだが、ふり返ってみると、ジャヤワルダナ氏がしてきたことは、右で野田《のだ》氏が言っているように、すべてはブッダの身代《みが》わりとしての政治《せいじ》、ブッダの行いそのもの、《仏道《ぶつどう》》であると思えてくる。

精神立国

一つの国やそこに住む人々《ひとびと》が「豊《ゆた》かである」「平和である」とは、どういう様子《ようす》をいうのだろうか。この答えは、そう簡単《かんたん》に出るものではないだろうが、これまでに見てきたこと、考えてきたこと、戦後から今日の日本の様子《ようす》などをふり返ると、ジャヤワルダナ氏と野田卯一《のだういち》氏との次のやりとりが大きなヒントになるように思う。

「大統領《だいとうりょう》は、（私《わたし》に）どのようにして日本はスリランカに協力してくれるか、訊《たず》ねられました。私《わたし》は、経《けい》済《ざい》、技術《ぎじゅつ》、文化、教育、医療《いりょう》などによって協力したいと思うと、申《もう》し上げますと、大統領《だいとうりょう》は宗教《しゅうきょう》における協力を持ちだされましたので、私《わたし》は虚《きょ》を衝《つ》かれショックを覚《おぼ》えましたと申《もう》し上げますと、（中略《ちゅうりゃく》）…

大統領《だいとうりょう》は精神面《せいしんめん》の協力を特《とく》に強調《きょうちょう》され、自分はスリランカを第二のシンガポール、第二の香港《ホンコン》にしようとは思わない、豊《ゆた》かな精神《せいしん》を持ち、平和な徳性《とくせい》の高い国をつくりたいと考えている、と言われました。私《わたし》は、スリランカは大統領《だいとうりょう》の指導《しどう》の下《もと》に必ず世界で一番精神《せいしん》的に優《すぐ》れた国になりうるものと信《しん》ずる、と申《もう》し上げました。

ここでひとわたり大統領《だいとうりょう》は精神立国《せいしんりっこく》の考えを述《の》べられました。」（★同書）

「豊《ゆた》かな精神《せいしん》を持ち、平和な徳性《とくせい》の高い国」、ジャヤワルダナ氏が願い、めざした国の姿《すがた》はこれだ。政治《せいじ》、経済《けいざい》、文化、教育、宗教《しゅうきょう》も道徳《どうとく》も、すべて「民《たみ》」のためにということに尽《つ》きるのだと思う。

二〇一七年現在の駐日《ちゅうにち》スリランカ大使《たいし》、ダンミカ・ガンガーナート・ディサーナーヤカ氏は、ジャヤワルダナ元大統領《だいとうりょう》がスリランカでどのように思われているかについて、次のように述《の》べている。

「……故《こ》J・R・ジャヤワルダナ元大統領《もとだいとうりょう》は、仏教《ぶっきょう》に対する知識《ちしき》と理解《りかい》が大変深く、道徳と高い精神性を重んじ、生き方すべてが仏教《ぶっきょう》の教えに基《もと》づいていました。スリランカでは、政治《せい》家《じ》として仏教《ぶっきょう》の教えを政治活動《せいじかつどう》に引用した初めての大統領《だいとうりょう》として知られています。…」

（★愛知県明通寺《みょうつうじ》の「ジャヤワルダナ元大統領顕彰記念碑《だいとうりょうけんしょうきねんひ》」除幕《じょまく》式の記念冊子《さっし》に寄《よ》せた祝辞《しゅくじ》）

ジャヤワルダナ氏の政治《せいじ》は《仏道《ぶつどう》》によっていた。こう考えるのは、ジャヤワルダナ氏を知るすべての人々《ひとびと》の、尊敬《そんけい》とあこがれの気持ちでもあるのだと思う。

八正道《はっしょうどう》

「八正道《はっしょうどう》」は、一九五一年、鈴木大拙《すずきだいせつ》氏がジャヤワルダナ氏に指摘《してき》した「大乗仏教《だいじょうぶっきょう》と小乗《しょうじょう》仏教《ぶっきょう》に共通するもの」の一つ、仏教《ぶっきょう》の中心思想だ。『八正道大全《はっしょうどうだいぜん》』（★アルボムッレ・スマナサーラ長老著《ちょ》　日本テーラワーダ仏教協会《ぶっきょうきょうかい》）という冊子《さっし》があるが、とても難《むずか》しい。

桐生市《きりゅうし》の西方寺《さいほうじ》に「眼球提供者《がんきゅうていきょうしゃ》の供養碑《くようひ》」を訪《たず》ねて行った二〇一六年二月七日、桐生駅《きりゅう》でたまたま手に入れた「桐生《きりゅう》のお寺散策《てらさんさく》マップ」（★桐生仏教会・二〇一三）に載《の》っていた「八正道《はっしょうどう》」の解説《かいせつ》はこうだ。

「**八正道**《はっしょうどう》は、お釈迦様《しゃかさま》の教えで、さとりを開くために実践《じっせん》していく八つの事柄《ことがら》です。
以下の八つの教えを実践《じっせん》し、幸せな人生をおくりましょう。

1 正見《しょうけん》……正しい見方
2 正思惟《しょうしゆい》……正しい考え
3 正語《しょうご》……正しい言葉
4 正業《しょうごう》……正しい行い
5 正命《しょうみょう》……正しい生活
6 正精進《しょうしょうじん》……正しい努力
7 正念《しょうねん》……正しい思い
8 正定《しょうじょう》……正しい心の統一《とういつ》」

こうして書き写《うつ》したところで、解《わか》ったわけでは決してない。やはり、これは、ジャヤワルダナ氏のように、ひたすら行うことによって「近づいていく」もののように思う。宗教《しゅうきょう》とは、「信じて祈《いの》り願う」ものではなく、「信じるところに従《したが》って行うものである」と思えてくる。しかもこれは、次の「ジャヤワルダナ氏の平和観《へいわかん》」にも深く通じるものなのだ。

㈢　ジャヤワルダナ氏の平和観《へいわかん》
「日本国憲法《けんぽう》」とジャヤワルダナ氏

ジャヤワルダナ氏は、これまで、サンフランシスコ講和《こうわ》会議の演説《えんぜつ》、来日の時のスピーチ、広島平和記念資料館《ひろしまへいわきねんしりょうかん》のメッセージなどに見てきたように、そして、「非同盟《ひどうめい》」のような国際的《こくさいてき》な活動《かつどう》にも携《たずさ》わっているところを見ても、戦争を否定《ひてい》する、拒否《きょひ》する立場を貫《つらぬ》いていると言える。また、一九八九年六月の来日の時のエピソード、日本刀《にほんとう》を贈《おく》られたときの、「以前に鎧《よろい》を頂《いただ》いた。あれも戦う武器《ぶき》です。今回は刀《かたな》を頂《いただ》き、世界中の武器を私《わたし》のところに集めてしまえば、世界から戦争が無くなる……」と言ったというのは、ジャヤワルダナ氏のユーモアだが、筆者である雲龍寺先代住職足利正哲師《うんりゅうじせんだいじゅうしょくあしかがしょうてつし》の「本当に、常《つね》に平和を考えていらっしゃるのだなと思いました。」は、まさにそのとおりだと思う。

では、ジャヤワルダナ氏は、「平和憲法《けんぽう》」と言われている日本国憲法《けんぽう》をどう見ていたのだろうか。――これは、わたしが長い間突《つ》き当っていた問題だ。ジャヤワルダナ氏ほどの平和主義者《しゅぎしゃ》が、日本国憲法《けんぽう》について一言も言っていないはずはないのだ。J・R・ジャヤワルダナ　センターの図書資料《としょしりょう》をくまなく見ていけば、きっといい論文《ろんぶん》なり随筆《ずいひつ》なりが見つかるのだろうが、今回はそのゆとりがなかった。

ただ一つ、次に掲《かか》げる一節《いっせつ》を見つけている。これは、鎌倉《かまくら》の《顕彰碑《けんしょうひ》》除幕《じょまく》式に来日したジャヤワルダナ氏を紹介《しょうかい》する挨拶《あいさつ》の一部で、建立《こんりゅう》の発起人《ほっきにん》である上坂元一人《かみさかもとかずと》氏（★当時、アジア文化交流協会常務理事《じょうむりじ》・事務局長《じむきょくちょう》）によるものである。

「一九八九年二月、昭和天皇《しょうわてんのう》の大喪《たいそう》の礼《れい》にスリランカ代表として列席《れっせき》された際《さい》には、一九五一年のサンフランシスコ講和《こうわ》会議当時を振《ふ》り返り『日本がこんなにも早く経済《けいざい》大国になるとは思わなかった』と述《じゅっ》懐《かい》され、言葉を継《つ》いで『平和憲法《けんぽう》の下《もと》に歩んできた日本の道は正しい。今後も平和のため、途上国発展《とじょうこくはってん》のため、豊《ゆた》かな経済力《けいざいりょく》を使ってほしい』と日本国民に改《あらた》めて呼《よ》びかけておられます。」

〔この呼《よ》びかけがどのような場で行われたのかははっきりしないが、上坂元《かみさかもと》氏は、平和憲法《けんぽう》うんぬんの出典《しゅってん》については、英文雑誌《ざっし》『SRI LANKA REVIEW』からの採録《さいろく》と記憶《きおく》している、と述《の》べている。〕

これはつまり、ジャヤワルダナ氏は、かつてのように経済《けいざい》大国日本をただ「批判《ひはん》」するのではなく、平和憲法《へいわけんぽう》下の日本なら、その精神《せいしん》性の高さによって、豊《ゆた》かな経済力《けいざいりょく》を平和のために発揮《はっき》できるであろう、そうしてほしいと、日本国と日本国民に期待《きたい》を示したということだ。

ほかに、「憲法《けんぽう》」という言葉を用いてはいないが、前に紹介《しょうかい》した昭和天皇大喪《しょうわてんのうたいそう》の礼《れい》の来日と同じときに訪問《ほうもん》した雲龍寺《うんりゅうじ》で保育園児《ほいくえんじ》に向けたスピーチが、平和憲法《けんぽう》の精神《せいしん》そのものであったことは、すでに述《の》べたとおりだ。

また、あるとき大統領《だいとうりょう》はサンフランシスコ講和《こうわ》会議での演説《えんぜつ》をふり返って、

「『あの演説《えんぜつ》は当たり前のことを言ったに過《す》ぎません』と述《の》べられました。次に大統領《だいとうりょう》は力を入れて、『暴力《ぼうりょく》はいけません、戦争はいけません、あくまで平和を維持《いじ》せねばなりません。日本は戦争に負けたが、今では異常《いじょう》に繁栄《はんえい》している。勝っていたらどうなっていたか。勝っても同じように繁栄《はんえい》しているだろう。』と言われました。」（★『南太平洋のあけぼの』野田《のだ》夘一《ういち》）

という。これは、戦争などはしなくても繁栄《はんえい》はするものなのだと言っているのだと思う。

大統領《だいとうりょう》が、「今後も平和のため、途上国発展《とじょうこくはってん》のため、豊《ゆた》かな経済力《けいざいりょく》を使ってほしい」と日本国民に改《あらた》めて呼《よ》びかけた、この呼《よ》びかけ、期待《きたい》に応《こた》えようとしないような繁栄《はんえい》なら、やがて日本は、『平家《へいけ》物語』の、「おごれる人も久しからず、」になる、さらに言えば、「平和憲法《けんぽう》」を捨《す》て去《さ》れば、とんでもないことにきっとなる、ということだ。

ジャヤワルダナ氏と三笠宮崇仁親王《みかさのみやたかひとしんのう》

昭和天皇《しょうわてんのう》の弟宮《みや》、三笠宮崇仁親王《みかさのみやたかひとしんのう》には、平成《へいせい》二十八年十月二十七日、百歳《さい》で逝去《せいきょ》された。

親王《しんのう》が、一九五六年、ご夫妻《ふさい》でセイロンをご訪問《ほうもん》され、返礼《へんれい》に子象《こぞう》「アヌーラ」を贈《おく》られたことは前に述《の》べた。

三笠宮親王《みかさのみやしんのう》が平和主義者《しゅぎしゃ》だったことは広く知られているが、日本国憲法《けんぽう》の第二章（★（戦争の放棄《ほうき》と戦力及《せんりょくおよ》び交戦権《こうせんけん》の否認《ひにん》））について、「……特《とく》に政府にお願いして以《もっ》て名誉《めいよ》ある本憲《けん》法《ぽう》の第二章が確実《かくじつ》に履行《りこう》（言葉どおりに実行すること）されるように切望する。」と述《の》べ（★『古代オリエント史《し》と私《わたし》』223ページ　昭和《しょうわ》59年　学生社　中、「こっとうの書」昭和《しょうわ》二十四年）、また「……そのころ（★一九三六年の春から暮《くれ》）のことで、今もなお良心の苛責《かしゃく》（しかりせめて苦しむこと）にたえないのは、戦争の罪悪性《ざいあくせい》を十分に認識《にんしき》していなかったことです。」（同書　14ページ）、そしてまた、「偽《いつわ》りを述《の》べる者が愛国者としてたたえられ、

歓談《かんだん》する、右からジャヤワルダナ氏、三笠宮妃《みかさのみやひ》、三笠宮《みかさのみや》さま、ジャヤワルダナ氏夫人（J・R・J・C蔵）

真実を述《の》べる者が売国奴《ばいこくど》と罵《ののし》られた世の中を、私《わたし》は経験《けいけん》してきた。もっとも、こんなことはかならずしも日本に限《かぎ》られたことではなかったし、また現代にのみ生じた現象《げんしょう》ともいえない。それは古今東西の歴史書をひもとけばすぐわかることである。それは過去のことだと安心してはおれない。」（『日本のあけぼの　建国と紀元をめぐって』の「はじめに」より　三笠宮崇仁編《へん》　一九五九　光文社）というようにお考えになっていたことなどを思い合わせると、親王《しんのう》がセイロンをご訪問《ほうもん》されたこの時に、同じく平和主義者《しゅぎしゃ》だったジャヤワルダナ氏と、戦争や平和についてどんなお話を交《か》わされたか、きっと熱心なお話し合いがあったにちがいないと、とても興味《きょうみ》があるところだ。

第四章

スリランカの人々《ひとびと》

ペラヘラ祭り
世界中から大勢の観光客が来るが、スリランカの人々にとっては
最も大切な宗教行事の一つ。合掌《がっしょう》している人々の姿が見える。
（2012.8）

一　『J・R・ジャヤワルダナ　センター』の設立《せつりつ》

(一)　スリランカ国民の思い

これまでにも時おり出てきた『J・R・ジャヤワルダナ　センター』（★略称《りゃくしょう》　J・R・J・C）はコロンボにある。大統領《だいとうりょう》を記念する建物だ。講堂《こうどう》などを備《そな》えたとても大きな建物で、一九八八年に法律《ほうりつ》によって造《つく》られたものだ。八八年といえば大統領《だいとうりょう》の在任中《ざいにんちゅう》だから、もうそれだけで、スリランカ国民と国会の大統領《だいとうりょう》に対する思い、誇《ほこ》りが解《わか》るように思う。

センターでは、わたしは大歓迎《だいかんげい》を受け、調査《ちょうさ》にもとても協力的だった。

管理長《かんりちょう》のK・D・ニハル・へワゲさんは、これまでも日本からは、テレビ局《きょく》や新聞社などが取材《しゅざい》に来たことは

J・R・ジャヤワルダナ　センター
（J・R・J・C）

あるが、それがどのように報道《ほうどう》されたのかまでは判《わか》らないと、嘆《なげ》いておられた。そして、この仕事は形に残るものなので大いに期待している、日本のアニメ技術《ぎじゅつ》は世界中に知られているのだから、小さな子どもにも読めるマンガ本にも作ってほしいとまで言われた。

二日間の調査《ちょうさ》には、スリランカの現代史でジャヤワルダナ大統領《だいとうりょう》を研究しているというナボーダ・グラナトゥナさんをアシスタントにつけていただき、図書館の主事と二人で、資料《しりょう》の検索《けんさく》、解説《かいせつ》、コピーなど、何でもしてもらった。

センターの展示館《てんじかん》には、ジャヤワルダナ氏が赤ちゃんの時産湯《うぶゆ》をつかったタブに始まって、大統領《だいとうりょう》の業績《ぎょうせき》、記録、著作《ちょさく》、写真、関係資料《かんけいしりょう》、各国《かっこく》からの贈《おく》り物《もの》、そして遺言《ゆいごん》まで、氏の生涯《しょうがい》にわたるさまざまな物が大切に保管《ほかん》・展示《てんじ》されていて、興味《きょうみ》が尽《つ》きない。

これは、とても二日間で調査《ちょうさ》しきれるものではなかった。

そこで、今は『日本会館』についてだけ報告《ほうこく》することにする。

調査中《ちょうさちゅう》の著者《ちょしゃ》とナボーダさん

㈡ 日本会館（The Japanese Hall　または Japanese Museum）

日本会館は、センターの芝生《しばふ》を行った一角《いっかく》にある。

入口の扉《とびら》には大きな鍵《かぎ》があって、しっかり管理されている。

扉《とびら》の両脇《りょうわき》には、なんと平仮名《ひらがな》で「いらっしゃいませ」とある。「WELCOME」なら世界に向けてだと思うのだが、そうではない。明らかに日本（人）向けだ。センターの「しおり」の「The Japanese Hall」には次のようなことが書いてある。

> 日本会館・資料館《しりょうかん》
>
> ここは、本センターを特徴《とくちょう》づける大切なところである。日本の皇室《こうしつ》、昭和天皇《しょうわてんのう》と今上天皇《きんじょうてんのう》からの贈《おく》り物を含《ふく》めて、日本の指導者《しどうしゃ》と日本国民からの贈《おく》り物が展示《てんじ》されている。中でもきわだっているのは、日本国民から贈《おく》られたジャヤワルダナ大統領《だいとうりょう》の胸像《きょうぞう》である。その碑文《ひぶん》は述《の》べている。
>
> 「一九五一年のサンフランシスコ講和《こうわ》会議におけるジャヤワルダ

日本会館の玄関《げんかん》

ナ大統領《だいとうりょう》のお骨折《ほねお》りに対して、日本国民から大統領《だいとうりょう》にささげる心からの報恩《ほうおん》の印である。」と。

日本会館に入ると、なるほど立派《りっぱ》な胸像《きょうぞう》が出《で》迎《むか》えてくれる。

この胸像《きょうぞう》は、ジャヤワルダナ氏が大統領《だいとうりょう》になって二年八か月後の一九八一年十月十七日、日本の有志《ゆうし》十六名によって贈《おく》られたもので、贈《おく》り主の一人、福島正義《ふくしままさよし》氏の、下のような「漢《かん》詩《し》」が付いている。

この「漢詩《かんし》」の読み方と意味は、次のようである。

胸像《きょうぞう》

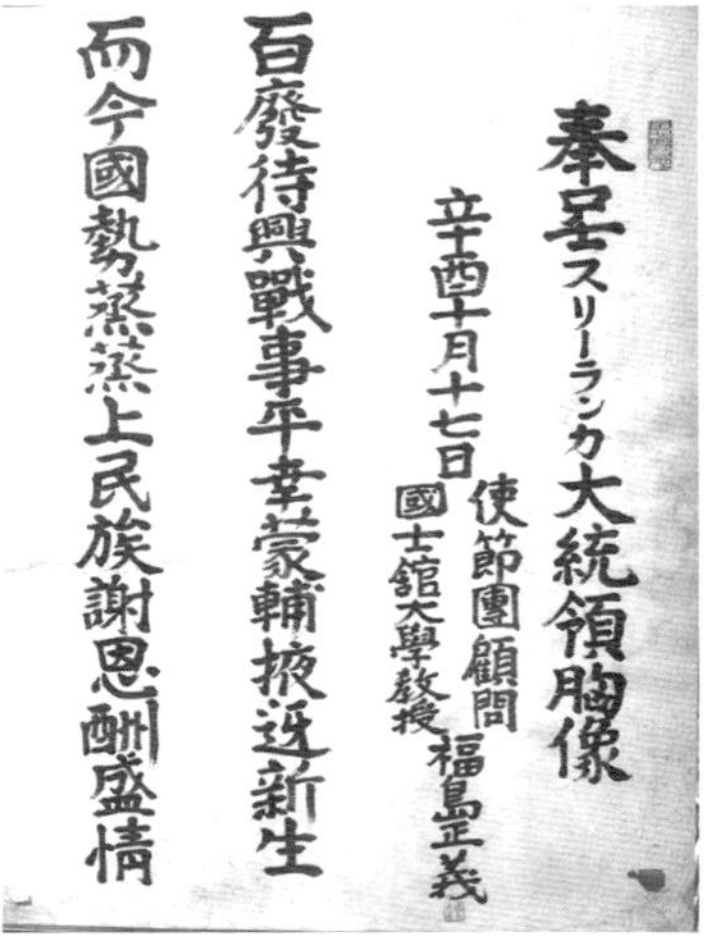
奉呈スリーランカ大統領胸像
辛酉年十月十七日
使節團顧問
國士舘大學教授 福島正義
百廢待興戰事平
幸蒙輔掖迓新生
而今國勢蒸蒸上
民族謝恩酬盛情

漢詩《かんし》

《読み方》

奉呈《ほうてい》　スリーランカ大統領《だいとうりょう》胸像《きょうぞう》

辛酉《しんゆう》十月十七日　使節團《しせつだん》顧問《こもん》

国士舘大學教授《こくしかんだいがくきょうじゅ》　福島正義《ふくしままさよし》

百廢《ひゃっぱい》は興《こう》を待《ま》ち、戦事《せんじ》平《たい》らぎたり

幸《さいわい》にして輔《たすけ》を蒙《こうむ》り、新《あら》たなる生《いのち》を掖《かか》へ迎《むか》ふ

而《しか》して今《いま》、国勢《こくせい》は蒸蒸《じょうじょう》と上《のぼ》りゆき、

民族《みんぞく》は恩《おん》に謝《しゃ》して盛《さか》んなる情《おもい》に酬《むく》いんとす

《意味》

謹《つつし》んでスリランカ大統領《だいとうりょう》の胸像《きょうぞう》にささげる

昭和《しょうわ》五十六年十月十七日　使節團顧問《しせつだんこもん》　国士舘大學教授《こくしかんだいがくきょうじゅ》　福島正義《ふくしままさよし》

多くの廃墟《はいきょ》が復興《ふっこう》の時を待っている。今は戦い事は終わりおだやかになった。

幸《さいわ》いにも（あなたの）助けをいただき、（我《わ》が国は）新たな命の芽吹《めぶ》きを

あちこちで迎《むか》えている。

そして今、国の勢《いきお》いはぐんぐんと上り調子《ちょうし》となり、
日本民族《みんぞく》はみな、（あなたの）恩《おん》に感謝《かんしゃ》して、そのみちあふれんばかりの
思いにおこたえしようとしている。

（《読み方》《意味》ともに、七戸音哉《しちのへおとや》氏による。）

終戦当時の写真を見ると、東京《とうきょう》も大阪《おおさか》も、そして千葉《ちば》も、本当にどこもかしこも廃墟《はいきょ》だ。ジャヤワルダナ氏もサンフランシスコに行く途中《とちゅう》、日本の廃墟《はいきょ》を目《ま》の当たりにしたと言っていた。詩は、廃墟《はいきょ》からの復興《ふっこう》に頑張《がんば》っている国民の姿《すがた》と心がよく解《わか》る詩だと思う。

胸像《きょうぞう》の背後《はいご》には、大統領《だいとうりょう》が注文して描《えが》かせたという、原子爆弾《げんしばくだん》のきのこ雲《ぐも》に鉄条網《てつじょうもう》が張《は》られ、桜の花に白い鳩《はと》の舞《ま》う大きな絵がある。

また、「和光《わこう》」という大きな書もかかっている。

「和光《わこう》」は、「光をやわらげること」という意味だが、「仏《ほとけ》や菩薩《ぼさつ》が生きとし生けるものを救《すく》うために、自己《じこ》を生けるものどもと同じ境地《きょうち》に置いて、ひたすら救済《くさい》につとめること。」

（★『佛教語大辞典』中村元著　東京書籍）ということで、大統領《だいとうりょう》をたたえ、大統領《だいとうりょう》を仏《ほとけ》・菩薩《ぼさつ》に

なぞらえているのだ。

書は、落款《らっかん》（はんこ）に「永平七七世廉芳《えいへいしちじゅうしちせれんぽう》」とあるから、日本の永平寺《えいへいじ》第七十七代貫首《かんず》の丹羽廉芳禅師《にわれんぽうぜんじ》によるものである。

胸像《きょうぞう》の真正面《ましょうめん》、つまり、大統領胸像《だいとうりょうきょうぞう》がじっと見つめている視線《しせん》の先に、サンフランシスコ講和《こうわ》会議での演説《えんぜつ》の主要部分が、壁《かべ》いっぱいに掲《かか》げられ、照明《しょうめい》を受けて金色に輝《かがや》いている。（★本書口絵写真）

日本会館には、昭和天皇《しょうわてんのう》・香淳皇后《こうじゅんこうごう》のお写真、三笠宮《みかさのみや》ご夫妻《ふさい》、今上天皇《きんじょうてんのう》・皇后両陛下《こうごうりょうへいか》の皇太子《こうたいし》時代のスリランカご訪問《ほうもん》時のお写真をはじめ、大統領《だいとうりょう》が来日したときの写真、ゆかりのある人々《ひとびと》との交流の様子《ようす》の写真や、書、日本画《にほんが》、日本人形、雛《ひな》人形、よろい・かぶとなど、日本の人々《ひとびと》から贈《おく》られたと思われるいろいろなものが所せましと展示《てんじ》されている。

見学・調査《ちょうさ》して思ったのだが、「あれではまだまだ足《た》り

胸像の背後「原爆の画」（右）と「和光」（左）

ない、自分が知っているものだけでも、もっと大切なことやものがいろいろある。これからでも遅《おそ》くないから探《さが》して、提供《ていきょう》して、きちんと整理もしてもらって、ぜひもっともっと充実《じゅうじつ》させたいものだ。」と。

スリランカを旅行する日本のみなさんには、数ある世界遺産《せかいいさん》めぐりやショッピング、アーユルベーダなどもいいけれど、ジャヤワルダナ大統領《だいとうりょう》を永《なが》く記憶《きおく》に留《とど》めるためにも、ここ、『J・R・ジャヤワルダナ　センター』にもぜひ立ち寄《よ》ってもらいたい。また、日本の観光会社の「ガイドブック」には、ぜひセンターのことを載《の》せてほしいし、「スリランカ・ツアー」には、ここがコースに入ったパッケージも作ってほしいと思う。

なぜなら、『日本会館』は、入口で「いらっしゃいませ」といって、日本からのお客様を待っているのだから。

二　「衣食足りて礼節《れいせつ》を行う」人々《ひとびと》

（ここに述《の》べようとする人々は、どこか深いところでジャヤワルダナ氏につながっているように思える。それが何であるのかを考えてみたい。」

「衣食《いしょく》足りて礼節《れいせつ》を知る」、これは、『管子《かんし》』という中国の古典にある有名な言葉で、「民《たみ》は、生活が豊《ゆた》かになって初めて、道徳心が高まって礼儀《れいぎ》を知るようになる。」ということだ。

わたしは、これまでに九回スリランカに行っているが、初めのうちは、スリランカでは、衣・食、つまり着る物も食べる物も足《た》りなくて、礼節《れいせつ》も乱《みだ》れているのだろうと思い込《こ》んでいた。「スリランカは貧《まず》しい国」という先入観《せんにゅうかん》が刷《す》り込まれていたからだが、それはとんでもない間違《まちが》いだった。

確《たし》かに、衣・食をめぐっては、日本のわたしたちが言うような「豊かさ」はないようだ。でも、人々《ひとびと》の様子《ようす》や暮《く》らしぶりを見ていると、日本で言うその「豊かさ」とは「あり余《あま》ってでむだな、『モノの豊かさ』」であることに気付く。しかも、いつの間にか「(あり余っているのに)もっとないのか」、「もっと欲《ほ》しい」という気持ちが頭をもたげ、それが、よく言われている「豊かなる貧困《ひんこん》」につながっていくことにも気付く。

スリランカの人々《ひとびと》の中にいると、「衣・食は今はこれで足《た》りている」として、あとは礼《れい》節《せつ》を「知る」ではなく「行う」、つまり「実践《じっせん》している」様子《ようす》によく出あう。今必要最小限《ひつようさいしょうげん》ありさえすれば、あとは、無い人、足《た》りない人、必要としている人に分け与《あた》えるのみ。日本なら「もう少しでもあるといいな」と思って集めたり蓄《たくわ》えたりすることを、こうして誰《だれ》もが「われ、今足《た》る」とさとってほほえみ、分け合い、落ち着いて歩んでいる。そうだ、「乏《とぼ》しくはあるのかもしれないが、貧《まず》しくはない」のだ。わたしの初めの予想、「スリランカは『衣食足《た》らずして礼節乱《れいせつみだ》る』はみごとに外れた。また、「衣食足《た》らずして礼節《れいせつ》を行う」でもなかった。まさに「衣食足りて礼節《れいせつ》を行う」であって、これは『管子《かんし》』の「礼節《れいせつ》を知る」の上をいっていることだ。

○

例を挙《あ》げてみると、こうだ。

食糧支援《しょくりょうしえん》を受けている里子《さとご》、チャトリ・デシカを家庭訪問《ほうもん》したときのこと。おみやげの米5キロを渡《わた》そうとすると、チャトリは、「おととい、《ふたば食糧基金《しょくりょうききん》》でいただいたからいらない。それは、必要としている他の人にあげてほしい。」と言う。「いや、これは、それとは別の『おみやげ』だ。」と、何度も説明《せつめい》したが、決して受け取ろうとしない。チャトリは、わたしがつくった食糧支援《しょくりょうしえん》《ふたば・アーローカヤ基金《ききん》》の里子《さとご》に決まった時から何度も礼状《れいじょう》をくれているのだが、これまでの手紙の内容とこの一言、態《たい》度《ど》とから、「もっと欲《ほ》しい」などとはさらさら思っていないことが判《わか》って涙《なみだ》があふれた。

これに似《に》たような話はじつはほかにもたくさんあって、いちばん驚《おどろ》くのは、リュックにぎっしりの学用品を、どの里子《さとご》も独《ひと》り占《じ》めには決してしないで、兄弟姉妹に分け、友達に分け、必要としている知人にも分けているというのだ。

また、ある里子《さとご》の家では、「宝《たから》くじ」に当たったからと、コスモス奨学金《しょうがくきん》を辞退《じたい》してきた。「ぼくの奨学金《しょうがくきん》はもういいから、ほかの子どもたちにやってほしい」というのだ。日本では、ちょっと考えにくい話ではないだろうか。

「そういえば、ヌワラエリヤのいちご屋に立ち寄《よ》ったとき、いちごヨーグルトの代金を受け取らなかった店長にも同じようなことがあったのだった。

〇

日本にも、同じような考え方は無くはない。観音堂の境内《けいだい》にある「つくばい」、「吾唯足知」がそれだ。これは「われただたるをしる」と読むのだが、意味は、読んで字のごとし、だ。しかし、実践《じっせん》している人はどれほどいるだろうか。

嘆《なげ》かわしいが、こういうことが思い出されもする。

昔《むかし》、「欲《ほ》しがりません、勝つまでは」と言って戦争をした国があった。勝ったら欲《ほ》しがってもいい、それまでは我慢《がまん》せよ、ということだろうが、その国が戦争に負けた。しかし、人々《ひとびと》は負けてもなお欲《ほ》しがった。もっともっとと欲しがって、「礼節《れいせつ》」をどんどん捨《す》ててしまった。その国は今もまだそのままだ。

これは、どう考えたらいいのだろうか。

「吾唯足知《われただたるをしる》」のつくばい
（君津市糠田《きみつしぬかた》・浄土観音境内《じょうどかんのんけいだい》）

三　母をたたえ敬《うやま》う人々

〔ここに述《の》べる人々も、ジャヤワルダナ氏の生き方につながっている。同じようにいっしょに考えてみたいと思う。〕

母をたたえ敬《うやま》う

「J・R・ジャヤワルダナ　センター」の入り口ホールを過《す》ぎて、二階に上る階段《かいだん》わきの左壁面《ひだりへきめん》に、大きな肖像《しょうぞう》写真入りのメッセージが掲《かか》げられている。

これは、一九八三年五月二日、内戦の収拾《しゅうしゅう》に苦労していた大統領《だいとうりょう》が国民に向けた声明《せいめい》の一部で、

「私《わたし》には、人間がなぜ暴徒化《ぼうとか》し、仲間《なかま》を殺《ころ》すのか理解《りかい》できない。人間はだれでも、だれかの親であり、母であり、子であるのに。」というものだ。

これを見るかぎりでは、ジャヤワルダナ大統領個人《だいとうりょうこじん》の考えのように見えるが、じつはそ

うではなく、これはスリランカ仏教《ぶっきょう》の非常《ひじょう》に大事な精神《せいしん》の一つで、「母親」を尊敬《そんけい》し、大切《たいせつ》に実践《じっせん》する考えなのだそうだ。

そういえば、スリランカの子どもたちが書いたという「母」をたたえる詩をたくさん読んだことがあるし、そういう歌は、童謡《どうよう》にも民謡《みんよう》にも歌謡曲《かようきょく》にも限《かぎ》りなく多いらしい。

スリランカの「優先席《ゆうせんせき》」

メルビンさん夫妻《ふさい》に赤ちゃんができておなかが大きくなったころ、ショルダーバッグにハート型の「赤ちゃんバッジ」を下げて、二人がわが家に訪問《ほうもん》して来た。そこで、奥《おく》さんのサジーさんに聞いてみた。

「このバッジを付けていると、バスや電車の中で優先席《ゆうせんせき》を譲《ゆず》ってくれたり、優先席《ゆうせんせき》でなくても席《せき》を譲《ゆず》ってくれたりするから、いいでしょ？」

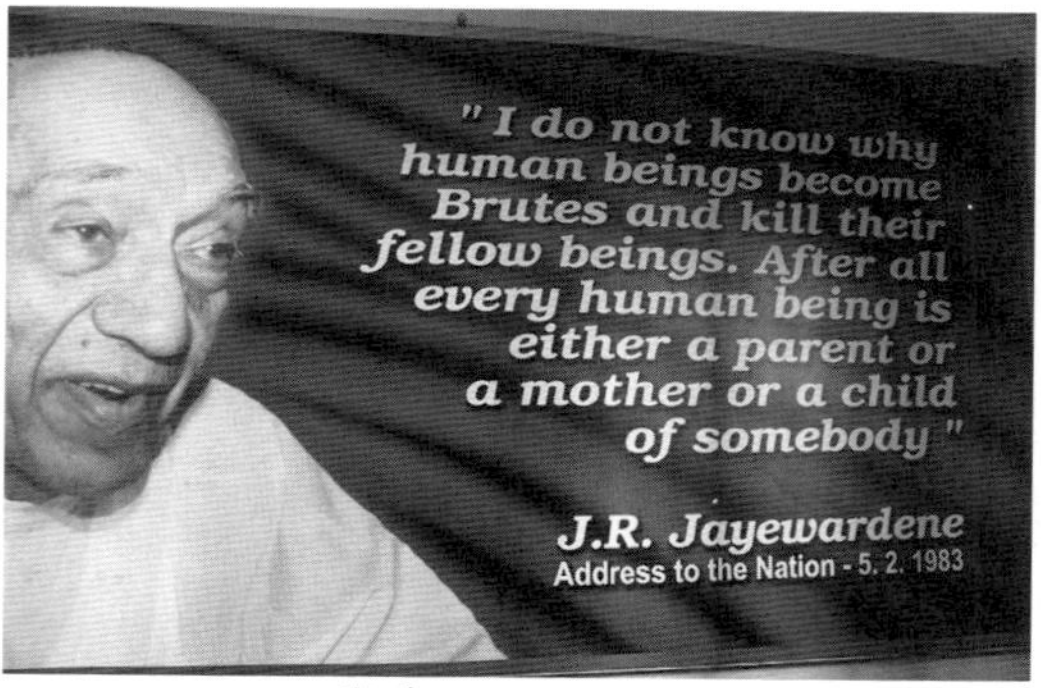

国民に向けた声明《せいめい》の一部（J・R・J・C掲示）

ところが、譲《ゆず》ってもらったことはこれまで一度もなかったという。この答えは意外《いがい》で残《ざん》念《ねん》だった。

電車には、「優先席《ゆうせんせき》」のステッカーがあるし、「席《せき》をお譲《ゆず》りください」と放送もしている。つり革《かわ》やシートの色、模様《もよう》まで変えてある。そして、譲《ゆず》っている人も見かけるのに。

「赤ちゃんバッジ」が目に入らないのか、相手が外国人だからためらうのか、自分が疲《つか》れて座《すわ》っているからなのか、……。何のためのバッジなのかな、何のための放送なのかな、何のためにつり革《かわ》やシートの色を変えてあるのかな、などと思いながら、さらに聞いてみた。

「スリランカではどうですか?」

その答えがさらに意外《いがい》で驚《おどろ》いた。というより、今度は感動した。

スリランカのバスは、いつでもどこでも、たいていはぎゅうぎゅうに混《こ》んでいる。でも、妊婦《にんぷ》さんが乗ってくると、きまって、車掌《しゃしょう》さんが大きな声で言うのだそうだ。

「お客様の中で、自分はお母さんから生まれたんじゃないという人はいますか?」

すると、座《すわ》っている乗客の何人もが、「ここにどうぞ。」と、さっと立ち上がり、立っている乗客はつめ合って通路《つうろ》をあけ、「こちらからどうぞ。」と、席《せき》を譲《ゆず》るのだそうだ。

これはじつに感動的な話だ。「母を敬《うやま》う国」ならではの話ではないだろうか。

日本もこうありたい

日本もそうであってほしいと思うので、一つだけ記録しておこう。

このあいだ、對馬《つしま》さんというわたしの知り合いが赤ちゃんを産《う》んで、メールで、

「……。出産はもう壮絶《そうぜつ》で、人生にこんなことがあるなんて知りませんでした……。全《すべ》ての母を尊敬《そんけい》します。」

と言ってきた。わたしは、すぐに次のように返信した。

「『全ての母を尊敬《そんけい》します。』、なんと素敵《すてき》な想い、言葉でしょう。でも、『腹《はら》を痛《いた》める』ことのない男どもには、壮絶だなどということは分かりません。少しでも分かるとすれば、それは、感謝《かんしゃ》と尊敬《そんけい》でしょう。」

『母をたたえることは、平和へのはじまり』、そう考えると、『命を産《う》み、育てる母親』

は、何にも増《ま》して大切《たいせつ》にされなければならない。十一人の子どもを産《う》み育てたジャヤワルダナ大統領《だいとうりょう》のお母さんは偉《えら》い。そして、七人を産《う》み八人を育てたわたしの母親もすばらしい。同じ思いで『慈母観音《じぼかんのん》』「垂乳根観音《たらちねかんのん》」を建立《こんりゅう》したわたしの父も偉《えら》かったと思う。

四　ひたむきに生きる人々《ひとびと》

〔ここに述《の》べたいことも、ジャヤワルダナ氏の生き方にどこか深いところでつながっているように思う。それが何であるのかを、さきほどと同じようにいっしょに考えていきたいと思う。〕

「ひたむき」とは、「物事に熱中するさま。一途《いちず》なさま。」（広辞苑《こうじえん》）のことだ。ひたむきに生きた人々《ひとびと》は、昔《むかし》から日本にもたくさんいたし、今もたくさんいることだろう。

慈母観世音像
（君津市糠田・浄土観音境内）

スリランカのあのふつうの、日常の人たちの「生きる姿《すがた》」には、その「ひたむき・ひたすら」な様子《ようす》がはっきりと見て取れる。

子どもたちは

コスモス奨学生《しょうがくせい》という限《かぎ》られた範囲《はんい》ではあるが、子どもたちの将来《しょうらい》の夢《ゆめ》を聞くと、医者、教師、弁護士《べんごし》、エンジニアが圧倒的《あっとうてき》に多く、理由は「社会に役立つ人になりたいから」、「人々《ひとびと》の役に立ちたいから」である。お金を儲《もう》けたいとか、人気者になりたいとか、かっこいいからなどではない。そのために、欲《ほ》しい学用品も、普通《ふつう》のものに加えて、辞書《じしょ》、ノート、パソコン、自分の特技《とくぎ》や個性を伸《の》ばすための、絵の具や楽器を、と言う子もいる。

里子《さとご》を家庭に訪問《ほうもん》をしたときには、必ず、一日にどれくらい勉強するのかと聞くのだが、最低でも二時間、だいたいは三時間以上、五時間という子も珍《めずら》しくはない。

希望者のわずか二パーセントしか入れないという大学生はといえば、一日にノートを三〇ページはとるというからすごい。

このように、だれもが、夢中《むちゅう》になって勉強しているのだ。

おとなは

二〇一五年の訪問《ほうもん》のときのこと――。

アヌラダプラの菩提樹《ぼだいじゅ》を拝観《はいかん》後、同行の一人が野犬《やけん》にかまれるという事故《じこ》があった。周囲にいあわせた地元の人たちの応急処置《おうきゅうしょち》の後、病院に行ったのだが、経過観察《けいかかんさつ》のため、夕方まで留《と》め置かれることになった。その間に、どうやってこの事態《じたい》を知ったのか解《わ》からないが、マドシという里子《さとご》が、母親とともに見舞《みま》いにかけつけて来た。

後日、家庭訪問《かていほうもん》をして解《わか》ったのだが、この里子《さとご》には重い白血病《はっけつびょう》があって、かつて一時は重篤《じゅうとく》なことにもなったという。なるほど、放射線治療中《ほうしゃせんちりょうちゅう》だったというときの写真には、今はあるみどりの黒髪《くろかみ》が全く無かった。また、この家は、世界文化遺産《いさん》に登録されている寺《じ》院《いん》の土地にあって、しかも家自体がその寺のものなので、立ち退《の》きを言い渡《わた》されているのだが、代わりの土地も家もなく子どもも病気なので、今は黙認《もくにん》されているのだという。

日本では、入院《にゅういん》のお見舞《みま》いに行くとなると、やれ今日は日がいいだの悪いだの、やれ何を持っていくかだのと、吉凶《きっきょう》やモノにこだわり、結局《けっきょく》すぐにではなくなることが多い。でも、スリランカでは、ともかくもいち早くかけつけるというのがふつうのようだ。日がいい、悪いだとかカネやモノが有るからどうの、無いからどうのというのではなく、自分の気持ちや思いを相手に伝えるために、「今できることを今すぐする」、そういうことなのだ。

そういえば、二〇一一年三月十一日、千葉市《ちばし》のある小学校の国際理解《こくさいりかい》学習活動のボランティアに来ていたメルビンさん夫妻《ふさい》が、あの大地震《だいじしん》で帰宅《きたく》できなくなり、急きょ、里親《さとおや》でもあるその学校の校長先生のお宅《たく》に泊《と》まることになった。二人は、陸の全てをのみ込《こ》み押《お》し流していく大津波《つなみ》の報道映像《ほうどうえいぞう》を見ながら、「今自分たちにできることは何か」と話し合っていたと聞いていているし、その被災地《ひさいち》に真《ま》っ先《さき》にかけつけてカレーライスの炊《た》き出しをしたのは、在日《ざいにち》のスリランカのお寺のお坊《ぼう》さんたちだったというではないか。

◇「ゼッケン67」

一九六四年、東京《とうきょう》オリンピックの一万メートル走で、一位から三周遅《おく》れたゼッケン67のセイロンのカルナナンダ選手が、七万五千の観衆《かんしゅう》を前に、最後まで走り切った。

十月十五日の「毎日新聞」は、次のように写真入りで報《ほう》じている。

力強いドラマ　――陸上一万メートルの激戦《げきせん》

オリンピック精神

すべての選手がゴールインしたあと、ただ一人で残る二周を走ったカルナナンダ選手（セイロン）への拍手《はくしゅ》は、一位のミルズ選手や円谷《つぶらや》選手へのそれを上回った。

走るカルナナンダ選手
（毎日新聞　1964.10.15）

ひたむきに走るカルナナンダ選手に、九千万日本国民が涙《なみだ》した。当時高校生だったわたしもその一人だった。

十年後の一九七四（昭和《しょうわ》四十九）年、この話が「ゼッケン67」というタイトルで、四年生の国語教科書（★光村版《みつむらばん》　昭和《しょうわ》四十九～五十一年版《ばん》）に載《の》り、オリンピックの時にはまだ生まれてはいなかった子どもたちにも広く知られるようになった。カルナナンダ選手は、

「走りぬくことだけを目標《もくひょう》にした。走りぬくことができて、ほんとうによかった。」と語ったという。

カルナナンダ選手のひたむきな「オリンピック精神」への思い、一途《いちず》な思いが生《う》んだ快挙《かいきょ》は、五十年以上経《へ》た今日でも、スリランカ国民の誇《ほこ》りとしてたたえられているという。

国語の教科書といえば、もう一つ、「一本の鉛筆の向こうに」というタイトルの教材があったというので読んでみた。（★光村版平成《みつむらばんへいせい》四〜十三年）

これは、詩人谷川俊太郎《たにかわしゅんたろう》氏の文章で、日本で作られる鉛筆《えんぴつ》の芯《しん》の原材料である「黒鉛《こくえん》」がスリランカ産、これを地下三百メートルもの鉱山《こうざん》で掘《ほ》る一人のスリランカの男性の話である。短い文章だが、やはりひたむきに生きる姿《すがた》と、この男性に支《ささ》えられている幸せな家《か》族《ぞく》が描《えが》かれていた。

第一章の重要な言葉

《植民地《しょくみんち》》 ある国から海外に移《うつ》り住む者によって、新しく経済的《けいざいてき》に開発される土地。特に、新しく領土《りょうど》になって本国（宗主国《そうしゅこく》という）の方針《ほうしん》に従《したが》い、原料の提供《ていきょう》、商品の市場・資《し》本《ほん》の輸出《ゆしゅつ》地としての役割《やくわり》を果たす。政治的《せいじてき》には自国の政府《せいふ》がなく、完全に宗主国《そうしゅこく》に組み入れられる。宗主国《そうしゅこく》は永年《ながねん》にわたって植民地を支配《しはい》しようとするために、文化・教育・宗教《しゅうきょう》等の主導《しゅどう》も宗主国《そうしゅこく》が握《にぎ》る。海外に移住《いじゅう》するといっても、そこには先住民がいるので、多くは、略奪《りゃくだつ》・暴力《ぼうりょく》・武力によることになる。当然、先住民の抵抗《ていこう》や分裂《ぶんれつ》も起きる。

右のような方法で植民地《しょくみんち》にする、または植民地《しょくみんち》になることを〈植民地化《しょくみんちか》〉という。

《列強《れっきょう》》 政治的《せいじてき》、経済的《けいざいてき》、軍事的に強大な複数《ふくすう》の国々《くにぐに》。複数《ふくすう》なので、歴史的にはお互《たが》いの間で勢力を競《きそ》い合い、しばしば紛争《ふんそう》・戦争が起きる。その勝者はより強大になり、敗者は占領《せんりょう》・支配《しはい》されて弱小となり、〈列強《れっきょう》〉から外される。

《枢軸国《すうじくこく》》 第二次世界大戦前および大戦中、日本・ドイツ・イタリアの三国同盟《どうめい》と、この同盟《どうめい》側についた諸国《しょこく》（ルーマニア・ブルガリア・ハンガリー・フィンランド・タイ）をいう。

《大東亜戦争《だいとうあせんそう》》 日中戦争および太平洋《たいへいよう》戦争にたいする日本政府《せいふ》の呼《よ》び方。一九四一（昭和《しょうわ》十六）年十二月十日、大本営政府連絡会議《だいほんえいせいふれんらく》で「このたびの対米英戦争は、これから起こる戦争と『支那事変《しなじへん》』を含《ふく》めて『大東亜戦争《だいとうあせんそう》』という」と決め、内閣情報局《ないかくじょうほうきょく》から発表した。）（★『日本歴史大事典』藤原彰《ふじわらあきら》による。）「大東亜《だいとうあ》」とは、「東アジア、東南アジアとその周辺地域《ちいき》を「大いなる」といって指す、十五年戦争中の日本での呼《よ》び方」（広辞苑《こうじえん》）

《太平洋戦争《たいへいようせんそう》》〔戦争の呼称《こしょう》〕一九四一（昭和《しょうわ》十六）年から一九四五年にかけて、日本と、中国・アメリカ・イギリス・オランダなど連合国との間で戦われた戦争。国際的には第二次世界大戦の一環《いっかん》であり、日本にとっては一九三一年満州事変《まんしゅうじへん》以来の対中国侵略《しんりゃく》戦争が拡《かく》大《だい》したもの。日本政府《せいふ》はこの戦争を「支那事変《しなじへん》」を含《ふく》めて「大東亜戦争《だいとうあせんそう》」と呼んだが、敗戦後の一九四五年九月以後は「太平洋《たいへいよう》戦争」と呼ぶことになった。太平洋《たいへいよう》戦争は、満州事《まんしゅうじ》変《へん》と日中戦争とをあわせて「十五年戦争」とよばれることもある。（★同藤原彰《ふじわらあきら》）

《連合国《れんごうこく》》 第二次世界大戦で、日本・ドイツなどの枢軸国《すうじくこく》に対して、連合して「宣戦布《せんせんふ》告《こく》」（★他国に対し戦争に訴《うった》えることを宣言《せんげん》・公布《こうふ》すること）して戦った国々《くにぐに》。

《サンフランシスコ講和《こうわ》会議》正式には英語で、The Conference for the Conclusion and Signature of the Treaty of Peace with Japan〔日本国との平和条約《じょうやく》会議〕という。日本では、サンフランシスコ平和会議　サンフランシスコ条約《じょうやく》会議などともいう。これは、アメリカのサンフランシスコで行われた会議だからである。

《条約《じょうやく》》二つ以上《いじょう》の国どうしの間で取り決められ交わされる約束《やくそく》。お互《たが》いに守らなければならない義務がある。右の講和《こうわ》会議で取り交わされたのが、「サンフランシスコ講和《こうわ》条約《じょうやく》」(サンフランシスコ条約《じょうやく》・サンフランシスコ平和条約《じょうやく》・対日平和条約《じょうやく》などともいう)である。

《ソ連》ソビエト社会主義《しゃかいしゅぎ》共和国《きょうわこく》連邦《れんぽう》の略称《りゃくしょう》。それまでのロシア帝国《ていこく》が一九一七年のロシア革命《かくめい》によって倒《たお》れ、一九二二年に成立した。第二次大戦中の首相はヨシフ＝スターリン。この国は、一九九一年十二月に崩壊《ほうかい》して、一部は新しく「ロシア連邦《れんぽう》」として残る。「日露《にちろ》戦争」の「露《ろ》」とは「露西亜帝国《ロシアていこく》」の「露《ろ》」であり、現在《げんざい》の「ロシア連邦《れんぽう》」ではない。

《中華民国《ちゅうかみんこく》》中国で清朝《しんちょう》が倒《たお》れた後、一九一二年に成立した中国最初の共和制の国。一九二八年、中国国民党《こくみんとう》が国民政府《せいふ》を樹立《じゅりつ》して全国を統一《とういつ》したが、第二次大戦の後、中国共産《きょうさん》党《とう》との内戦に敗れ、四九年、台湾《たいわん》に移《うつ》った。このころの最高指導者《しどうしゃ》は蒋介石《しょうかいせき》。「中華《ちゅうか》人民共和国《きょうわこく》」（★一九四九年成立）と区別するために、「国民政府《せいふ》」、さらに短く、「国府《こくふ》」ということがある。

《連合王国》 日本ではふつう、「イギリス」というが、正しい国名は、United Kingdom of Great Britain and Northern Ireland という。この初めの二語が「連合王国」ということで、頭文字《かしらもじ》をとって、U・Kということもある。

《戦後処理《しょり》》 文字どおりにならば「戦争が終わった後の処理《しょり》、戦争の後始末《あとしまつ》」ということになるが、厳密《げんみつ》に言うと、「戦争を始める前からその戦争の目的を考え、戦争が終わった後、初めの目的が果たされたかどうかを評価《ひょうか》して、結果を確《たし》かなものにすること。」である。

《抑留《よくりゅう》》 「抑」は押《お》さえつけること、「留」はそこに止《と》めおくことで、強制的《きょうせい》にその場所にとどめおくことをいう。

第二章の重要な言葉

《講和《こうわ》会議》 戦争をしている国どうしが話し合って戦争を終わらせ、平和を取りもどす、そのための会議。「媾和《こうわ》」とも書く。

《**調印**《ちょういん》》条約《じょうやく》の文書などをととのえ、お互《たが》いの代表が署名《しょめい》して印を押《お》すこと。

《**冷戦体制**《れいせんたいせい》》（だいたい一九四六〜一九九〇年ごろ）

第二次大戦後、アメリカを中心とする西側（資本主義《しほんしゅぎ》）諸国《しょこく》とソ連を中心とする東側（社会主義《しゃかいしゅぎ》）諸国《しょこく》との間に生じた「戦争でもなく平和でもない対立状態《じょうたい》」を「冷戦」（または「冷たい戦争」）と呼《よ》び、冷戦が進行するなかでつくられた世界政治《せいじ》のしくみや関係を「冷戦体制《れいせんたいせい》」「冷戦構造《れいせんこうぞう》」という。サンフランシスコ講和《こうわ》会議は、冷戦体制《れいせんたいせい》ができあがろうとしていたころのことである。

一九八九年ごろから、東ヨーロッパの国々でソ連の支配《しはい》から抜《ぬ》け出そうとする革命《かくめい》が次々《つぎつぎ》に起こって、冷戦は終わりに向かったが、今日でもまだその影響《えいきょう》は多く見られる。

《**声明**《せいめい》》政府《せいふ》の考えを公式に明らかにすること。

《**全権**《ぜんけん》》国際会議や国際条約《じょうやく》会議など、外交交渉《こうしょう》に派遣《はけん》される国家の代表。

ジュニウス・リチャード・ジャヤワルダナ氏　日本関係を中心の略年譜《りゃくねんぷ》

年次	セイロン・スリランカ事情	日本事情
１９０５年		日露《にちろ》戦争終結・ポーツマス条約《じょうやく》
１９０６年９月17日	コロンボに出生　十一人兄弟の長男 父＝（キリスト教徒）セイロン最高裁《さいこうさい》判事《はんじ》、母＝（仏教徒《ぶっきょうと》）	満州《まんしゅう》・中国に進出
１９２１年３月	14歳《さい》　コロンボ港にお召《め》し艦《かん》「香取《かとり》」を見に行く ロイヤル・カレッジ・コロンボ、コロンボ法科大学入学 このころ、キリスト教から仏教《ぶっきょう》に改宗《かいしゅう》	皇太子《こうたいし》裕仁親王《ひろひとしんのう》、セイロン訪問《ほうもん》
１９３８年	32歳《さい》　セイロン国家機構の活動を始め、政治《せいじ》活動に入る	
１９４０年	34歳《さい》　地方選挙で当選	
１９４１年12月８日		真珠湾奇襲《しんじゅわんきしゅう》・太平洋戦争
１９４２年４月５、９日		日本海軍セイロンを空襲《くうしゅう》
１９４３年	37歳《さい》　国家評議会《ひょうぎかい》議員	
１９４５年８月６、９日		原爆被爆《げんばくひばく》・ソ連参戦・14日敗戦
１９４６年	40歳《さい》　国民連帯同盟《れんたいどうめい》（ＵＮＰ）加入	

1947年	41歳《さい》 下院議員初当選 財務大臣《ざいむだいじん》になる	
1948年2月4日	42歳《さい》 英連邦自治領《えいれんぽうじちりょう》として独立《どくりつ》 国名はセイロン	
1950年	44歳《さい》 コロンボ英連邦外相《えいれんぽうがいしょう》会議「コロンボプラン」を提唱《ていきょう》	
1951年8月30日 9月6日	45歳《さい》 初来日 鎌倉《かまくら》の大仏《だいぶつ》に参拝《さんぱい》 サンフランシスコ講和《こうわ》会議に出席「名演説《えんぜつ》」	鈴木大拙《すずきだいせつ》ほかに会う
1952年4月28日		サンフランシスコ講和条約発効《こうわじょうやくはっこう》 セイロンとの国交樹立《じゅりつ》
1954年10月6日		「コロンボ計画」に加盟《かめい》 この日を「国際協力の日」とする
1956年8月20日		三笠宮殿下《みかさのみやでんか》夫妻《ふさい》セイロン訪問《ほうもん》
1960年3月23日	54歳《さい》 ふたたび財務大臣《ざいむだいじん》になる	
1968年5月	61歳《さい》 来日	
1972年	66歳《さい》 憲法制定《けんぽうせいてい》「スリランカ共和国」として独立《どくりつ》	
1977年	70歳《さい》 第10代首相就任《しゅうにん》（無投票）	

年次	セイロン・スリランカ事情	日本事情
1978年2月4日	71歳《さい》　憲法制定《けんぽうせいてい》「スリランカ民主社会《みんしゅしゃかい》主義共和国《しゅぎきょうわこく》」と改称《かいしょう》 初代大統領就任《しょだいだいとうりょうしゅうにん》（統一国民党《とういつこくみんとう》） 第6代非同盟事務総長《ひどうめいじむそうちょう》（〜79．9．9）	
1979年9月	72歳《さい》　来日　国賓《こくひん》	大平首相と首脳《しゅのう》会談 芝《しば》の増上寺参拝《さんぱい》・全日本仏教会《ぶっきょうかい》歓迎会《かんげいかい》
1981年3月5日		皇太子明仁親王夫妻《あきひとしんのうふさい》スリランカ訪問《ほうもん》
1981年		ジュピター・コーポレーションいちご栽培《さいばい》を開始
1981年10月17日		胸像《きょうぞう》が贈呈《ぞうてい》される（JRJC日本会館）
1982年	新国会議事堂できる	
1983年8月4日	スリ・ジャヤワルダナプラ・コッテに首都を移《うつ》す　内戦勃発《ぼっぱつ》	
1983年9月17日	スリ・ジャヤワルダナプラ総合《そうごう》病院できる	
1984年5月	77歳《さい》　来日　非公式	蘭華寺《らんかじ》（千葉県香取市《かとりし》）の落慶法要《らっけいほうよう》に臨席《りんせき》

1989年1月2日	82歳　大統領《だいとうりょう》離任《りにん》	
2月	来日　昭和天皇大喪《たいそう》の礼《れい》に参列・国賓《こくひん》	八王子市《はちおうじし》の雲龍寺《うんりゅうじ》に来訪《らいほう》
5月	スリ・ジャヤワルダナプラ国立看護《かんご》学校できる	
6月	来日（非公式《ひこうしき》）	雲龍寺《うんりゅうじ》住職《じゅうしょく》足利正明《あしかがしょうめい》師に会う
1991年4月22日	84歳　来日	広島原爆慰霊碑《ひろしまげんばくいれいひ》・平和記念資料館《しりょうかん》訪問《ほうもん》、大阪《おおさか》・奈良《なら》・京都《きょうと》訪問《ほうもん》
28日		鎌倉高徳院《かまくらこうとくいん》境内《けいだい》の顕彰碑《けんしょうひ》除幕式《じょまくしき》に臨席《りんせき》
1992年11月7日		秋篠宮殿下《あきしののみやでんか》夫妻《ふさい》スリランカ訪問《ほうもん》
1996年11月1日	死去（90歳《さい》）・国葬《こくそう》	
11月2日	遺言《ゆいごん》により献眼《けんがん》、左眼の角膜《かくまく》が日本に来る	
1999年8月21日		群馬県《ぐんまけん》の二女性に角膜移植《かくまくいしょく》手術
2002年2月2日		

＊　おじいちゃんとの「総合的《そうごうてき》な学習の時間」を終えるにあたって

ぼくは六年生になった。一年がかりの「総合的《そうごうてき》な学習の時間」になってしまったが、この時間は、これまでまったく知らなかったことを知ったり、考えたこともなかったことを考えたり、おじいちゃんとたくさん話し合ったりと、興味《きょうみ》のつきないことばかりだった。

ぼくには、ジャヤワルダナ氏が、少年のころから日本をよく知り、戦後、日本の独立《どくりつ》のために大きく貢献《こうけん》してくれた上に、生涯《しょうがい》かけて親日家《しんにちか》だったということがよく解《わか》った。そして、ジャヤワルダナ氏に感動し、感謝《かんしゃ》した日本人がたくさんいたこともよく解《わか》った。

ひいおじいちゃんやおじいちゃんの考えたことやしていることもよく解《わか》った。

この、おじいちゃんとの「総合的《そうごうてき》な学習の時間」は、百点満点《まんてん》の百点だと思う。

その上で、だれにも考えてもらいたい、考えなければいけないことがいくつかある。

○

その一つは、どの国も絶対《ぜったい》に戦争をしてはいけないということだ。

やっている戦争を批判《ひはん》するためにだろうか、「大義《たいぎ》なき戦争はするな」という言葉を聞いたことがあるが、では大義《たいぎ》があれば戦争はしていいのか。そうではない。ぼくは、「大《たい》義《ぎ》があるなら話し合え」と言いたい。戦争を始めてから話し合うのではなく、終わってから話し合うのでもなく、戦争になる前に話し合う、これが本当だろう。昔《むかし》から、戦争で解《かい》決《けつ》したことはただの一つもなかったと言われている。日本国憲法《けんぽう》だってそう言っている。

日本は、「植民地《しょくみんち》アジアの解放《かいほう》」を「大義《たいぎ》」に、「大東亜戦争《だいとうあせんそう》」、「大東亜会議《だいとうあかいぎ》」をした。植民地諸国《しょくみんちしょこく》に「国益《こくえき》」になるからといって、結局《けっきょく》は殺りくと破壊《はかい》をさんざんやった。それは、「大義《たいぎ》」でもなんでもない、結局《けっきょく》は侵略《しんりゃく》であり、加害だった。そのとき、日本国民も「この戦争は国益《こくえき》にかなう」と教えられ、そう思い込《こ》まされた。そして、人や物、財産《ざいさん》や歴史や文化が犠牲《ぎせい》になった。これも「国益《こくえき》」なんかではない。

このあいだ、おじいちゃんとお風呂《ふろ》に入りながら、「『国益《こくえき》』ではなく『民益《みんえき》』という言葉はあるの？」と聞いたところ、「おっ。おまえ、いいことを言うねえ。」と感心された。

そこで、二人で、家にある国語辞典《こくごじてん》のありったけを引いてみたが、『日本国語大辞典《だいじてん》』（小学館）にさえ無かったから、「民益《みんえき》」という言葉は本当に無いのかもしれない。だったら作ればいい。政治《せいじ》も経済《けいざい》も国会も、そうだ、「憲法《けんぽう》」も、「民益《みんえき》」のためのものでなければならないはずだ。そして、「民益《みんえき》」のためなら、戦争などはできるものではない。

○

また一つ、これも「国益《こくえき》と民益《みんえき》」に関係がある。

おじいちゃんの話だが、昔々《むかしむかし》、スリランカが王国のころに、国王が自分の利益《りえき》を「国《こく》益《えき》」だといって築《きず》いた城《しろ》などの遺跡群《いせきぐん》を見ていると、自《おの》ずと、「祇園精舎《ぎおんしょうじゃ》の鐘《かね》の声　…おごれるものも久《ひさ》しからず、ただ春の夜の夢《ゆめ》のごとし　…」が口をついて出てくるという。

一方、「民《たみ》に向き、民を支《ささ》え、民に迎《むか》えられた『ブッダ』は、億万《おくまん》の人々《ひとびと》の中に、今なおこうしてながらえている、これはどういうことだろうか」、というのである。こういうブッダの「民益《みんえき》」の思いに支《ささ》えられて、ジャヤワルダナ氏は、本当に「民益《みんえき》」の実現《じつげん》を第一に生きぬいたのだと思う。

○

最後の一つ。日本政府《せいふ》がセイロン政府《せいふ》とジャヤワルダナ氏に感謝《かんしゃ》して、今もスリランカへの大規模《だいきぼ》な経済援助《けいざいえんじょ》、国際協力《こくさいきょうりょく》があることはよく解《わか》ったが、ぼくにはそれが、「政府《せいふ》止まり」に思えてならない。それもごく一部で、政治家《せいじか》のだれもが思ってやっていることでもなさそうだ。ましてや、国民のほとんどは、ジャヤワルダナ氏のことを知っていない。これはいいことではない。スリランカでは、国民のだれもが学校で教わり、誇《ほこ》りに思っているのだ。ぼくたちも、みんながジャヤワルダナ氏のことを正しく知り、スリランカを理《り》解《かい》することが、「国際理解《こくさいりかい》・国際交流《こくさいこうりゅう》・国際協力《こくさいきょりょく》」の大切な一つになるのだと思う。

＊　ぼくたちはこれから

おじいちゃんは、この時間、よく、「歴史の勉強というのは、『歴史を学ぶ』のではなく『歴史に学ぶ』ことだ。」と話していた。また、「現在《げんざい》は過去《かこ》の続き。だから、現在《げんざい》を見て、現在《げんざい》がこうであるのはなぜかを過去《かこ》から探《さぐ》り、あわせて未来を予見できるようでなければ、歴史に学ぶことにはならない。」とも言っていた。

期間は二〇一五年七月十一日から十八日までの一週間。この間、私《わたし》に付きっきりで現地案内と通訳《つうやく》を務《つと》めてくださったメルビン・ディ・シルヴァさんに、まずは心からお礼《れい》を申し上げます。また、最も大切な訪問先《ほうもんさき》である「J・R・ジャヤワルダナ　センター」（記《き》念館《ねんかん》・図書館・日本会館）では、K・D・ニハル・ヘワゲ管理長《かんりちょう》にいただいたご理解《りかい》、そのご配慮《はいりょ》で付けてくださったアシスタントのナボーダ・グラナトゥナさんに、翌《よく》年一月に再訪問《さいほうもん》したときには流暢《りゅうちょう》な日本語を話すボランティアのチャラニ・アヌルッディカーさんに、いろいろと助言をいただきました。また、メルビンさんの奥《おく》さんのサジーワニ・ディサーナヤカさん、その姉君《あねぎみ》、スージー・ディサーナヤカさんにも、通訳《つうやく》、資料《しりょう》の探索《たんさく》、筆写、その後のセンターとの折衝《せっしょう》等、長期にわたってお手伝いいただきました。ありがとうございました。

本文中に記しましたから重複《ちょうふく》する方もありますが、以下、特にお世話になった方々のお名前とご協力内容を記して、お礼《れい》に代えさせていただきたいと思います。

○バンドゥラ・ウィジェシンハ氏（スリ・マハーナガ・ヴィッダーレ校副校長）
『MY QUEST FOR PEACE』（ジャヤワルダナ大統領《だいとうりょう》の演説《えんぜつ》集）の提供《ていきょう》

○G・N・ハシンタ氏（在《ざい》日本スリランカ大使館《たいしかん》二等書記官）右『演説集《えんぜつ》』の翻訳《ほんやく》

○島田真徳《しまだまさのり》氏（甥《おい》）右『演説集《えんぜつ》』、現地新聞他の翻訳《ほんやく》

○高崎邦雄《たかさきくにお》氏（日本スリランカ協会事務局長）
ほかからでは入手困難《こんなん》な資料《しりょう》・情報提供《じょうほうていきょう》

○西川隆《にしかわたかし》氏（著者宅隣人《ちょしゃたくりんじん》）『日本新聞』他、シベリア抑留《よくりゅう》に関する資料《しりょう》・情報提供《じょうほうていきょう》

○三枝一雄《さいぐさかずお》氏（モラロジー研究所特任教授《けんきゅうじょとくにんきょうじゅ》）　ジュピター・コーポレーション創設者藤村《そうせつしゃふじむら》
義朗《よしろう》氏についての詳細《しょうさい》　ヌワラエリヤのいちご栽培《さいばい》事業についての証言《しょうげん》・資料提供《しりょうていきょう》

○篠崎幹雄《しのざきみきお》氏（富津竹炭《ふっつちくたん》の会会長）右同・写真提供《ていきょう》

○藤村薫《ふじむらかおる》氏（ジュピター・コーポレーション取締役《とりしまりやく》会長）　藤村義朗《ふじむらよしろう》氏についての詳細《しょうさい》

○アドゥマ・サマラナヤケ氏（ヌワラエリヤいちご店店長）　いちご栽培《さいばい》事業についての
証言《しょうげん》・情報提供《じょうほうていきょう》

○足利正哲《あしかがしょうてつ》師（天海山雲龍寺《てんかいざんうんりゅうじ》三十八世住職《せじゅうしょく》）・足利正尊《あしかがしょうそん》師（同三十九世住職《せじゅうしょく》）
ジャヤワルダナ元大統領《だいとうりょう》の銅像建立《どうぞうこんりゅう》等をめぐる証言《しょうげん》・資料《しりょう》・情報《じょうほう》・写真提供《ていきょう》

○佐藤美智子《さとうみちこ》氏（高徳院大仏殿《こうとくいんだいぶつでん》責任役員）　鎌倉《かまくら》「顕彰碑《けんしょうひ》」をめぐる情報《じょうほう》・写真提供《ていきょう》

○上坂元一人《かみさかもとかずと》氏（元アジア文化交流協会事務局長）　鎌倉《かまくら》「顕彰碑《けんしょうひ》」をめぐる情報提供《じょうほうていきょう》

○倉橋政人《くらはしまさと》氏（愛知県環境部自然環境課技師《あいちけんかんきょうぶしぜんかんきょうかぎし》）明通寺《みょうつうじ》「顕彰記念碑《けんしょうきねんひ》」の資料《しりょう》・情報提供《じょうほうていきょう》

○北條良至子《ほうじょうよしこ》氏（法光山明通寺坊守《ほうこうざんみょうつうじぼうもり》）「顕彰記念碑《けんしょうきねんひ》」建立《こんりゅう》の経緯《けいい》・右同

○北島徹《きたじまとおる》氏（上毛新聞社編集局編集総務部長《じょうもうしんぶんしゃへんしゅうきょくへんしゅうそうむぶちょう》）角膜移植《かくまくいしょく》の記事掲載《けいさい》の快諾《かいだく》・写真提供《ていきょう》

○梅田山西方寺《ばいでんざんさいほうじ》　眼球提供《ていきょう》者の供養碑《くようひ》　写真提供《ていきょう》

○金子恵子《かねこけいこ》氏（臨床眼科研究所長《りんしょうがんかけんきゅうじょ》）百瀬皓《ももせあきら》氏ご遺族《いぞく》）新聞記事《しんぶんきじ》掲載《けいさい》の快諾《かいだく》・写真提供《ていきょう》

○前川能教《まえかわよしのり》氏（麗澤《れいたく》大学出版会）中村元《はじめ》博士の論考に関する資料提供

○今井長新《いまいちょうしん》師（太平埜山長福寿寺《たいへいやさんちょうふくじゅじ》第五十五世住職《せじゅうしょく》）仏教に関する諸情報《しょじょうほう》・資料《しりょう》の提供《ていきょう》

○七戸音哉《しちのへおとや》氏（明治大学大学院生《めいじだいがくだいがくいんせい》）「大統領《だいとうりょう》の胸像《きょうぞう》にささげる漢詩《かんし》」の読《よ》み方《かた》と意味《いみ》

このほか、日本・オリエント学会、全日本仏教会、国立国会図書館、日本新聞博物館《はくぶつかん》（ニュースパーク）、各《かく》新聞社、NHK、各出版社、ジャヤワルダナ大統領《だいとうりょう》の偉業《いぎょう》を知り感謝《かんしゃ》のお気持ちを深くお持ちの、じつに広範囲《こうはんい》の方々《かたがた》に支《ささ》えていただきました。すべての方々《かたがた》に、心からお礼《れい》を申《もう》し上げます。

J・R・ジャヤワルダナ氏についての探究《たんきゅう》は、本書で完結《かんけつ》したのではありません。いや、むしろ逆《ぎゃく》に、さらに明らかにすべき課題《かだい》がたくさん発見されたと思っています。

日本スリランカ協会によると、今日、この方面に関する若手《わかて》の研究者が育《そだ》ちつつあるとのこと、現《げん》に私《わたし》のところには、中央大学大学院保坂俊司《ちゅうおうだいがくだいがくいんほさかしゅんじ》研究室の院生谷口生《いんせいたにぐちせい》氏が訪《たず》ねてきましたし、ほかにも、早稲田《わせだ》、慶応《けいおう》、青山学院大学等にも、これに取り組むプロジェクトチームもあると聞いています。新進気鋭《しんしんきえい》のこのような学生、院生、研究者には、「経済」だけに偏《かたよ》らない平和への思い、上座部仏教《じょうざぶぶっきょう》の知識《ちしき》と実践力《じっせんりょく》、国際関係・協力への関心、英語の読解《どっかい》・表現力等、確《たし》かな力も併《あわ》せて身につけてもらいたいと思います。そして何よりも、その研究成果《けんきゅうせいか》を、子どもにも解《わか》りやすい平易《へいい》な日本語で書き表し、公《おおやけ》にしてもらいたいと思います。そうすれば、ジャヤワルダナ大統領《だいとうりょう》はさらに広く深く知られ、親しまれるようになることでしょう。日本とスリランカの関係も、宗教界《しゅうきょうかい》や政界《せいかい》、経済界《けいざいかい》だけではなく、国民的・市民的レベルで、まさに「草の根運動」的に、親密《しんみつ》になっていくに違《ちが》いありません。

最後に、本書に大きな期待《きたい》を寄せて、長い間、激励《げきれい》し、待ち続けてくださったコスモス奨学金《しょうがくきん》の里親《さとおや》の皆《みな》さま、とりわけ、『仏教《ぶっきょう》の息づくセレンディップなスリランカ』（星雲社《せいうんしゃ》）の著者《ちょしゃ》、コスモス奨学金《しょうがくきん》代表鈴木康夫《すずきやすお》氏には、「自分が納得《なっとく》のいく本を」と、温かく見守り、じっと待ってくださっていました。心からお礼《れい》を申し上げます。ありがとうございました。

本書出版元の「銀の鈴社」は、大学の恩師・山口正《やまぐちただし》先生が創設《そうせつ》された「解釈学会《かいしゃく》」を通じて早くから存じ上げていた出版社ですが、代表取締役《とりしまりやく》の西野真由美《にしのまゆみ》氏から、「今の平和を守り抜《ぬ》くことがジャヤワルダナ氏への恩返《おんがえ》しである。ぜひ、当社の『ジュニアノンフィクションシリーズ』の仲間に加えたい。」と、心強いお言葉とともに、出版を引き受けてくださいました。望外《ぼうがい》の喜びであること、申《もう》すまでもありません。ありがとうございました。

野《の》口《ぐち》芳《よし》宣《のり》

平成二十九（二〇一七）年十一月一日（ジャヤワルダナ大統領の祥月命日《しょうつきめいにち》）

《参考資料《さんこうしりょう》・文献《ぶんけん》等》

（本文中の注に重複するものもある。順不同　発行年等はそれぞれの「奥付」による。）

『サン・フランシスコ会議議事録』　昭和二十六年九月　外務省
『サンフランシスコ講和』　岩波ブックレット　シリーズ昭和史　No.11　佐々木隆爾著
　岩波書店
『サンフランシスコ講和への道』　叢書国際環境　細谷千博著　中央公論社
『米国の日本占領政策』上・下　五百旗頭真　中央公論社　１９８５年
『戦争・占領・講和　１９４１～１９５５』　五百旗頭真　中央公論新社　２００１年
『関東軍兵士はなぜシベリアに抑留《よくりゅう》されたか』　エレーナ・カタソノワ著　白井久也監訳
　社会評論社　２００４年
『復刻　日本新聞　Ｉ』　朝日新聞社編　１９９１年
『アルバム・シベリアの日本人捕虜収容所』　朝日新聞社編　１９９０年
『凍りの掌』　シベリア抑留《よくりゅう》記　おざわゆき　小池書院　２０１２年

『満蒙開拓平和記念館』（図録）　一般社団法人　満蒙開拓平和記念館　２０１５年
『知っていますか？　日本の戦争』　久保田貢　新日本出版社　２０１５年
『あの戦争は何だったのか　大人のための歴史教科書』　保阪正康　新潮新書　２００５年
『残留日本兵　アジアに生きた一万人の戦後』　林英一　中公新書　２０１２年
『海ゆかば』　三枝一雄　うらべ書房　平成十四年
『古代オリエント史と私』　三笠宮崇仁　学生社　昭和59年
『禅僧と福祉　足利正明の生涯』　禅僧と福祉　足利正明の生涯編集委員会　共同印刷所　平成二十六年
『仏教の息づくセレンディップなスリランカ』　鈴木康夫　星雲社　２０１６年
『J・R・ジャヤワルダナ顕彰記念碑除幕式』（冊子）　顕彰記念碑建立実行委員会　２０１６年
『考えよう　平和の大切さ　あなたに伝えたい…「戦争の悲惨さ」、「平和の尊さ」を』　千葉市　平成二十六年

『戦争体験の継承と平和認識』 大学主催公開フォーラム記録報告書 青山学院大学
２０１０年
『朝日新聞』『毎日新聞』『夕刊毎日』『読売新聞』『夕刊読売』『産経新聞』『神奈川新聞』『上毛新聞』『千葉日報』『中外日報』『羅府新報』『Daily Mirror』他
『BUDDHIST ESSAYS』（ジャヤワルダナ氏の随筆集） １９４２年
『Speech at the conference for the conclusion and signature of the treaty of peace with Japan』, San Fransisco, USA. 6th September 1951 by Mr. Jayawardene.
『My Quest For Peace』（ジャヤワルダナ大統領《だいとうりょう》の演説《えんぜつ》集） １９８８年

○児童書
『ブッダ』 1～12 手塚治虫 潮ビジュアル文庫 １９９２～１９９３年
『日本とアジアの大東亜戦争』 吉本貞昭 ハート出版 平成二十五年
『あなたは知っていますか? 大東亜戦争とアジアの独立』日本会議事業センター編
明成社 平成二十五年

『日本が戦ってくれて感謝しています』アジアが賞賛する日本とあの戦争　井上和彦　産経新聞出版　平成二十五年
『戦後強制抑留《よくりゅう》シベリアからの手紙』平和祈念展示資料館　平成二十四年
『満州からの引揚げ　遥かなる紅い夕陽』森田拳次　平和祈念展示資料館　平成十八年
『漫画家たちの戦争　全6巻』金の星社　2013年
『へいわってすてきだね』詩　安里有生　画　長谷川義史　ブロンズ新社　2014年
『えほん　日本国憲法』絵・文　野村まり子　監修　笹沼弘志　明石書店　2008年
『井上ひさしの　子どもにつたえる日本国憲法』井上ひさし　講談社　2006年
『憲法ってどんなもの？』峯村良子　偕成社　2013年

《映像・参考展示》

＊映画『山本慈昭　望郷の鐘　満蒙開拓団の落日』　原作＝和田登　監督＝山田火砂子　２０１４年

＊映画『ソ満国境　15歳の夏』　原作＝田原和夫　監督＝松島哲也　２０１５年

＊ＮＨＫ特集『日本の戦後　第1回　日本分割　知られざる占領計画』ＤＶＤ

＊ＮＨＫ特集『日本の戦後　第10回　オペラハウスの日章旗　サンフランシスコ講和会議』　ＤＶＤ

＊JR's CENTURY REMINISCENCE In Commemoration of his 108th Birth Anniversary DVD J.R.JAYAWARDENE CENTRE

＊外務省外交史料館　東京都港区麻布台一丁目5番3号

＊国立公文書館　アジア歴史資料センター　東京都文京区本郷三丁目22－5

＊国立歴史民俗博物館　千葉県佐倉市城内町１１７番地

＊昭和館　東京都千代田区九段南１－６－１

＊平和祈念展示史料館（総務省委託）

東京都新宿区西新宿2－6－1　新宿住友ビル48階

＊満蒙開拓平和記念館　長野県下伊那郡阿智村駒場711－10

＊広島平和記念資料館　広島県広島市中区中島町一番二号

＊J・R・ジャヤワルダナ　センター

J·R·JAYEWARDENE CENTRE 191 Dharamapala Mawatha, Colombo 07.

ほか多数

〈ジャヤワルダナ大統領と高野山とのご縁〉

スリランカからの留学僧シロガマ・ウィマラ氏は南院で修行し、スリランカに帰国後、福祉事業に貢献しました。1988年ウィマラ氏のお力で、ジャヤワルダナ大統領からスリランカに伝わる仏舎利を賜り、この仏舎利塔を建立し安置しております。
ジャヤワルダナ大統領から仏舎利をいただいた時の写真、仏舎利塔とシロガマ・ウィマラ氏の写真です。

高野山別格本山　南院　内海恭子様からのお便り

上：ジャヤワルダナ大統領と大僧正内海有昭氏
左：シロガマ・ウィマラ氏とジャヤワルダナ大統領
右：高野山別格本山　南院の仏舎利塔

〈コロナ禍でのオンライン講演会・世界へ向けて　2021年９月17日〉

2021年は、サンフランシスコ講和会議70周年でした。
拙著がたまたま外務省（南西アジア課）の目に留まり、そのご縁で、スリランカ（当時セイロン）のＪ・Ｒ・ジャヤワルダナ氏の講和会議での演説の意義について、オンラインセミナーでお話ししました。
現地での講演が本来なのですが、コロナのための「オンライン形式」はかえって功を奏して、全世界で１万人超のアクセスがあったと聞いています。
ジャヤワルダナ氏が演説に援用したブッダの言葉「憎しみは憎しみによっては消えない。ただ慈悲によってこそ消え去る。」は、今も絶えない世界各地の紛争解決と平和を願う人々にとって、決して忘れてはならない普遍の真理だと思います。

野口芳宣

〈資料〉　コスモス奨学金について

－目的－　意欲と優れた才能を持ちながら、経済的な理由で勉学に苦労しているスリランカの子どもたちへの教育や生活への支援活動をする。

○2006年に鈴木康夫と五木田恭子が設立　当初里子数７名。
○2023年８月現在の里子総数386名（内卒業生82名）　里親276名（内退会者46名）
○年間12000円で１名の子どもを１年間支援している。
支援内容は、学用品、バス代、補習授業費用、制服、傘、靴など。
○毎年１月、スリランカの現地事務局と地方センター寺院で「奨学金授与式」を行うとともに、スタディツアーを実施している。
○「ウィセシャ・シシャーダラ」「ふたば・アーロカヤ」「ムディタ」「メッタ」「ウペクシャ」「カルナ」「ビシュヌ」「ネルン・マラ」などの14基金が設立され、食糧支援など、里子たちの様々なケースに対応。
○大網ロータリークラブと有志からは食糧、柏東ロータリークラブと有志からは図書室と図書、松戸西ロータリークラブ（スリランカクラブ）からは図書、君津ロータリークラブと八日市場ロータリークラブからは浄水器の支援をいただいている。

代表　鈴木康夫
副代表　五木田恭子　野口芳宣
日本事務局員　メルビン・ディ・シルワ　西島サジー
現地事務局員　ハバラワッテ・アマラワンサ師
（スリ・プンニャワルダナラマヤ寺院住職）
キャンディ、ゴール、ポロンナルワ、クールネガラ、アヌラダプラ、ベヤンゴダの寺院に、地方センターがある。（2023年現在）
ホームページ　http://cosmosyk.in.coocan.jp

野口　芳宣（のぐち　よしのり）

1946（昭和21）年７月29日　千葉県生
茨城大学教育学部卒　大阪教育大学大学院教育学研究科修了
大阪の私立・府立高等学校等で非常勤講師
千葉市立小学校，千葉県総合教育センターに勤務
青山学院大学教育人間科学部特任教授・共立女子大学非常勤講師
現在、コスモス奨学金副代表。

NDC916
野口芳宣　著
神奈川　銀の鈴社　2023
310P　21cm（敗戦後の日本を慈《じ》悲《ひ》と勇気で支えた人）

ジュニアノンフィクション
敗戦後の日本を
慈《じ》悲《ひ》と勇気で支えた人
――スリランカのジャヤワルダナ大統領《だいとうりょう》――

二〇一七年十二月二十五日　初版発行
二〇一八年二月十四日　重版
二〇一八年七月七日　三刷
二〇二三年九月一日　四刷
定価一、八〇〇円＋税

著者――野口芳宣Ⓒ
発行者――西野大介
発行所――㈱銀の鈴社　https://www.ginsuzu.com
〒248-0017　神奈川県鎌倉市佐助一―一八―二一　万葉野の花庵
電話　〇四六七―六一―一九三〇
FAX　〇四六七―六一―一九三一

ISBN 978-4-86618-024-3　C8095

印刷・電算印刷　製本・渋谷文泉閣
〈落丁・乱丁はおとりかえいたします〉